U0542138

本成果受到中国人民大学 2017 年度
“中央高校建设世界一流大学（学科）和特色发展引导专项资金”支持

顾此失彼的童年

流动人口子女的成长发展研究

CARE FOR THIS WHILE LOSE THAT

The Dilemma during the Growth of Migrants' Children in China

中国流动人口健康研究丛书

宋月萍 著

社会科学文献出版社
SOCIAL SCIENCES ACADEMIC PRESS (CHINA)

目　录

第一章　绪论

农村人口向城市迁移流动是中国近四十年来经济转型的重要特点之一。我国正经历着人类历史上最大规模的人口流动和迁移，这是我国社会经济发展过程中必然出现并将长期存在的一个重要社会现象和突出特征。大规模的人口流动不仅改变了人口的空间分布格局，影响到城乡之间、地区之间、城市之间的人口总量，而且对流入地和流出地的经济、社会、人口、资源、环境等诸多方面都带来了巨大且深远的影响。庞大的迁移人口身后是无数个形态各异的家庭以及其中无数个尚未成年的孩子，这些孩子的命运因父母的外出务工而变化，他们的成长历程、发展机会也随之发生了巨大变化。这其中，决定其生活和命运的一个抉择即是随父亲母亲共同流动到城市还是继续留在老家生活。

最初人口流动以个体流动为主，除非工作收入相对稳定，在城市生活居住的条件比较成熟，否则成年人外出打工，一般很少带着孩子。数千万的儿童被留在当地农村，与一方父母或祖父母共同生活。这样的孩子被称为“留守儿童”，即父母双方或一方流动到其他地区，而孩子留在户籍所在地并因此不能和父母双方共同生活在一起的儿童。人口流动导致亲子关系中的主体与对象发生空间分离，农村留守儿童在教育、健康等方面面临着更多的不确定性：一方面，父母外出寻找更好的就业机会可能会获得更高的收入，将在经济上增加留守儿童对更好的教育资源和卫生保健服务的可及性，促进留守儿童身心健康成长；但另一方面，父母照料角色的缺失，会对留守儿童在安全监护、日常照料、亲子交流乃至儿童心理健康上产生负面影响。但到目前为止，还少有研究从系统的角度审视留守儿童的成长经历以及探讨父母外出务工对农村留守儿童的身心健康发展会产生多大的影响。而这些问题不仅具有理论上的重要性，更具有实践意义，因为对这些问题的理解有助于政府在城镇化、农村劳动力转移的大背景下，对今后我国如何改善农村人口福利，如何提高农村基础设施和公共服务对不同人群，尤其是弱势人群的可及性做出更合理的选择。

除留守儿童外，人口流动带来的另一个群体是流动儿童。随着沿海城市出口驱动型经济的发展，城市服务业迅速扩张，流动人口数量膨胀，越来越多农村夫妇带着孩子到城市生活（Yang and Chen，2013）。在流动人口家庭化趋势日益显现的今天，流动儿童已成为我国规模庞大的流动人口中极为重要的组成部分。根据 2010 年第六次人口普查数据，中国 7 岁以下流动儿童数量为 898 万，占该年龄段城镇儿童数量的 26.3%（UNFPA and UNICEF，2013）。作为儿童人口与流动人口的交集，流动儿童兼具儿童人口年龄低幼、认知有限和流动人口地位相对弱势、保障相对缺失的双重属性。他们一般不是迁移流动行为的决策者，却因随同父母流迁而成为这一行为的承担者。流动儿童在城市跟随父母共同生活，但其在获取成长发展所需的教育、医疗等公共服务上，仍受到户籍制度的制约，突出体现在其获得基本公共卫生服务、学前教育等方面。流动儿童在城市生活成长，是未来城市劳动力的重要组成部分，从人力资本角度理解流动儿童面临的问题，则更需关注其青少年时期的健康以及城市社会融入等相关状况。

总体上来看，在城乡二元社会结构以及户籍制度制约下，流动儿童和留守儿童两个群体，是人口流动过程中必定会产生的。对父母而言，其外出务工，子女是流动在其身边，还是留守在其老家，是一种出于生计考虑的家庭安排，“条件成熟”了，总是希望把子女带在身边一起居住生活。但所谓条件成熟与否，不仅包括自身努力因素，更涵盖了自身不可控制的制度环境因素。从这个角度来说，在流动过程中，父母和子女之间的空间分割，或者共同颠沛流离，是一个家庭承担了社会经济发展的部分成本的体现。而再进一步，儿童作为家庭决策或成人决策的被动接受者，其发展权利受损才是最为无奈的。

党的十八届五中全会提出了创新、协调、绿色、开放、共享五大发展理念，将促进协调发展放到了重要位置。有别于在整体效益最大化前提下来理解经济发展的思维方式，协调发展的方式首先强调的是在保持事物整体发展的同时，保证各个部分都能从整体发展中受益，而不是以牺牲某一部分的利益来换取社会的进步。城镇化的推动、经济的发展以及农村家庭福利的改善，不能以牺牲儿童的利益作代价，不然会使社会失去公正与协调。

正是出于对儿童/青少年发展问题的关注，本书从人口流动的视角来看待其对儿童发展的影响。具体而言，本书尤其关注成人流动背后的留守儿童以及流动儿童群体在目前发展过程中面临的问题，尤其是健康和教育上存在的突出问题。既然规模巨大的流动人口在一段时期内将普遍存在，在诸多因素限制下，对流动人口家庭来说，留守儿童和流动儿童正如“鱼和熊掌”一样难以取舍又无法兼顾：父母外出，子女留守，势必难以尽心尽责、事无巨细地照顾子女的生活起居、身心健康和日常安全；而父母如果带着子女一起流动，往往又难以保障其在城市的受教育机会、住房条件，而不稳定的生活环境又会给流动儿童以及青少年的健康成长带来不利影响。

本研究是一个以定量研究为主、辅以定性资料分析的应用性研究，所用资料来自多个大样本数据，包括全国人口普查数据、国家卫生计生委组织的历年流动人口动态监测调查数据（2010~2016年）、中国人民大学社会调查中心组织实施的全国教育追踪调查数据（2014年、2015年）、中国人民大学社会人口学院组织实施的流动青少年生殖健康调查以及中国人民大学社会人口学院社会医学与卫生事业管理教研室组织实施的流动青少年健康状况调查（2010年）。多来源、大样本的数据分析能确保本研究的结论可靠可信，内容丰富。同时，本研究还充分利用了笔者在重庆、北京、青岛等地就流动儿童以及留守儿童健康状况做的对相关管理部门、企业、学校、社区以及家庭监护人进行的访谈资料，为本研究的深入分析提供更丰富的资料基础。

本书一共分成十章，分别从留守儿童以及流动儿童的基本生存发展状况，尤其是健康和教育状况等方面论述在大规模人口流动的背后，其子女因家庭安排、居住地的不同而面临的发展困境。除本章绪论外，其余具体章节安排如下。

第二章“流动儿童和留守儿童相关文献综述”从改革开放近四十年来我国人口流动的状况及面临的问题和挑战，我国留守儿童的基本生存发展状况以及面临的教育、健康等问题，流动儿童的健康、教育、社会排斥以及儿童随同父母流动的影响因素及其对儿童本身造成的后果等四个方面综述相关研究成果。

第三章“我国流动儿童和留守儿童的基本状况及变动趋势”使用国家卫生计生委采集的全国流动人口动态监测调查数据，分析了2011～2016年我国流动人口的子女随迁状况及变动趋势、我国流动儿童及其家庭的基本特征、流动儿童受教育状况及变化趋势、流动儿童接受基本公共卫生服务相关状况、我国留守儿童的基本状况以及变动趋势、留守儿童家庭基本特征、留守儿童接受教育以及基本公共卫生服务的相关状况等问题。

在前两章的基础上，第四章“农村留守儿童健康状况及服务需求”、第五章“农村留守儿童在校表现：父母流动究竟带来了什么影响？”以及第六章“留守青少年校园欺凌状况及影响因素”则重点关注留守儿童相关议题，采用定性访谈资料分析、定量数据计量分析等研究方法，分析在父母外出后，留守在家的不同年龄阶段的儿童青少年在健康、教育、校园生活等方面面临的困境和难题，以期能深入剖析亲子分离的人口流动模式对儿童发展利益的损害及潜在负面影响。

亲子分离式的人口流动对留守儿童的健康成长有诸多不良影响，对外出务工的父母来说，将子女带到流入地城市一起居住生活究竟受到什么因素的制约？第七章“儿童跨省流动状况及其影响因素”在建立儿童随迁理论框架的基础上，使用国家卫生计生委2015年流动人口动态监测调查数据，研究了我国流动人口子女跨省随迁的影响因素，以探究儿童流动的家庭、地区以及制度层面的约束因素。

那么，如果流动人口家庭能跨越从留守到流动的障碍，将孩子带在身边一起流动，在城市居住、生活、成长，“流动儿童”这一身份对这部分儿童的健康成长会起到什么影响？第八章、第九章和第十章分别使用了流动人口动态监测调查数据、中国人民大学流动青少年生殖健康调查以及青少年流动人口健康风险调查等数据，从学前教育机会、在城市享受基本公共卫生服务、流动青少年的生殖健康知识和行为三个热点问题出发，探讨流动儿童在城市社会环境中成长时的生存状态和面临的主要问题，并提出了相应的政策建议。

在笔者看来，儿童和父母一起稳定居住、共同生活，是确保其能健康全面成长的一个前提。人口流动导致了大量的儿童处于一种两难境地：留守在家就难以得到父母的亲子照顾；而流动在外，又会因流动家庭条件的不足和政策壁垒难以得到足够的成长资源和社会支持。而人口流动是在城镇化过程中必然出现的历史趋势，难以避免，也不可逆转。在人口流动的同时维护儿童的成长权益，促进儿童的健康成长，不仅是流动人口家庭的责任，更是整个国家和社会应该做的。

第二章　流动儿童和留守儿童相关文献综述

第一节　我国人口流动的状况、趋势及问题

一　中国人口流动的状况、特点与趋势

中国是一个人口大国，2015 年全国人口达到了 13.75 亿，这众多的人口不均衡地分布在 960 万平方千米的土地上。随着社会工业化、现代化的发展，传统农业格局的社会体系发生变化，很多人为了追求更适宜的社会环境氛围与更优质的经济条件，离开自己的家乡，流动至一个新的地点，进行生产和生活。这种经济因素或社会因素导致的迁移，通常发生在城市和农村之间，以农村人口城市化作为主要的表现形式。

由于中国独特的户籍制度体系，这些离开家乡到异乡生活的人被分为两种类型，一是随着居住的地理位置的改变，户口也相应变化的迁移人口，二是尽管居住地发生变化但户口没有改变，依然保留有原居住地户口的流动人口。1992 年谢晋宇指出，在改革开放以前，中国人口的城市化发展水平和区域分布长期受严密的计划影响，户籍制所统领的一系列限制人口迁入城市的制度和政策发挥作用，使中国人口城市化的主体只有迁移人口。而改革开放后，市场机制启动，并逐步发育成长，使农村人口的城市化进程脱离简单的计划管辖，数以万计的农村人口在城市中找到工作，并长期居留，形成了流动人口。

由此可见，中国的流动人口由来已久，自 1984 年国家放宽对农

民进城的限制，允许其自带口粮到城市就业暂住以来，中国流动人口的数量不断上升。2010 年第六次人口普查的数据显示，我国流动人口规模达到了 2.6 亿人，占总人口的 19%，这使对流动人口的把握和理解是中国社会研究、社会治理的重要一环。

鉴于中国流动人口人数众多、对社会发展具有重要的影响作用，对流动人口发展特点的研究层出不穷，段成荣（2008）、陈丙欣（2013）、马红旗（2012）等均对此阐明了自己的见解。总的来说，我国流动人口具有以下的主要特点。

一是流动人口规模大、增长速度快，流动人口在中国普遍存在。1982 年我国流动人口仅 657 万人，在短短三十几年中便增加至 2.47 亿人，增长约 36.6 倍。在普查中，各个省份虽然流动人口数量和比例有不同，但流动人口作为普遍的社会现象存在于各个省份中。根据六普数据，上海流动人口占总人口的比例最高，为 55.1%，每两个人中就有一个是流动人口；河南、西藏流动人口占总人口的比例分别为倒数第二低和最低，但也在 10.4% 和 8.7% 左右。

二是对流动人口的性别构成不同的学者有不同观点。马红旗等人认为流动人口有明显的性别、年龄偏好。2010 年六普数据显示，我国的流动人口以男性为主，男女比例大约是 110 名男性对 100 名女性，全国除吉林、黑龙江以外的其他省份中男性流动人口均多于女性。而在流动人口的年龄分布上，则有成年人显著较多，青少年人口和老年人口较少的特点。而段成荣等则提出改革开放以来，我国流动人口的性别构成经历了一个明显的均衡化过程，女性在流动人口中所占比重不断增加，女性流动逐渐不是作为“附属”，而更多受到经济因素的驱使。这也使流动人口管理中面向女性，尤其是育龄妇女的服务应尽快完善和发展。

三是流动人口的流动行为有明显的经济相关性。通过对各省人均 GDP 与人口净流出、人口净流入的对照，可以看出经济发达地区多为人口净流入，而经济欠发达地区多为人口净流出。流动人口迁移的原因也越来越有明显的经济导向性，1987 年，社会型流动人口在全部流动人口中占 56.3%，而务工经商等经济型流动人口居于从属地位；

1990 年开始务工经商的流动人口就达到了一半；进入 21 世纪之后，流动人口中务工经商者的比例维持在 50% ~55% 的较高水平上，经济型流动人口的总体比例则达到 60% ~65% 。

四是流动人口的空间分布以东部为主，中西部增长较快，且不断向城市集中。在流动人口大规模出现的初期，传统人口流动活跃的地区、东北老工业基地和一些资源丰富的地区吸引了相对较多的流动人口；进入 20 世纪 90 年代后，沿海发达地区对流动人口的吸引力大幅度上升，而东北老工业基地及传统人口流动活跃地区、资源省份的优势大幅度下降（段成荣，2008）。就流动人口增长速度而言，2000 ~2010 年，西部地区增长最快，达到了 86. 83% ，其次是东部地区（85. 4% ）、中部地区（77. 6% ），东北地区人口增速相对较慢（46. 4% ）。此外从表 2. 1 可以看出，流动人口的空间分布与中国近些年的经济社会发展状况是相吻合的。

表 2. 1　历年各省作为流入地的流动人口占全国流动人口的百分比

单位：%

地区＼年份	1982	1987	1990	2000	2005	2010
北京	2. 07	5. 03	2. 28	2. 54	3. 17	4. 02
天津	1. 62	1. 34	3. 13	0. 74	1. 1	1. 9
河北	4. 74	3. 65	2. 88	3. 36	2. 89	3. 18
山西	4. 18	6. 49	2. 67	2. 33	1. 8	2. 59
内蒙古	3. 79	5. 13	3. 37	2. 8	2. 67	2. 75
辽宁	4. 37	4. 40	3. 76	3. 05	3. 34	3. 57
吉林	3. 83	3. 72	2. 21	1. 88	1. 42	1. 71
黑龙江	8. 6	4. 90	5. 82	2. 62	2. 19	2. 13
上海	3. 07	5. 11	5. 06	4. 14	4. 45	4. 86
江苏	5. 06	4. 71	4. 97	6. 36	7. 6	6. 99
浙江	3. 14	3. 15	4. 01	6. 37	8. 53	7. 63
安徽	4. 84	3. 45	5. 12	2. 15	2. 55	2. 72
福建	3. 73	2. 38	4. 79	3. 93	5. 76	4. 24

续表

地区＼年份	1982	1987	1990	2000	2005	2010
江西	2.51	1.79	2.62	1.99	2	2.03
山东	5.39	3.02	3.47	4.89	4.81	5.25
河南	6.31	1.86	4.16	3.19	2.03	3.74
湖北	4.51	3.62	3.89	3.5	2.2	3.54
湖南	3.13	2.91	2.51	2.76	2.96	3.03
广东	5.22	10.97	13.23	20.87	22.37	14.11
广西	2.34	1.81	2.2	2.43	1.89	2.41
海南	—	—	1.58	0.7	0.58	0.71
重庆	—	—	—	1.47	1.2	2.09
四川	3.56	4.66	4.75	4.2	3.91	4.5
贵州	1.69	1.96	1.01	1.77	1.55	1.77
云南	1.72	2.07	2.47	2.96	2.43	2.32
西藏	—	—	0.08	0.18	0.06	0.1
陕西	3.15	1.26	2.83	1.78	1.48	2.26
甘肃	2	1.97	1.44	1.17	0.75	1.19
青海	0.92	0.73	0.83	0.41	0.34	0.44
宁夏	0.48	1.05	0.1	0.53	0.34	0.58
新疆	4.03	6.84	2.76	2.93	1.63	1.64
总计	100	100	100	100	100	100

资料来源：历年人口普查以及人口小普查数据。

五是流动人口流动时间具有长期化特点。虽然六普数据显示我国流动人口的流动期限以半年到两年为主，属于短期流动，但翟振武（2007）提出很多流动人口在流入地居住时间较长，而段成荣（2008）认为短期流动比例较高是由于流动人口快速增长，使大量“新增”流动人口进入短期的范畴中，提高了短期流入人口的比例。从历史同期来看，长期流动的比例有所上升，因而其流动时间具有长期化特点。

六是流动人口整体受教育程度不高，地区差异较大。从整体来看，流动人口受教育程度较低。2010 年，流动人口整体以初中及以下教育程度人口为主；但相较2000年流动人口的整体受教育水平有所提高。不同流入地的流动人口的教育程度也有较大的差异。福建、浙江由于民营经济发达，但产品的技术含量不高，吸纳的多为文化程度较低的劳动力，西藏、贵州、宁夏等省的经济发展仍处于工业化起步阶段，所吸纳的也多是低文化素质的劳动力，因而这几个省份的流动人口中初中及以下学历的较多。当考虑到本科学历、研究生学历等高素质劳动力时，则是北京、上海、广东等省份的高素质流动人口占比较高。

七是流动人口的生存条件逐步改善。城市间流动人口的社会保险参与存在差异，如上海、深圳流动人口的社会保险参与情况较好，新增参保比例较高。《工伤保险》《国务院关于解决农民工问题的若干意见》等相关政策对推动流动人口的社会保障起到了积极作用。

总的来说，流动人口规模庞大，作为中国人口重要的组成部分，具有数量大、发展快、内部差异明显等特点。而大规模、快速人口流动的产生，对社会政策和公共服务供给等都提出了新的要求，总体上来看，我国的社会政策转变和社会资源供给远远落后于人口流动的速度，使流动人口在城市的工作、生活和发展面临诸多问题，也对我国的社会政策如何适应人口流动提出了巨大挑战。

二 中国人口流动存在的主要问题和挑战

随着流动人口的不断增加和发展，人口流动成为现阶段我国经济、社会、人口转型过程中的突出特征。众多的流动人口对社会治理和社会发展提出了新的挑战。表面上看，人口流动是人口生活地理环境的变化和转移，但本质上是个人和家庭的发展、城乡统筹和谐发展、社会稳定和公平问题（李伯华等，2010）。为了更好地服务流动人口，必须对流动人口的现状有准确而清晰的了解，作为经济发展进程的必然，人口城市化有利于劳动力的市场配置，大大提高了劳动力资源的使用效率（李强，2002）。但同时，人口的流动还存在许多问题，正确认识流动人口面临的主要问题，是改善流动人口生存条件、提升流动人口社会福利的必由之路。学界对流动人口存在问题的研究是基于现实状况引发的思考和分析，对流动人口治理有重要的现实意义，对流动人口的就业、培训、子女教育、社会保险、医疗卫生、社会融入等具有指导意义。流动人口面临的问题众多，其中较受关注、较为迫切的主要有以下几个。

一是流动人口的就业、失业以及培训问题显露，劳动权益维护任重而道远。农民工等流动人口在市场上处于经济利益受损的地位，他们大多是受雇者，受制于雇佣者，所获得的劳动报酬少；大部分流动人口的受教育程度较低，没有接受专业的技能培训，只能从事条件较差、劳动时间较长且比较艰苦的工作。此外由于流动人口对劳动保障政策的了解程度低，对签订劳动合同、争取自身合法权益的认识较低，其劳动权益受到威胁。

二是流动人口参与流入地社会保障、医疗保障的现状不容乐观，大多数流动人口仍被排除在社会安全网之外。2010 年国家人口计生委流动人口服务管理司的调查显示 39% 的流动人口没有参加任何形式的社会保险（“五险一金”），高达 77.3% 的流动人口没有参加养老保险，超过一半的流动人口没有参加任何形式的医疗保险。据国家人力资源和社会保障部公布的 2011 年数据，农民工中参加基本养老保险的只有 16.38%，参加失业保险者仅占 9.46%，参加医疗保险者仅占 18.36%（人力资源和社会保障部，2012）。

三是流动人口的子女教育问题依旧存在，包括入读公立学校，参与流入地的中考、高考等。众多研究表明流动人口子女教育是影响流动人口在城镇稳定生活的主要因素，目前流动人口子女的义务教育已经得到基本保障，但在就读公立幼儿园、小学、初中等享受流入地的优质教育资源方面还面临较大问题。此外随父母流动的青少年在参与异地高考时也由于学籍管理制度等而受到限制。

四是农业流动人口的住房问题亟待解决，且流动人口家庭的收入分化严重，在流入地的生活成本增加，面临较大的经济压力。农业流动人口家庭人均月收入明显低于非农流动人口家庭，不同于非农流动人口家庭在流入地购买房产的比例较高，前者以租房为主，这对流入地的廉租房、公租房等保障性住房建设提出了很高的要求，需要房地产租赁市场良性运作。除了住房需求，城市的生活水平较高，流动人口维持基本生活需要的支出也较大，造成了较大的生活压力。

五是流动人口作为外来人口，在社会融入方面有一定的困难。流动人口具有“外来人”的属性，尽管大多数流动人口关心居住地的发展和变化，愿意参与所在工作单位或所居住社区的管理和选举活动，逐步融入当地社会。但其与现居住地的“本地人”群体的交流不多，社会交往多局限于原有的亲缘、同乡等社会关系，参与当地社会活动、交往的比例较低。流动人口往往受到经济、文化、行为的影响，被现居住地的其他群体隔离，不能实现社会融入。

从长远来看，我国的流动人口在很长的一段时期内都不会消失，必须做好长期应对以上问题的准备，更好地解决流动人口的困难，为流动人口提供更为优质的社会福利。

第二节　我国留守儿童基本状况及问题

关于留守儿童的定义，多数学者认为包含以下三个要点：父母外出、父母外出时间和儿童年龄。对于父母外出，学者们普遍认为留守儿童是父母双方或一方外出进行务工或经商等活动的儿童。而对于父母外出时间和儿童年龄的界定，学界还没有达成共识。在父母外出时间上，有的学者未明确界定，有的学者则自行进行界定，如段成荣、周福林（2005）将外出务工满半年和未满半年的都包括在内，胡枫、李善同（2009）将其界定为一年以上。对留守儿童年龄的界定也存在争议，邹先云（2006）界定为“不满 16 岁”，周福林、段成荣（2006）认为应该根据联合国《儿童权利公约》将其界定为“18 岁以下”。年龄的官方口径也不一致，如全国妇联界定在 17 周岁以下，统计局主要统计 15 岁以下的儿童。本研究中，留守儿童的年龄是指 18 周岁以下，也即包含了通常意义上的幼龄儿童和青少年人口。

需要指出的是，根据《国务院关于加强农村留守儿童关爱保护工作的意见》（2016），农村留守儿童是指父母双方外出务工或一方外出务工另一方无监护能力，无法与父母正常共同生活的不满十六周岁农村户籍未成年人，也即留守儿童以父母双方都外出的儿童为主。但在本研究中，考虑到依据相关文献，父母单方外出，尤其是母亲外出的儿童，其健康状况、教育表现、安全监管、心理成长等多方面与农村其他儿童相比仍存在明显差异，因此，本研究中的留守儿童仍沿用之前定义，即父母一方或双方外出务工的18周岁以下人口。

一　我国留守儿童基本状况

根据从第六次人口普查长表中抽取的126万样本计算，0～17岁留守儿童占儿童的比例为25%，农村留守儿童占留守儿童的比例为87.52%，占农村儿童的28.52%，占全国儿童的21.88%。根据《中国2010年人口普查资料》推算，全国留守儿童规模为6972.75万人，全国农村留守儿童为6102.55万人。与2005年全国1%抽样调查估算数据相比，五年间全国农村留守儿童增加约242万人（段成荣等，2013）。

根据全国妇联课题组2013年发布的《我国农村留守儿童状况研究报告》，近年来农村留守儿童年龄结构发生变化，学龄前儿童规模快速膨胀，义务教育阶段留守儿童减少，大龄留守儿童规模明显收缩。农村留守儿童与城乡流动儿童性别比总体差别不大，但分年龄段比较差异明显。在地区分布上，农村留守儿童高度集中在中西部劳务输出大省，但广东、江苏等东部发达省份比例也很高。近1/3农村留守儿童与祖父母一起居住，有3.37%的农村留守儿童单独居住。以上的农村留守儿童均指父母双方或一方从农村流动到其他地区，孩子留在户籍所在地的农村地区，并因此不能和父母双方共同生活在一起的0～17岁儿童。

二　我国留守儿童面临的主要问题

由于父母外出务工，缺乏父母照料和家庭支持的留守儿童更容易产生教育、健康以及思想品行、安全、社会化等各方面的问题。

（一）留守儿童教育及相关问题

1. 学校教育

许多学者通过教育机会和学业成绩研究留守儿童的教育状况。在教育机会上，大多数研究表明，留守儿童的义务教育状况良好，但高中教育机会较差。

根据全国妇联课题组 2013 年发布的《我国农村留守儿童状况研究报告》，6 ~ 11 岁和 12 ~ 14 岁的农村留守儿童在校比例分别为 96.49% 和 96.07%，表明他们绝大部分正在学校接受义务教育。农村留守学龄儿童的义务教育总体状况良好，但部分中西部地区的农村留守儿童受教育状况相对较差。其他研究也表明农村留守儿童能较好地完成基础教育，如段成荣、杨舸（2008）和吕利丹（2013）等根据 2010 年全国人口普查数据和 2005 年人口抽样调查数据的分析结果表明：在小学阶段留守儿童教育机会与其他儿童相比不仅没有明显的劣势，甚至稍好一些。

但是，农村留守儿童的高中教育机会明显较差。陆瑶（2012）利用中国健康与营养调查数据的分析结果发现，留守儿童，尤其是初中及以上留守儿童的教育机会并没有从父母外出中获益。段成荣和杨舸（2008）基于 2005 年 1% 人口抽样调查数据分析发现高达 20% 的大龄农村留守儿童不能顺利完成高中学业。然而，也有研究得出不同结论。如谢贝妮和李岳云（2012）利用陕西、江苏、四川、河北、吉林五省农村的入户调查所收集的一手数据研究发现，相对于父母没有外出务工的农村家庭，没有任何证据表明父母外出务工对子女的高中升学造成显著的负面影响。

段成荣（2014）在利用第六次全国人口普查数据的基础上，结合在重庆市 31 所农村小学收集的 1.2 万名学生的调查数据以及相关资料进行的研究表明，农村留守儿童的教育在不同的教育阶段表现出不同的问题。学前农村留守儿童的入园率仅为 65.5%，与全国平均入园率相差 2 个百分点。与流动儿童和城镇儿童相比，在义务教育阶段农村非留守儿童未按规定完成九年制义务教育的比例最高，农村留守儿童的该比例次高，这反映出我国农村教育的明显薄弱地位。农村留守儿童的高中净入学率最低，比全国平均水平低 20 个百分点，不到城镇儿童的一半。同时，异地高考问题和农村留守儿童教育进度滞后、超龄就学现象突出。

一些学者也通过留守儿童的学业成绩探究其受教育状况，研究结论各异。李云森等（2013）使用2000年甘肃省儿童和家庭调查（GSCF）数据分析了父母外出对留守儿童成绩的影响，结论表明父母一方或者两方外出半年以上对孩子语文成绩能否进入年级前20%、数学成绩以及认知能力测试成绩是否进入年级前10%都有显著为负的影响。陶然和周敏慧（2012）基于2010年安徽和江西两省四县1010名农村在校儿童的调研数据发现：只有父母双方同时外出时间较长，才会对孩子学习成绩产生较显著的负面影响，且该影响主要由父母角色缺失所致；另外，父母外出对孩子学习成绩的影响主要体现在留守男孩身上，留守与非留守女孩之间成绩差异并不显著。其研究也分析发现，父母外出打工对孩子成绩的负面影响不太可能通过提高家庭收入来抵消，因为负向的父母照顾效应远大于正向的收入效应。

郑磊（2014）等通过“中国西部地区基础教育发展项目”监测与评价调查面板数据的实证研究发现：父亲外出打工对留守儿童学习成绩并无显著影响；母亲外出打工则会对留守儿童学习成绩产生显著的负效应。段成荣（2014）的实证研究则发现，从学业成绩看，留守儿童不仅不存在问题甚至好于农村非留守儿童。邬志辉等人（2015）基于对10个省（区、市）9448名农村义务教育阶段留守儿童的实证调查也发现，留守儿童在学习成绩方面与非留守儿童无显著差异。

父母外出对留守儿童教育影响的不同路径使其积极影响和消极影响同时存在。有研究（牛建林，2012；侯玉娜，2015）发现，父母外出就业可以提高家庭收入，增加对留守儿童的教育投资，改善农村儿童的学习条件，从而对其教育获得产生积极影响。也有研究（胡枫、李善同，2009；陶然、周敏慧，2012）认为，父母外出就业造成儿童和父母长期分离，会减少父母对农村儿童学习和生活的关心，使家庭中年龄较长的儿童过早承担起家庭责任，如承担家务等，对其教育获得和学业成绩会带来较大的消极影响。此外，还有研究认为，父母外出就业对儿童教育的影响是不确定的，这是因为家庭经济资源的替代效应并不一定能够抵消儿童因缺乏照顾而受到的负面影响（谢贝妮、李岳云，2012）。

2. 家庭教育

范先佐（2015）认为，亲子监护责任的放弃和代理监护的失效造成了父母教育的缺失，这种父母教育的缺失是导致留守儿童教育问题产生的直接原因。这是因为，在孩子的成长过程中，父母的帮助教育作用是其他人无法替代的。赵新泉（2007）认为，留守儿童家庭教育缺失突出的表现就在于，留守儿童并没有和父母双方在一起生活，他们与父（母）之间的亲子交往表现为空间上的远距离、实践上的不确定和短暂、交往方式的非面对、内容上的简单重复及情感交流的缺失。莫艳清（2006）认为，亲子教育缺失、家庭环境恶化、亲密度较低易引发留守儿童的心理问题，导致留守儿童人生观、价值观的偏离，留守儿童越轨和犯罪现象严重，留守儿童的权益保护和安全问题得不到保障。段成荣等（2014）的研究分析发现，尽管多数留守儿童和外出父母有比较稳定的电话等沟通，但是从沟通频率和内容上来看，仍然存在较多问题，如农村留守儿童表示“成长的烦恼”无处诉说。

同时，有学者认为，父母的教育观念和文化素质对留守儿童的学业和发展有一定的影响。李庆丰（2002）认为，外出务工人员形成的多元教育观念对子女学业会有一定的引导作用。留守儿童的学习动机和目的受父母打工的双面影响。很多留守儿童从小就能体谅父母生活的艰辛，父母的外出见闻和较高的期望往往成为他们学习的动力。但是，如果父母持有“读不读书都一样”的思想，则会潜移默化地助长一些成绩不好的留守儿童产生厌学情绪和“读书无用论”的思想，有的留守儿童把获取经济利益当成了学习的主要动力，早早走上打工之路。唐春兰（2007）的研究表明，农村家长文化素质普遍偏低，缺乏家庭教育意识，是导致农村留守儿童家庭教育质量不高的主要因素；父母外出打工对留守儿童的负面影响大于正面影响。

（二）留守儿童健康问题

国际研究中，在人口流动对留守儿童的福利，尤其是健康以及卫生服务利用究竟带来什么样的影响上，现有的研究可归为两类，一类研究认为人口流动会减少对留守儿童健康照料的人力支持，从而给其健康状况带来负面影响；而另一类研究认为人口迁移会显著增加家庭收入，为儿童健康照料及卫生服务利用提供更多的经济支持。持负面态度的研究主要是从健康照料的角度出发，认为人口流动会造成父母和子女之间较长时间的分离，会对儿童的成长和发展造成影响（Kanaiaupuni，2000）。与父母在家的儿童相比，留守儿童在身体健康以及认知能力等方面都处于劣势（Amato and Gilbreth，1999；Seltzer，1994；Strohschein，2005；Teachman et al.，1998）。在探讨人口流动对儿童健康影响的途径时，大部分研究认为，家庭成员外出务工会将儿童照料责任转移给留守在家里的一方（Fernandez，1998），而这种责任的转移将直接降低对儿童健康的时间和物质投入。对墨西哥的实证研究表明，父母外出务工将降低儿童得到母乳喂养以及免疫的概率（McKenzie，2005）。持积极态度的一方则认为家庭成员迁移能获得更高的收入，而大量收入回流到迁出地家庭，会显著改善家庭以及当地社区的社会经济环境（Boucher，Stark and Taylor，2005；Massey and Parrado，1994）。这些资金转移不仅能显著提高家庭收入水平，还将改变留守家庭成员的生活方式，提高家庭抵御健康风险的能力（Durand，Parrado and Massey，1996），成为农村减贫的一个重要途径（Taylor，Rozelle and de Brauw，2003）。而家庭的额外收入将为儿童提供更好的营养、教育以及接受卫生服务的机会和质量（Nobles，2006）。而 Durand，Goldring and Massey（1994）的研究也发现留守家庭会将一部分来自人口迁移的额外收入用于卫生服务支出来改善留守儿童的健康状况。Kanaiaupuni，Donato（1999）的研究则间接证明了这一点：在墨西哥，他们发现在家庭成员到美国务工的初期，由于没有足够的收入来支持家庭照料，婴儿死亡率会上升，但当外出成员有超过两年的外出务工经历后，随着收入转移的增长，这些家庭的婴儿死亡率就会显著降低。

1. 身体健康状况

多数学者的研究表明留守儿童的身体和心理健康状况较差，但有的研究表明，针对某个年龄区间或某种性别的留守儿童，或者在某种特定的父母外出情况下，父母外出对留守儿童身体或心理健康的影响并不显著。

陈玥和赵忠（2012）的研究表明，父母外出务工对处于不同年龄阶段和不同性别的儿童的身体健康状况会产生不同的影响：对 0～6 岁留守儿童的营养健康状况有显著的负面影响，可以显著提高 6～12 岁儿童的体重水平，12～18 岁留守儿童的生长发育状况比非留守儿童明显迟缓；其次，相对于女性而言，男性留守儿童与非留守儿童的身体健康指标没有明显差异，相比之下，父母外出务工对女孩身体健康状况存在显著的负面影响。

闫茂华（2013）的研究发现，农村留守儿童的健康状况不容乐观。农村留守儿童处于亚健康状态的比例显著高于农村非留守儿童（$P<0.05$），近视率和贫血率极显著高于农村非留守儿童（$P<0.01$）。此外，农村留守儿童还存在便秘和痔疮现象，但与农村非留守儿童无显著差异（$P>0.05$）。李强（2010）利用中国健康与营养调查数据（CHNS）研究父母外出对我国留守儿童健康的影响，结果显示仅母亲外出及父母均外出的留守儿童生病或患慢性病的概率较父母均在家的儿童分别增加 2.76 个百分点和 3.82 个百分点，增加幅度分别为 52% 和 71%，而仅父亲外出对留守儿童健康的影响不显著。

宋月萍（2009）的研究发现，在全部留守儿童样本中，父母均外出的留守儿童健康状况最佳，其次为与母亲一起留守的儿童，最差的是仅母亲外出的留守儿童，其患病风险最高、就诊率最低，处于最为不利的境地。就原因来说，宋月萍（2009）认为，相较于留守农村，外出务工一般能找到更好的工作机会，获得更高的收入，从而改善家庭经济状况，提升投资子女健康的能力，但是，外出务工的性别选择对留守儿童的影响有明显差异，这是由劳动力市场和家庭内部传统的性别角色定位差异所决定的。女性外出务工收入低于男性，使其能获得的儿童健康物质支持也少于男性；而由于女性较男性承担更多的家庭儿童健康照护责任，母亲外出会显著降低儿童日常照料的可得性。农村父（母）亲外出工作往往是为了改善家庭经济地位，为子女创造更好的未来。但结果可能事与愿违，这一点在母亲外出的儿童身上表现得尤其突出。防止或消除父母流动对留守子女健康状况的负面影响是社会应该关注的问题。

2. 心理健康状况

留守儿童的心理健康问题同样值得引起重视。在留守儿童的心理健康状况上，赵苗苗等（2012）在宁夏固原市用分层整群抽样的方法对7所小学的2017名学生进行了问卷调查，结果发现：欠发达地区留守儿童心理健康比非留守儿童差，具体表现为自我意识水平较低、孤独感较强、社交焦虑水平较高。范兴华等（2009）采用自尊、生活满意度、孤独感、抑郁、社交焦虑和问题行为问卷对五省2134名农村籍流动儿童、双留守儿童、单留守儿童、曾留守儿童、一般儿童进行调查，发现留守对儿童的心理健康和社会适应有不利影响。在问卷各指标上，与一般儿童相比，三类留守儿童的自尊程度低、孤独感强，双留守、曾留守儿童的抑郁程度高，并且上述差异在女生和小学生中表现明显。

吴倩兰（2009）的研究也表明，留守儿童的心理健康状况较非留守儿童差，主要表现在同伴交往能力和亲社会行为方面（$P<0.05$）。王丽双（2009）的研究发现，留守儿童的心理健康问题主要表现在个性发展、情绪发展、人际交往以及行为等方面。

（三）留守儿童思想品行、安全、社会化等问题

除了教育和健康问题，留守儿童还存在思想品行、安全、社会化等方面的问题。张俊良等（2010）指出，留守儿童存在道德品行和安全问题。由于父母长期在外务工，金钱和物质等成为他们弥补孩子亲情缺失的最直接方式，这极易导致形成孩子功利主义和享乐主义等错误的道德观念，进而产生不道德的行为。同时，农村留守儿童由于得不到家庭和父母的有力和有效的监管，农村祖父母监管能力较弱，易产生安全问题。主要表现为：其一，由得不到亲情照顾而产生安全问题，特别是人身安全问题。比如常常会出现有病不能及时就医的现象。其二，受到人身伤害时得不到及时有效的保护。其三，留守儿童出现自身行为失范，走上违法犯罪甚至轻生之路。

史晖（2008）同样指出，留守儿童存在思想品行和安全问题。如部分留守儿童纪律散漫，不遵守规章制度，出现旷课、逃学、迷恋“网吧”等现象，有的与社会上一些不良习气的人混在一起，极个别的儿童甚至因此走上了犯罪的道路。而由于学校、家庭之间存在安全教育衔接上的“真空”，监护人又普遍缺乏安全教育的意识和能力，以致留守儿童容易受到非法侵害，或由于行为失控，易走上违法犯罪甚至自杀轻生之路。在全国，留守儿童溺水、触电、打斗等意外伤亡事件屡见不鲜，甚至被拐卖、被侵犯的恶性案件也屡见报端。

在社会化方面，北京师范大学“农村外出劳动力在家子女受教育状况研究”课题组（2001）认为，父母外出务工对小学低年级学生的社交行为及社交技能的培养有较大的负面影响，但对初中学生的社会交往行为及社交技能无显著影响；并且男生在社会化上的问题表现更为突出。王秋香（2006；2007）指出，留守儿童父母长期在外务工，临时监护人监护不力，造成家庭功能弱化，严重影响了儿童的正常社会化。同时，同辈群体会对留守儿童的社会化产生消极影响。留守儿童在选择同辈群体成员时缺乏父母的监管和引导，容易加入不良群体。同辈群体内价值导向的偏差，会使留守儿童在生活目标确立和价值观形成的初期即发生偏离。留守儿童同辈群体内亚文化特别是反文化的大量存在，会使留守儿童出现严重的行为失范。

第三节　我国流动儿童基本状况及问题

一　流动儿童健康现状

目前在研究我国流动儿童基本状况的文献中，以流动儿童教育问题居多，而对于流动儿童的健康状况及医疗保障等相关问题的研究大多零星分散于流动儿童的群体研究之中，并且在健康状况的研究中以心理健康状况的研究分析为主。同时，国内学术界涉及的流动儿童研究大多是指从农村流动到城市的农民工子女，研究类型较少。但我国的流动人口规模庞大，且大多长期居住在城市，流动儿童随父母在城市生活，在城市受教育，已经切实成为城市的一部分，因而流动儿童的健康问题不容忽视。

陈明明（2005）在杭州城乡结合部某医院的四年统计调查中发现，传染性疾病中结核、伤寒和流脑仅见于外来务工子女，新生儿低血糖、败血症、烫伤也仅见于外来务工子女。其分析认为，外来务工者一般居住在城乡结合部的农民出租房内，居住环境和卫生条件都比较差，生活卫生设施不完善，外来务工子女来到城市后，虽然和城市儿童处在相同地区，但其所居住环境、预防接种史、生活习惯、父母的文化程度同城市儿童比较仍有较大差异。同时，外来务工子女原本生活在空气质量较好的农村，接触疾病抗原机会相对较少，且相当一部分农村儿童未正规进行预防接种，因此普遍对一些传染病缺乏免疫力，对一些城市儿童不常见的传染病感染可能性明显增高。此外，由于外来务工者文化素质普遍较低，缺乏对疾病的常识，往往会等子女疾病较重时才送医院，导致错过了抢救的第一时间。同时外来务工者还存在对子女疏于教育和管理的问题，易造成溺水、车祸等意外伤害。可见政府需要重视流动儿童的健康问题，加强健康教育和人身安全教育，并优化流动儿童的医疗保险、医疗服务，对其健康风险进行保障，减少疾病和意外伤害发生。

此外，仇叶龙等人（2011）在对北京市某区流动儿童参加医疗保险意愿及其特征的调查中也发现，流动儿童对医疗保险的实际需求较大。根据其调查，91.3%的流动人口认为自己健康状况较好，91.9%的家庭决策人也认为流动儿童的健康状况较好。但也有调查显示：农民工子女普遍生长迟缓、营养不良；贫血的患病率、沙眼检出率和HbsAg阳性率明显高于本地儿童，是传染病发病和流行的高危人群，且流动儿童常见病的发生率均高于本地儿童（张泽申等，2005；周凤梅等，2007；李海红，2009）。可知，流动儿童的健康问题仍然较为严峻。同时在仇叶龙的调查中发现，流动儿童医保覆盖率实际仅有16.6%，却有将近90%的流动家庭希望儿童能被医疗保险所覆盖，特别是随着决策人对流动儿童和自己健康状况的评价逐渐降低，不愿参保的人也逐渐减少，可以认为流动儿童的家庭自评健康状况与其对医疗保险的需求之间存在负向关系。而同时高琼的研究指出，我国农民工随迁子女医疗保障体系仍然存在诸多问题：保障主体及责任不明确；保障政策法规有待健全（体现在医疗保健缺乏统一政策指导、医疗保险政策地方化严重、医疗救助法律制度缺失）；随迁子女流动管理缺位；医疗保障水平难以满足实际需求等（高琼，2012）。因此，流动儿童是对医疗服务有较高需求的弱势群体，政府应当按照基本公共服务均等化的理念和要求，完善社会卫生服务的公平性，逐步改善对流动儿童的医疗保障。

在流动儿童的心理健康方面，国内已有很多文献对之进行了评估，研究者大多认为流动儿童普遍存在较为严重的心理问题。李怀玉在分析后认为，与城市儿童相比，流动儿童属于弱势群体，其合法权利往往会被忽视，因而更易表现出自信心不足、自我效能感较低、人格障碍较多、人际关系障碍较多等心理问题（李怀玉，2009）。白春玉也指出流动儿童大多存在学习焦虑、自责倾向等心理问题，心理健康状况相比于城市儿童更差（白春玉等，2012）。同时对于心理健康问题的形成分析，段雯晴指出应主要考虑个人、家庭、学校、社会四个方面的影响因素，并有针对性地提出要通过建立财政转移支付专项基金、促进民工子弟学校向正规化发展、给予流动儿童以积极差别对待等措施来保证流动儿童的合理权益，还可通过鼓励家庭陪伴、自身发展等积极活动逐渐改善流动儿童的心理健康问题（段雯晴，2014）。健康不应被少数人垄断，流动儿童的健康问题需要国家和社会更多的帮助和引导，这是一个漫长但毋庸置疑的过程。

二　流动儿童教育现状

（一）流动儿童教育政策问题相关研究

众所周知，社会政策作为对社会资源的权威性再分配，在流动儿童教育资源的分配过程中发挥着重要作用。但教育行政决策受制于社会发展的现实条件，在执行过程中往往会陷入多重行政伦理困境，具体表现为教育供给能力与社会实际需求出现偏差、教育政策内容与社会实践变化不相适应、公平与效率之间冲突加剧、户籍人群与非户籍人群间出现利益冲突、国家教育角色与地方教育角色的扮演出现错位、国家教育责任与地方教育责任在履行中存在博弈等（谢春风，2011）。这些具体困境将会弱化政策的执行力度和实施效果，不利于流动儿童就学问题的有效解决。陶西平从户籍制度及区域经济社会发展差异、大城市流动儿童教育问题的特殊性等角度对我国流动儿童教育政策的公正性和实效性问题进行了讨论，并指出我国基于流动儿童教育问题的教育行政决策主要面临三类制约因素，分别为传统观念的制约、社会能力的制约以及政策冲突的制约（陶西平，2012）。同时王琳通过对中美流动儿童教育政策的对比，提出了基于流动儿童需求制定教育政策目标、加强流动儿童教育经费转移支付、提供补偿性教育服务的教育政策改革方向，以消除教育制度中的不平等（王琳，2014）。对于教育政策的不断完善，显然是教育平等理念的要求，是教育在未来长远发展的要求，也是教育政策本身合理性的要求。

（二）流动儿童教育公平问题相关研究

关于教育公平的界定，学界最具代表性的就是阶段论，也就是把教育的过程与教育公平结合起来，分为起点公平、过程公平以及结果公平。而从国家和社会的角度来看，流动儿童的教育公平主要是指流动儿童的受教育过程能够得到有力的公平保障。有学者在文章中指出，流动儿童的教育不公平问题具体呈现为优质资源与隐性收费的矛盾、受教育过程与教育管理体制的冲突、流动儿童受教育资源严重受限、身份歧视现象严峻等方面（侯艳敏，2009）。而对于其形成原因的分析，学界众说纷纭，但其核心思想大同小异。杨敏和赵梓汝（2016）以社会资源为切入点，认为造成流动儿童教育不公平的核心因素在于社会资源配置的不合理——教育资源投入长期不能满足教育发展的需要，与实际要求的供需关系不相匹配，因而处于弱势地位的流动儿童在总量不足的教育资源配置中自然会首当其冲。赵洁丽（2013）认为主要原因在于户籍制度改革不到位、教育经费缺少保障机制、教育政策落实不当等方面，并指出政府应对现行户籍制度进行改革，同时建立面向教育的财政拨款制度，提升教育经费投入，加大针对教育的转移支付力度，进一步落实优化教育公平性的政策。侯艳敏也指出流动儿童教育的法律制度存在泛化现象，认为这在一定程度上加重了流动儿童的求学压力，破坏了教育的公平性原则，政府需要对相关法律制度进行细化以维护流动儿童的合理权益（侯艳敏，2012）。

不难发现以上观点陈述的理念是相似的，皆认为流动儿童教育不公平的实质为政府责任的缺失，政府在协调优化流动儿童的受教育过程中并没有充分履行其义务，政府应该对流动儿童的教育公平问题负主要责任。不过以上观点并非全面，侯艳敏在文章中也强调了流动人口特性与资源配置相对稳定性的矛盾，认为社会资源配置与人口流动之间的协调过程存在不可忽视的不稳定性，这的确为实现教育资源公平化增添了难度。同时，她也指出代际传递对流动儿童的资源占有存在影响作用，家庭的文化资本、经济资本会在很大程度上影响流动儿童的受教育过程（侯艳敏，2012）。另外，冯帮结合教育公平的阶段论，认为经济排斥会导致流动儿童的教育起点、教育过程不公平，指出贫富差距过大会加剧流动儿童教育不公平问题的恶化（冯帮，2011）。布劳和邓肯在《美国的职业结构》中指出：教育在促进社会流动、减少社会分层方面具有重要的作用，特别是对受教育者个人的影响作用十分显著。正如其所述，保障流动儿童教育公平问题不容忽视。

三　流动儿童社会排斥相关研究

社会排斥是一个动态的过程。任云霞从社会排斥的视角，将流动儿童面临的社会排斥分为四个维度：消费排斥——流动儿童家庭的物质条件明显低于城市户籍人口家庭；社会关系排斥——流动儿童的社会关系主要还是同具有相同经历的流动儿童建立；文化排斥——囿于文化的同质性，流动儿童无法通过与本地儿童交往来习得新的社会规范；福利制度排斥——流动儿童的基本受教育权被有意地从城市中排斥了出去（任云霞，2006）。高政进一步通过社会排斥理论对流动儿童教育问题进行分析，认为制度排斥导致部分流动儿童“上不了学”；消费排斥导致部分流动儿童“上不起学”；文化、社会关系排斥导致部分流动儿童“上不好学”。因而政府需要加快户籍改革步伐，消除制度排斥；保障农民工就业权益和收入，削弱消费排斥；关心流动儿童生存状况，减轻文化及社会关系排斥（高政，2011）。徐玲以流动儿童社会排斥的制度性因素为切入点，再次强调国家通过制定并实施户籍制度，以及由户籍制度所衍生的城乡二元结构体制、义务教育办学体制、财政拨款体制、升学制度等，限制了流动儿童享有受教育权利和使用城市资源，从而将流动儿童制度性地排斥在了城市社会之外（徐玲，2008）。同时她指出要消除流动儿童社会排斥的问题，必须从根源上对户籍制度进行改革，消除户籍制度和城乡壁垒的钳制，优化流动儿童享受国家公共教育资源的机会。此外，王慧娟基于森的能力取向社会排斥理论，认为社会排斥给流动儿童的受教育过程造成了多方面的消极影响，并指出应该制定支持性措施、治疗性措施和根本性措施等相应措施，以消除对流动儿童教育的社会排斥（王慧娟，2016）。其中支持性措施主要包括以社会工作的形式削减城乡文化差异导致的排斥，并加强公众教育，纠正群体偏见；治疗性措施指一方面要消除歧视性政策，保障公平公正政策的可执行性和政策执行的力度，另一方面要实现义务教育阶段教育资源的均等化配置以缩小城乡教育差距，为实现社会教育的公平正义奠定基础；而根本性措施直接指向导致社会排斥的制度因素，必须打破户籍制度的分隔，切断户籍同教育的捆绑关系，并改革固化的义务教育管理体制，使其适应新形势下的人口流动结构，同时进一步缩小城乡差距，消除城乡二元分化，实现制度改革的目标。综上可见，流动儿童教育问题与社会排斥问题是密不可分的，关于流动儿童社会排斥的研究往往是基于教育问题而展开的，社会排斥现象对于流动儿童发展的影响不容忽视。

四　流动儿童状况相关研究总结

总而言之，流动儿童问题已经成为我国社会转型期间一个独特的社会问题，在我国和谐社会建设的过程中，如何解决流动儿童问题已经逐渐为公众所重视。落实健康保障、实现教育公平是我国党和政府向广大民众做出的承诺，是我国和谐社会的评判标准和重要目标。当前我国流动儿童的健康现状、受教育现状都呈现出不容乐观的态势，严重阻碍了流动儿童个人的全面发展，同时对我国社会人才的培养也造成了不利影响，因此在我国社会主义社会的建设过程中，政府部门应该针对流动儿童的健康、教育等问题，进行有效的改进完善，并制定长远的、系统的社会建设计划。另外，当前关于我国流动儿童现状的研究并不全面，大多仅停留在定性研究或定量研究的单一分析上，很少有将定性研究与定量研究相结合，深入探讨流动儿童的现状及问题的研究文献。因此，本书将尝试以全新的研究方式、视角，展开对我国流动儿童现状及问题的探讨分析。

第四节　儿童随迁的影响因素及后果

一　儿童随迁的影响因素研究

随着流动人口的不断增加，家庭式迁移行为发生的概率也呈现出上升趋势。流动人口的子女会成为流动儿童还是留守儿童取决于其是否跟随父母迁移，而这两类群体及其所引发的社会问题已经引起了政府和社会的高度关注和重视，因此探究是哪些因素影响了流动人口子女随迁显得尤为重要。目前我国有很多学者研究过这一问题，就已有研究成果来看，影响儿童随迁的因素可以分为以下四个方面：流动人口子女的个人特征、流动人口（父母）的个人特征、家庭社会支持状况和迁移因素及迁入地适应状况。

（一）流动人口子女的个人特征

首先，流动人口子女的年龄是影响随迁与否的重要因素。梁宏、任焰（2010），柯宓（2016），宋锦、李实（2014），陶然、孔德华、曹广忠（2011）等在研究中发现，随着子女年龄的增长，其跟随父母迁移到城市的可能性呈现出下降趋势，儿童的年龄越小则越可能跟随父（母）流动到城市。此外，柯宓（2016）还指出，学龄前儿童跟随父（母）迁移而非留守的可能性明显高于学龄儿童，特别是初中适龄阶段的子女随迁的可能性显著降低。

其次，子女在家中的排行是影响随迁的可能因素。在家中排行较靠后的孩子更容易随父母迁移。陶然、孔德华、曹广忠（2011）认为，一方面是考虑到年龄大的孩子自理能力会更强，另一方面排行较靠后的孩子很有可能是超生的，为逃避计划生育处罚父（母）便将其带到城市。

此外，儿童的性别也是学者们研究和讨论的影响因素之一，有研究者猜想受“重男轻女”思想的影响，流动人口在子女随迁时会有男性偏好。尽管梁宏、任焰（2010），柯宓（2016）等在研究中没有发现性别因素对随迁的显著作用，但是吕利丹、王宗萍、段成荣（2013）和陶然等（2011）所做的统计检验结果显示，留守儿童性别比低于流动儿童，流动人口选择子女随迁时可能存在性别偏好。

（二）流动人口自身的个人特征

第一，与子女的个人特征影响因素相似，流动人口自身的年龄和性别也会对儿童随迁产生重要影响。主要体现为父（母）年龄越大，子女随迁的可能性越高（梁宏、任焰，2010）；在控制家庭特征的情况下，仅母亲外出的儿童随迁概率显著增加，也就是说母亲外出会极大地增加子女流动的可能性（吕利丹、王宗萍、段成荣，2013）。

第二，关于流动人口的受教育程度对子女随迁选择的影响，学者们对这一因素的研究观点分歧略大。洪小良（2007）认为先行迁移者（父或母）的受教育程度越高，家人（子女）迁移的可能性越小；柯宓（2016）指出受教育程度为初中或高中的农民工，会更倾向于把子女带到城市生活；吕利丹等（2013）则认为父（母）亲的受教育程度为大专及以上时才会表现出明显差异，更倾向于让子女随迁。

第三，流动人口的工作性质影响子女随迁与否。如果流动人口的工作类型是自我雇佣型即从事个体经营，工作相对自由，那么他们会更倾向于将子女随带在身边（陶然、孔德华、曹广忠，2011；梁宏、任焰，2010；宋锦、李实，2014）。

（三）流动人口的家庭特征

除了流动人口及其子女的个人特征，流动人口的家庭特征也是影响儿童随迁的重要因素。学者们研究发现：一是家庭成员人数越多，儿童越容易留守而不随迁（梁宏、任焰，2010），特别是家中有祖父母可以照看儿童的家庭，其子女随迁的可能性明显下降（柯宓，2016）。二是如果父母中有一方外出、一方在家留守，子女更有可能成为留守儿童；倘若夫妻双方都外出流动，那么子女随迁的概率会显著提高（宋锦、李实，2014）。三是在农村，人均耕地面积越多，对农业劳动力需求越大，家庭迁移的概率越小，进而子女随迁的概率越小（袁霓，2008）。四是原有户籍地家中的居住条件越好（包括有独立厕所、洗澡设施、自来水等），儿童随迁的可能性越低，反之如果流入地的住房条件越好，儿童越有可能跟随父（母）迁移（吕利丹、王宗萍、段成荣，2013；许传新，2010）。

（四）流动特征及流入地适应状况

1. 迁移因素

影响儿童随迁与否的迁移因素主要有三个，第一个因素是迁移距离，与市内迁移和跨市迁移的农民工比较而言，跨省迁移的农民工相对更不稳定。梁宏、任焰（2010），宋锦、李实（2014），吕利丹等（2013）均在研究中指出，迁移距离对儿童随迁有显著影响，远距离迁移的成本更高，跨省迁移的农民工让其子女随迁的可能性更小。第二个因素是迁移时间，在柯宓（2016）的回归研究中可以看到，流动人口在流入地的生活年限长，安排子女随迁的可能性会相应提升。第三个因素则是户籍制度，很明显流入地的户籍门槛越高，子女越不可能随迁。

2. 迁入地适应状况

子女随迁是流动人口家庭或者说是农民工家庭理性选择的结果，对迁入地的适应既有客观标准更有主观感受，总体来讲必然是在迁入地适应状况越好才越有可能带子女随迁。许传新、张登国（2010）也讨论过这一问题。正如周佳（2015）在研究中指出的，农民工群体缺乏就业安全感、以信任和尊重为表现形式的归属感和对未来预期的可控感，自然是不太愿意让子女随迁的，从而产生了数额庞大的留守儿童。

二　儿童随迁的后果

影响流动人口子女随迁与否的因素有很多，其中有可以促进随迁的方面，也有阻碍随迁行为发生的因子。一般来说，只有在多个有利于随迁的因素的共同作用下，流动人口才会做出让子女随迁的选择，而流入地和原住地的生活环境往往存在较大差异，儿童随迁后不得不面对和适应社会生活各个方面的变化。近年来，有越来越多的学者关注和研究随迁子女这一群体，对流动人口子女在随迁后所受影响（随迁后果）的研究大致可以分为以下四个方面。

（一）儿童随迁后的身体健康状况研究

与教育、社会文化适应、心理状况等方面的研究相比，对随迁儿童身体健康状况的研究是相对较少的，且多以比较研究为主。根据已有成果，儿童在跟随父（母）迁入城市后，身体健康状况会得到一定程度的改善和提升：一是通过体质测试发现，随迁子女的体质健康基本状况优于留守儿童，并且正逐步接近城市儿童（张华，2013）；二是随迁行为的发生显著提高了儿童的身高发育水平，但对体重的影响不明显（耿德伟，2015）；三是随迁儿童的营养不良比例也低于留守儿童，营养状况在随迁后逐步改善（陶行、尹小俭，2015）。但是随迁也增加了一些疾病的发病率，比如传染病。林献丹、陈玲萍等（2011）在研究中指出，由于预防意识差、经济状况不好、流动因素等多方面原因，随迁儿童的疫苗接种率很低，儿童在随迁后可预防传染病发病率上升。

（二）儿童随迁后的教育问题研究

教育是儿童成长的关键内容，客观来讲，城市的教育资源比农村更丰富，教学质量和教育水平也往往优于农村，流动人口子女跟随父（母）迁移到城市后，应该希望接受更好的教育。

然而事实并不总如想象中美好，许多儿童跟随父母迁移后会面临并不轻松的教育问题，其中第一个问题就是入学难。随着流动儿童的数量日益增加，城市公办学校并不能完全接纳或满足这些儿童的入学需求，于是诞生了许多民办的农民工子女学校（吴霓、张宁娟、李楠，2010），这类学校中的很多都装修简陋、设施落后、师资力量缺乏，与公办学校相差甚远。调查发现农民工在子女教育问题上感觉到的最大困难就是读公办学校（邬志辉、李静美，2016），较高的入学门槛和较高的收费将随迁子女们挡在了公办学校和条件优良的私立学校门外（吕建强，2009）。

第二个问题是随迁子女还不得不面对在流入地的升学问题。国家和政府对这一问题给予了高度的关注和重视，各地也陆续出台了允许随迁子女在流入地升学考试的政策方案。但正如吴霓、朱富言（2014），邬志辉、李静美（2016）等所指出的，很多方案尚未最大限度凝聚社会共识，对于随迁子女升学的“门槛”设置过于苛刻，并且存在方案运行有名无实等问题，使儿童随迁后的升学面临诸多困难。

第三个问题是随迁会对儿童就学后的学习适应和学业成就产生影响。根据徐华潇（2013）的研究，随迁子女的学习负担水平高于同等年级的城市子女，而师生关系、同学关系、竞争水平等都不如城市子女；张绘、龚欣、尧浩根（2011）的研究则表明，跟随父母迁移流动的频率越高，子女的学业表现会倾向于越差。

（三）儿童随迁后的社会文化适应状况研究

儿童随迁不仅带来了健康和教育状况的变化及相关问题，在融入新的环境和生活时，儿童还需要不断地对新的社会文化进行适应。在刘杨、方晓义（2008），王中会、蔺秀云等（2016）对随迁儿童城市适应的研究中指出，随迁给儿童社会文化适应带来的影响包括人际关系、适应环境、外显行为、内隐观念、语言、学习等六个方面；吴玉珅、徐礼平（2016）则认为儿童在随迁后需面临的社会适应有行为适应、学习适应和文化适应等。

尽管学者们对社会适应的界定有不同意见，但大多数都肯定了儿童随迁对其影响之大、之深远。在适应初期，儿童可能会面临语言交流困难、没有朋友和风俗习惯（包括卫生习惯、节日等）差异大等问题（王中会、蔺秀云等，2016），随着生活时间的增加，可能还会出现生活方式，甚至是文化价值观的冲突（吴玉珅、徐礼平，2016）。这些由随迁带来的社会适应问题，不仅影响着儿童在新城市的社会融入，而且会进一步影响到儿童的心理状况。

（四）儿童随迁后的心理状况研究

受个体特征、家庭背景、社会环境等多方面因素的影响，儿童在跟随父（母）迁移到城市后，很容易在心理上出现问题。研究者们通过问卷、访谈等方式，测量并发现了影响随迁儿童心理健康的几个问题。

一是有孤独感，儿童在随迁之后面临着学校、老师、同学、玩伴的更新和变化，受交往方式的限制，容易产生交往缺少型孤独和交往缺失型孤独（史晓浩、王毅杰，2010），对人际关系更为紧张和敏感，不仅使儿童变得内向，还可能引发自闭、社交焦虑等心理问题，影响儿童的心理健康。

二是自我意识迷茫，缺乏自信心。随迁儿童比城市儿童更容易产生自卑心理，正如徐晶晶（2010）在研究中指出的，与流动人口的第一代相比，第二代承受着一种更为尴尬的身份，家庭经济社会地位不高、文化差异、制度鸿沟等都严重打击着随迁儿童的自信心。

三是缺乏归属感和安全感，对城市的认同感有限。跟随父（母）流动到城市后，儿童的适应需要时间和过程，来不及感知便被迫卷入了“不能完全融入，却又难以回归农村”的困境（徐晶晶，2010）。尽管对城市认同的增加有利于归属感和安全感的提高，但研究表明，目前随迁儿童对城市的认同感仍然还是有提升空间的（袁晓娇、方晓义、刘杨等，2010）。

由随迁带来的心理状况变化远不止此，然而鲜少有研究证明随迁使儿童更积极、乐观，大多数都是在讨论随迁产生的不良心理问题，除了上文中列举的之外，还有儿童产生抑郁、对人有敌意等诸多问题，足以引起社会各界的重视。

第三章　我国流动儿童和留守儿童的基本情况及变动趋势

本章用2011～2015年“全国流动人口动态监测调查”数据对流动人口子女随迁情况、流动儿童和留守儿童的基本现状进行描述统计。一方面，横向对比儿童随迁与否与儿童在基本社会经济特征以及公共服务获取方面存在的差异，另一方面，通过对近五年数据的统计分析，纵向刻画五年来的变化趋势，以描绘在人口迁移流动大背景下，儿童生存发展的概况与图景，为分析人口流动对儿童的影响奠定基础。

基于流动人口动态监测调查的内容限制，本章的研究对象是15岁及以下的流动人口子女。同时，基于问卷具体问题的设计，将留守儿童定义为仍居住在老家或户籍地的流动人口子女，将流动儿童定义为与其外出流动的父亲或母亲一同居住在调查地或其他非户籍地的流动人口子女。

第一节　流动人口子女随迁状况

一　流动人口子女随迁比例的变化

2011～2015年，15岁及以下流动人口子女的随迁比例较高，其中流动儿童的比例几乎达到总体的2/3左右，是留守儿童的两倍，可见近年来流动人口举家迁移的特征较为明显。而居住在其他地方的流动儿童占比极低，五年来比例持续低于1%。

从不同年份的变化来看，儿童随迁的比例经历了先增加后下降的变化趋势。从2011年到2013年，流动人口子女与父亲或母亲居住在调查地的比例从61.90%增长到66.36%，并于2013年达到五年中的最高点。在2014年该比例回落到65.66%，到2015年进一步下降到64.40%，但比例仍高于2012年的水平。与此相对，留守儿童的比例先下降，之后逐渐上升，从2011年的37.25%下降到2013年的32.72%，到2015年回升到34.84%。而居住于其他地方的儿童比例呈小幅波动状态（见图3.1）。

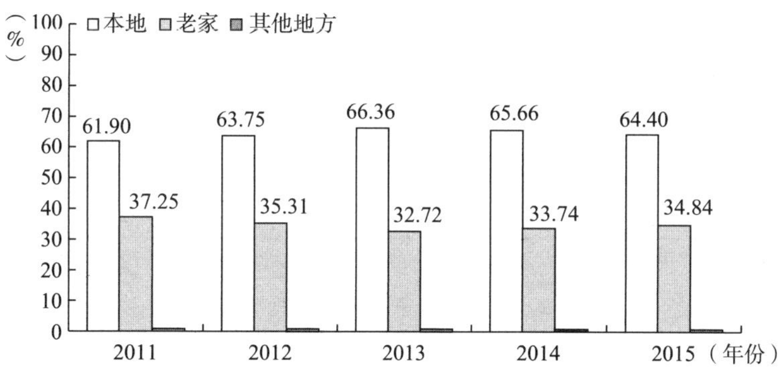

图3.1　流动人口子女现住地分布

二　流动人口子女分年龄组随迁比例

分年龄组计算流动人口子女的随迁比例差异可以发现，随着年龄的增长，流动儿童的比例在下降。通过求均值处理得到五年来的总体情况，0~2岁的儿童中约有75%处于随迁状态，而3~6岁的学龄前儿童中流动儿童仅占66%左右。当儿童进入义务教育阶段后，流动的比例进一步降低，7~12岁儿童中有将近63%处于流动状态，而当大部分流动人口子女进入初中阶段后，流动在外的比例下降约10个百分点，仅有55%左右外出流动。一方面，年龄较小的孩子往往需要父母的贴身照料，跟随父母流动的比例较高，另一方面，教育对于儿童流动仍起到了较大的限制作用，受学籍与中考政策等因素影响，不少儿童需要返回户籍地就学，因此义务教育阶段，尤其是初中阶段，流动儿童的比例低于学龄前阶段。

从不同年份来看，各年龄段流动儿童比例的变化趋势与儿童随迁比例的总体趋势相近——都经历了先上升后下降的过程。其中，0~2

岁的儿童流动比例直至2014年都呈现上升趋势，从2011年的71.88%上升至2014年的76.70%，到2015年才出现小幅回落，比例降至75.29%。其他年龄组流动儿童的比例均在2013年达到五年中的峰值，随后出现稳步下降的趋势（见图3.2）。

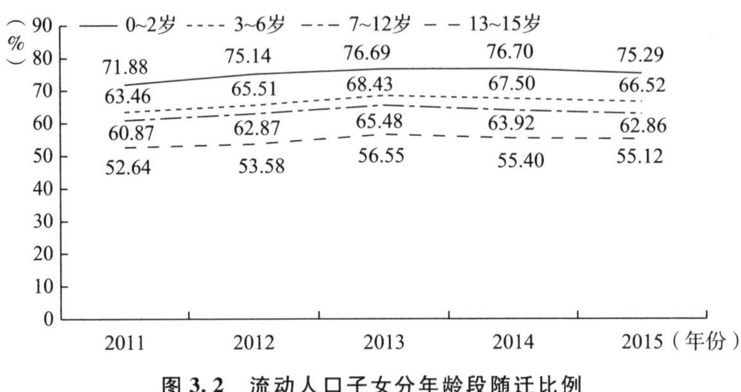

图3.2　流动人口子女分年龄段随迁比例

三　按流入地分流动人口子女随迁比例

流入不同地区的流动人口子女随迁的比例存在差异。在调查时点居住于东部地区的流动人口子女随迁比例较低，5年中均值仅为63%左右。流入中部地区的流动人口子女中有约77%为流动儿童，比例高于东部，但仍略低于西部，流入西部的流动人口子女约有78%随迁。一般而言，东部地区的人口调控政策比中西部地区更为严苛，相比而言，若子女随迁将面临较高的成本与压力，因此其子女随迁面临更大阻碍，导致随迁比例较低。

分年份来看，2011年东部地区流动人口子女的流动比例仅为59.56%，到2012年经历约6个百分点的增幅达到65.46%，随后流动儿童比例呈持续的小幅下降趋势，到2015年下降为62.15%。在中部的流动人口子女随迁比例同样在2012年经历高峰，从2011年的77.54%增长到79.74%，随后该比例在77%左右处于波动状态，直至2015年陡然减少到72.05%。流入西部的流动人口子女流动比例从2011年的76.63%增至2014的79.13%，到2015年减小至78.97%，降幅较小，整体呈现增长趋势。不同地区的降幅出现的时间节点、降幅大小的差异与不同地区人口控制的政策与力度相关（见图 3.3）。

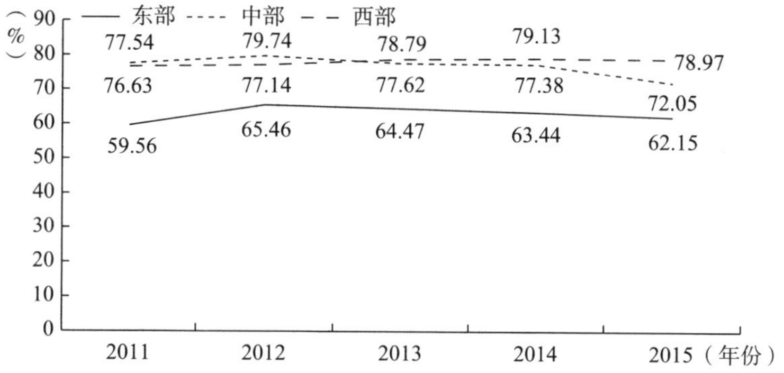

—— 东部 ---- 中部 — — 西部
（%）
77.54　79.74　78.79　79.13　78.97
76.63　77.14　77.62　77.38　72.05
59.56　65.46　64.47　63.44　62.15
2011　2012　2013　2014　2015（年份）

图 3.3　按流入地分流动人口子女随迁比例

四　按户籍地分流动人口子女随迁比例

总体而言，户籍地为东部地区的流动人口子女更倾向于随迁，东部地区流动人口比例五年的均值约为 72%，西部次之，约有 66% 户籍地为西部的流动人口子女处于流动状态。户籍地为中部的流动人口子女随迁的比例最低，仅有 60% 左右为流动儿童。

不同地区五年中流动人口子女随迁比例变化趋势基本一致（见图 3.4），户籍地为东部地区的从 2011 年的 70.26% 增长到 2013 年的 73.99%，随后下降至 2015 年的 71.04%。户籍地为中部的从 2011 年

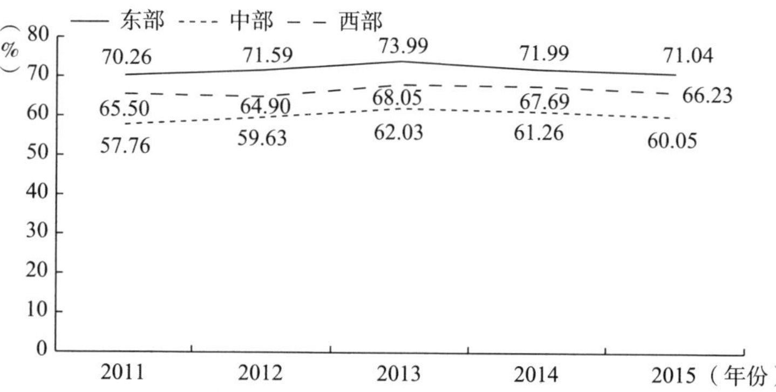

图 3.4　按户籍地分流动人口子女随迁比例

的 57.76% 增至 2013 年的 62.03%，之后出现下降趋势，到 2015 年降为 60.05%，在所有地区中，中部地区变化幅度最大。户籍地为西部的流动人口的变化趋势有别于东部与中部，波动更为频繁，在 2012 年出现下降趋势，从 65.50% 降至 64.90%，但仍在 2013 年达到最高值 68.05%。

五　按户口性质分流动人口随迁比例

分户籍性质看流动人口子女流动比例可以发现，非农业户口的流动人口子女更倾向于随迁。从 2011 到 2015 年，农业户口的流动人口子女随迁的比例集中在 64% 附近，比非农业户口流动人口低了超过 10 个百分点，后者子女随迁比例为 72% ~78%。农业户口流动人口的家中往往对农业劳动力有需求，而非农业户口的流动人口在城市中就业的壁垒也少于农业户口流动人口，因此农业户口流动人口居家迁移的比例要显著低于非农业户口者。

5 年间，户口为农业与非农业流动人口子女随迁比例变化趋势类似。农业户口子女的流动比例从 2011 年的 61.45% 增长至 2013 年的 65.99%，随后下降到 2015 年的 63.51。非农业户口子女的流动比例则从 2011 年的 72.96% 增加至 2013 年的 77.31%，随后经小幅下降，回落至 2015 年的 75.83%（见图 3.5）。

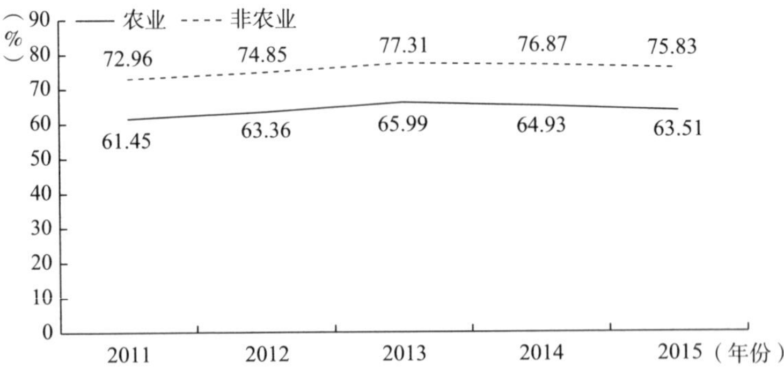

图 3.5　按户口性质分流动人口子女随迁比例

第二节　流动儿童基本情况

一　流动儿童及其家庭基本特征

（一）流动儿童性别年龄分布

2011～2015年，被调查的流动人口子女性别比均值约为125.6，其中流动儿童性别比的平均值约为126.3，男性流动儿童多于女性。从时间分布来看，性别比呈现波动状态。从2011年的128.52降低到2015年的125.73（见表3.1），一方面这与调查对象总体的性别比下降有关，另一方面，在2014年第一次出现了流动儿童性别比低于总体性别比的情况，这说明，尽管流动儿童性别选择情况并不明显，但近年来仍存在弱化的倾向。

流动儿童的年龄分布近五年的波动较小。0～2岁流动儿童占比稳定在21%上下，3～6岁占比则在31%附近波动。唯一呈下降趋势的是13～15岁年龄段的流动儿童占比，从2011年的14.65%下降到2015年的11.40%（见图3.6）。这说明随着近年来教育领域的缩紧，高年龄段流动儿童比例降低。

表3.1　流动儿童分年龄性别比

年份	2011	2012	2013	2014	2015
0～2岁	121.48	121.34	122.52	117.15	118.48
3～6岁	124.32	125.33	119.73	126.52	119.30
7～12岁	136.24	135.02	129.83	126.45	128.68
13～15岁	133.26	135.07	131.48	127.96	133.00
均值	128.52	127.32	128.05	128.83	125.73

（二）流动儿童户籍地分布

与流动儿童流入地分布情况相反，流动儿童的户籍地主要为中部地区。总体而言，约有39%的流动儿童来自中部地区，户籍地为东部

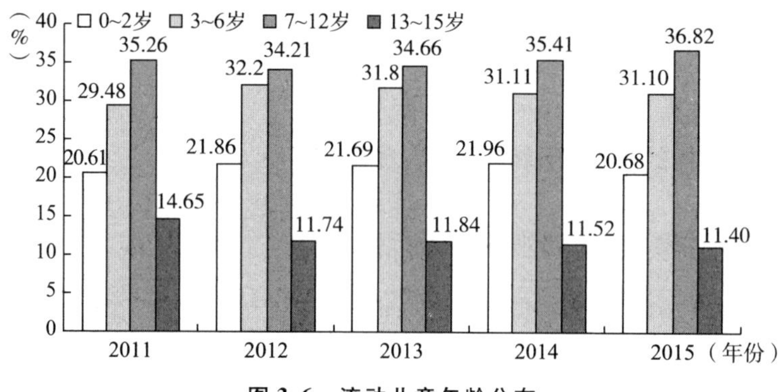

图 3.6　流动儿童年龄分布

地区的流动儿童略少于中部地区，但仍占到总体的 1/3 左右，来自西部地区的流动儿童仅占到约 28%。五年来，流动儿童户籍地分布波动不大，尤其是户籍地为东部地区的流动儿童占比一直较为稳定，但来自西部的流动儿童占比在 2015 出现了较为明显的回升，从 2014 年的 26.74% 增加至 2015 年的 29.75%（见图 3.7）。

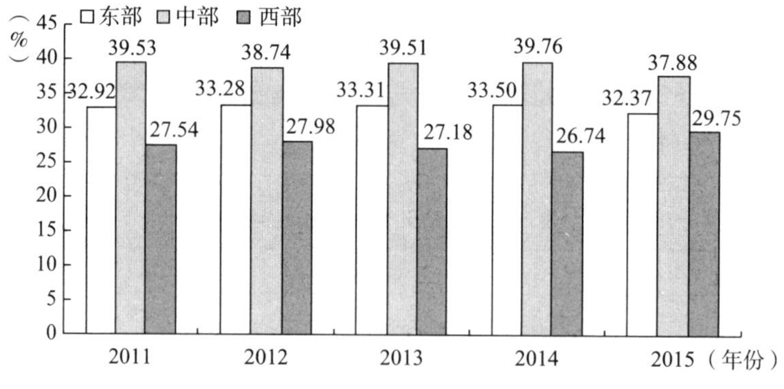

图 3.7　流动儿童户籍地分布

（三）流动儿童家庭收入情况

通过计算均值可知，流动儿童所在家庭五年中的平均收入水平在 7122 元左右，另外在 2011 到 2015 年一直处于增长的趋势。从 2011 年的 5624.39 元增长至 2015 年的 8738.34 元，平均每年增长近 800 元，在 2014 年到 2015 年增幅最为明显，增长了将近 13.1%（见图

3.8）。可见随着经济的不断发展，流动儿童家庭的收入不断提高，生活也不断改善。

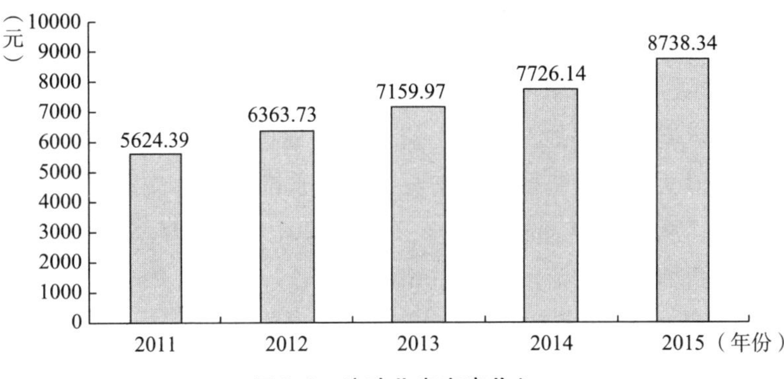

图 3.8 流动儿童家庭收入

（四）流动儿童家庭子女个数分布

在观察期内，流动儿童家庭的子女数呈现增加趋势，子女数均值从 2011 年的 1.62 个增长至 2015 年的 1.65 个。与此相对应的是流动儿童家庭中独生子女家庭在逐渐减少，从 2011 年的 47.46% 降低至 2015 年的 40.46%，而二孩家庭的占比在增加，从 2011 年的 44.47% 增长至 2015 年的 49.79%（见图 3.9）。可见随着生育政策的逐步放宽，流动儿童的兄弟姐妹个数也呈现出逐年增加的趋势。

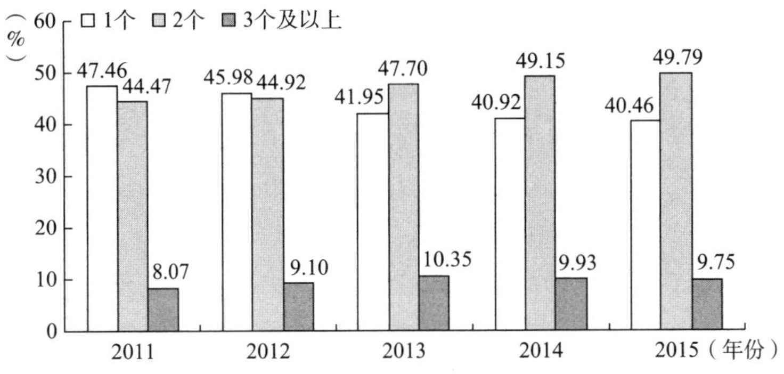

图 3.9 流动儿童家庭子女个数分布

二　流动儿童的流动特征

（一）流动儿童流入地分布

近年来，流动儿童主要流向东部地区，从平均水平来看，近77%的流动儿童流入东部地区，15%流入西部地区，仅有8%左右流入中部地区。但从变化趋势的角度来看，流入东部地区的流动儿童比例呈降低趋势，从2011年的77.70%下降到2015年的75.54%。与此同时，流入西部地区的流动儿童占比则呈增长趋势，从2011年14.59%增长到2015年的16.55%（见图3.10）。

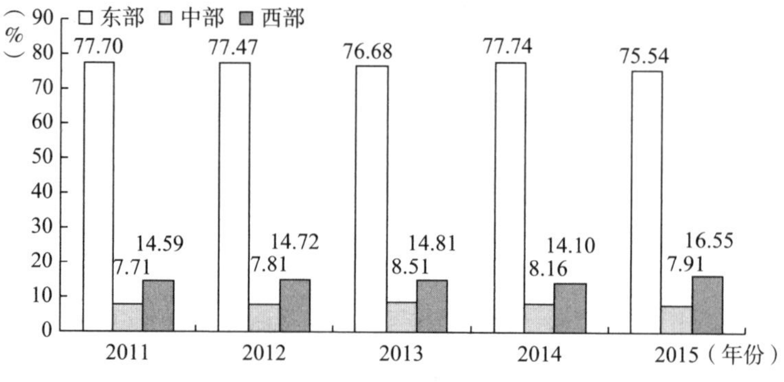

图3.10　流动儿童流入地分布

（二）流动儿童流动时间分布

流动儿童的平均流动时间为4年左右，五年中波动较小。以农村户口流动儿童为例，其平均流动时间从2011年的4.2年回落到2012年的3.96年，接着稳步回升至2015年的4.06年。

分户籍来看，在2014年之前，非农业户口的流动儿童的平均流动时间略高于农业户口的流动儿童，在2011年两者流动时间长度之差约为0.13年。然而两者的差距在逐渐缩小，到2014年在观察期内首次出现逆转，农业户口流动儿童的流动时间长度为4.08年，略高于非农业户口流动儿童的4.03年（见图3.11）。

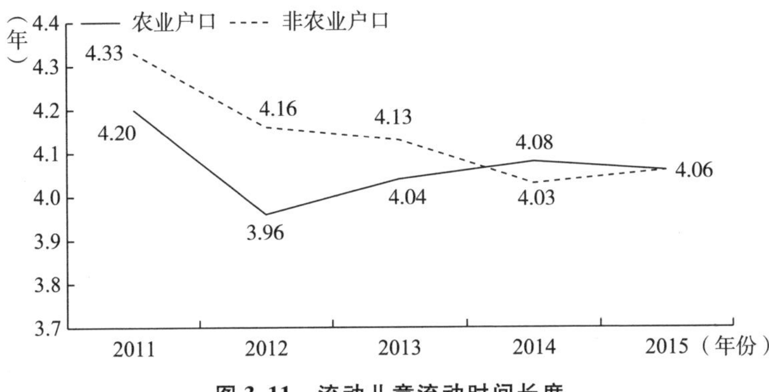

图 3.11　流动儿童流动时间长度

(三) 流动儿童流动范围分布

从流动儿童的境内流动范围来看，跨省流动的比例最高，从平均水平来看约占总体的 62%，其次是省内跨市占比约为 28%，占比最低的为市内跨县，仅占所有流动儿童的 10% 左右。从 2011 年到 2015 年，流动儿童的流动范围分布情况变化不显著。尽管在 2014 年跨省流动的比例跃升至 63.80%，但到 2015 年该比例又一次回落至 61.20%。与此相比，市内跨县的流动儿童占比则基本在稳步提升，从 2011 年的 9.44% 攀升至 2015 年的 10.96%（见图 3.12）。另外，在 2015 年流动人口动态监测调查的问卷中还增加了“境外流动”的选项，但占比较低，仅为 0.05%。

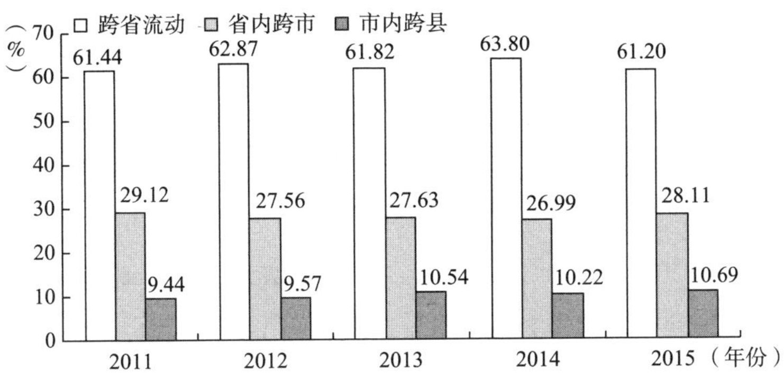

图 3.12　流动儿童流动范围分布

三 流动儿童家庭计划生育情况

（一）流动儿童分娩地分布

在分娩地的调查中，流动儿童的分娩地分为医院、在家和其他地方。从五年的平均水平来看，约有 92.7% 的流动儿童在医院出生，高于总体水平的 91.5% 。另有 8.1% 的流动儿童在家出生。仅有 0.3% 左右在其他地方出生。

从变化趋势的角度来看，总体而言流动儿童在医院出生的比例在持续升高，从 2011 年的 87.65% 增长至 2015 年的 96.08% ，平均每年增幅达到 2 个百分点左右。相应地，在家出生的流动儿童占比明显减少，从 2011 年的 11.79% 直降至 2015 年的 3.78% （见图 3.13）。可见，随着近年来人们健康意识的提升，以及基本公共卫生服务和妇幼保健政策的推进，我国住院分娩率显著提高，对于流动人口而言，妇幼保健领域的健康行为亦得到促进。

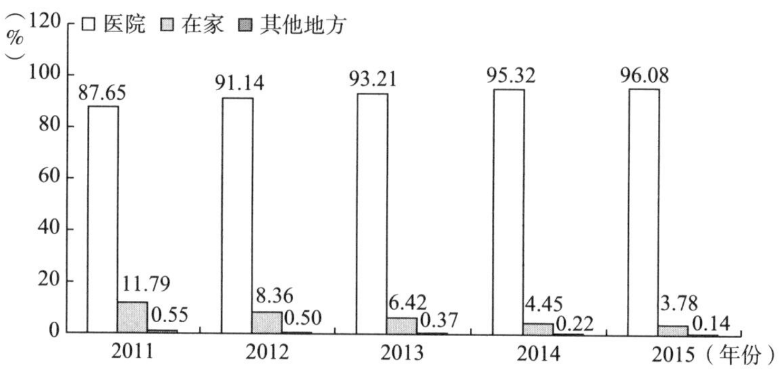

图 3.13 流动儿童分娩地分布

（二）流动儿童符合政策生育情况

由于在 2013 年的“流动人口动态监测调查”中没有纳入“是否符合政策生育”的选项，因此仅针对其余四年情况进行分析。总体而言，五年中符合政策生育的流动儿童约占 82% 左右，但从变化趋势的角度看，符合政策生育的比例虽然变化较小，但呈现持续下降的趋势，从 2011 年的 82.71% 下降至 2015 年的 81.03%（见图 3.14）。这一趋势与近年来生育政策逐步放开，对于生育限制有所放松相关。

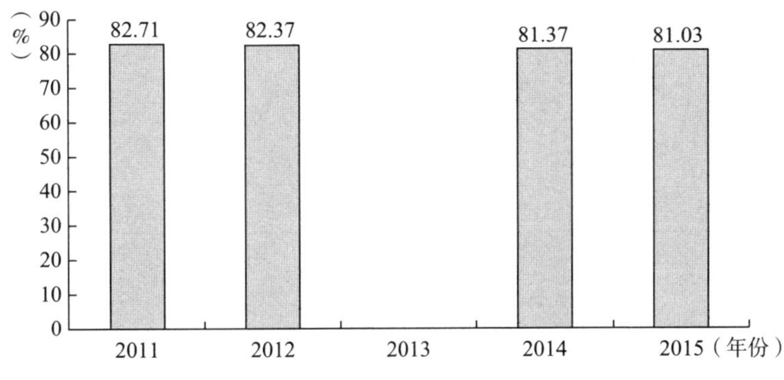

图 3.14　流动儿童符合政策生育比例

四　流动儿童受教育情况

（一）流动儿童在学情况

流动人口在学情况的统计主要利用了家庭户成员教育程度的信息。在 2013 年以前的流动人口动态监测调查问卷中的婚育情况部分中包括“子女是否在学”的独立问题，通过与教育程度信息的核实比对发现前后虽存在差异，但差别较小，为了能够进行纵向对比，口径统一，本章的在学情况一律以家庭户成员信息为准。另外，在 2014 年之后对于教育程度的统计仅针对 6 岁及以上人口，考虑到与本章年龄组划分方式的一致性，本章对 7～15 岁流动人口子女进行教育统计。

统计结果表明，在 7～12 岁的年龄段，在学比例在 92%～94% 之间波动，在 13～15 年龄段，在学比例除 2014 年外均高于 99%，可见随着义务教育的普及与推广，大部分流动儿童的教育权利可以得到基本保障。五年中，流动儿童在学比例并不存在线性增长或降低趋势。在 2011 年，7～12 岁流动儿童的在学比例为 93.80%，并于 2012 年升高至 93.91%，但在 2013～2015 年，该比例均低于 93%。13～15 岁流动儿童的在学比例也呈现波动趋势，在学率由 2012 年的 99.65% 下降至 2014 年的 98.92%，但在 2015 年又升高至 99.39%（见图 3.15）。

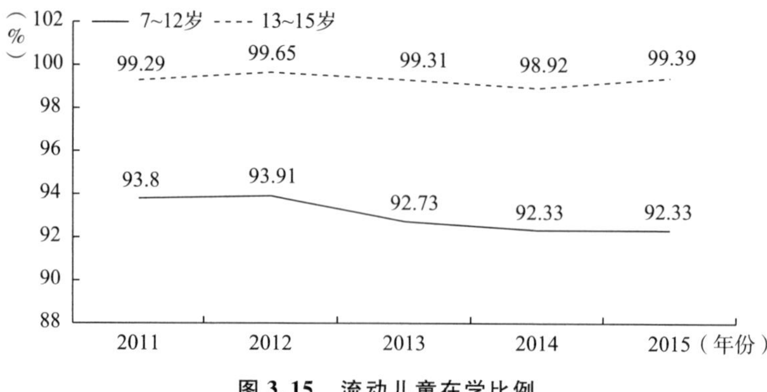

图 3.15　流动儿童在学比例

（二）流动儿童的受教育程度

就五年中的平均水平而言，在所有在学的流动儿童中，教育程度为小学的约占78%，而初中教育程度的约占21%，另有不到1%教育程度为高中、中专或职高。尽管教育程度的分布情况一直处于波动状态，但总体来看，流动儿童教育程度为小学的比例呈现上升趋势，从74.15%增长到2015年的79.76%（见图3.16）。

由于上述流动儿童的受教育程度分布可能受到年龄结构的影响，因此我们通过分年龄组计算的方式消除结构性因素影响。五年间，在7~12岁年龄组中，有88%~93%的流动儿童上小学，另有1%~5%已上初中，在13~15岁年龄组中，18%~26%的流动儿童仍在上小

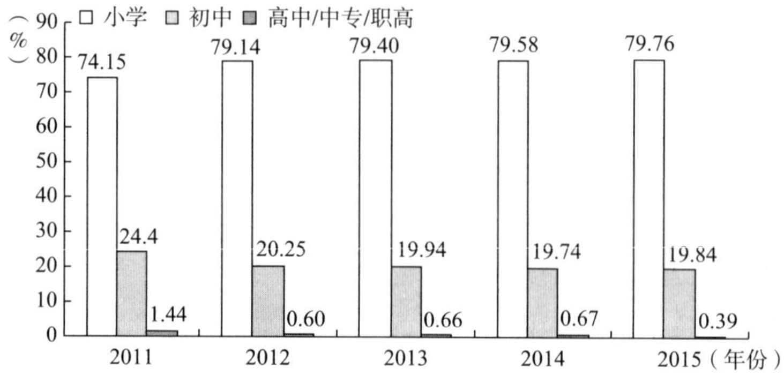

图 3.16　在学流动儿童教育程度分布

学，而71%～77%在上初中，另有1%～6%已进入高中或中专、职高阶段（见表3.2）。去除部分年龄结构影响后，教育程度的分布在五年间并未呈现出一致的变化趋势。

表3.2　流动儿童分年龄组受教育程度分布

单位：%

年份	年龄分组	受教育程度				总计
		小学	初中	高中/中专/职高	不在学	
2011	7～12	88.98	4.82	0	6.2	100
	13～15	18.2	75.84	5.25	0.71	100
2012	7～12	92.35	1.56	0	6.09	100
	13～15	23.35	73.95	2.35	0.35	100
2013	7～12	90.79	1.94	0	7.27	100
	13～15	25.65	71.12	2.54	0.69	100
2014	7～12	90.36	1.97	0	7.67	100
	13～15	24.29	71.97	2.66	1.08	100
2015	7～12	90.79	1.54	0	7.67	100
	13～15	21.69	76.09	1.61	0.61	100

（三）流动儿童学校性质

2011～2013年的问卷询问了流动人口子女学校性质的信息。由于存在统计口径的差异，[①]计算得到的流动儿童就读公立学校的比例在这三年的波动较大。从2011年的67.32%升高至2012年的79.89%又降至2013年的64.56%。另外，在私立学校就读的流动儿童占比呈现出相反的趋势，从2011年的29.28%降低至2012年的13.98%，到2013年又升高至31.58%。在打工子弟学校就读的学生占比也呈现先上升后下降的趋势，从2011年的3.39%升高至2012年的6.13%，之

---

① 在2011年的问卷中分别统计了入园类型和入学类型，而在之后的问卷中则不再做区分，而统一归为入学类型。

后又跌至2013年的3.86%（见图3.17）。

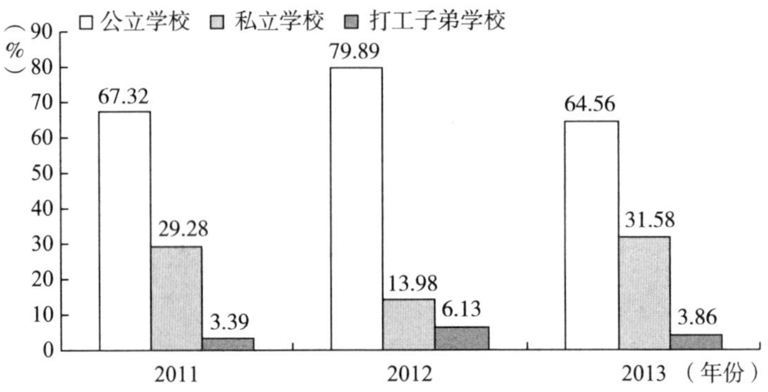

图3.17　流动儿童学校性质分布

（四）流动儿童缴纳赞助费情况

流动人口子女缴纳赞助费的情况仅在2011年与2012年的问卷中有所涉及。针对“孩子在本地入学是否交赞助费”的问题，在2011年有11.34%的流动儿童在就读学校缴纳了赞助费，另有88.66%的流动儿童明确表示没有缴纳赞助费或者未在本地上学。到2012年，流动儿童中缴纳赞助费的比例却增加将近10个百分点，达到20.55%（见图3.18）。可见收取流动儿童赞助费问题不仅没有得到充分解决，还呈现出愈加严重的趋势。

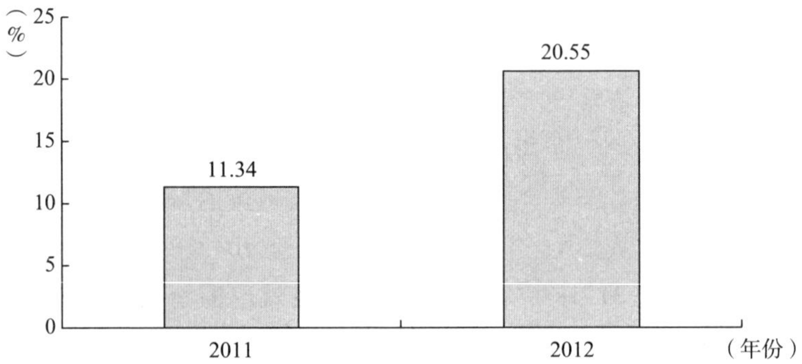

图3.18　流动儿童缴纳赞助费比例

五　流动儿童公共卫生服务情况

儿童保健是我国基本公共卫生服务的组成部分，为检验这项惠民政策是否落到实处，使流动人口同样获益，真正实现公共卫生服务的均等化，流动人口动态监测问卷在 2014 年及 2015 年加入了有关孕产妇以及儿童保健服务的相关问题，调查对象只针对 7 岁以内的儿童。

数据显示，在 2014 年，流动儿童中“建立《0 - 6 岁儿童保健手册》”的人数占到总数的 78.44%，到 2015 年该比例增至 88.93%，涨幅超过 10 个百分点，“学龄前儿童健康管理”工作在各地得到稳步开展，收效显著。

流动儿童中“过去一年接受免费体检”的比例也从 2014 年的 56.57% 增长至 2015 年的 62.16%，接受体检的流动儿童占比大大提升。

由于我国在儿童预防接种方面有较好基础，在 2014 年流动儿童中有预防接种证的比例已高达 98.23%，尽管提升空间较小，但 2015 年流动儿童中预防接种证的持有量仍在小幅提升，增至 98.75%。

另外，在疫苗接种方面，在 2014 年有 88.77% 的流动儿童表示“接种目前年龄应该接种的所有国家规定疫苗”，而到 2015 年，该比例攀升至 95.81%（见图 3.19），增幅显著，表明我国儿童预防接种工作进一步普及深化。

通过对儿童保健服务的数据进行分析，可以发现随着基本公共卫

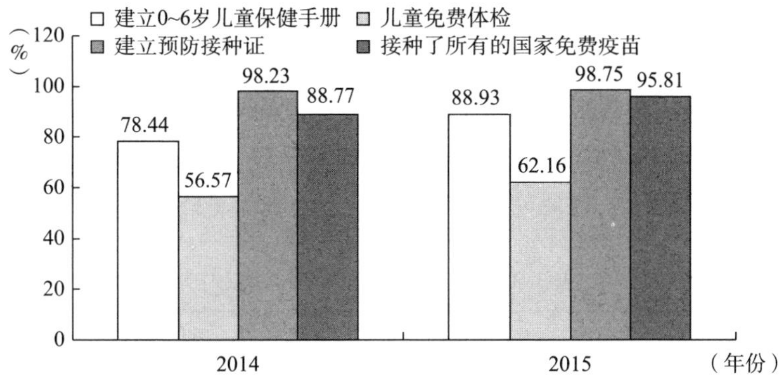

图 3.19　流动儿童接受各项儿童保健服务比例

生服务的持续推进，我国儿童保健工作在短期内已获得明显成效，有越来越多流动儿童享受到了公共卫生均等化带来的健康红利。但由于研究采用截面数据，无法追踪儿童的流动史，因此不能准确判断儿童是否在流动期间享受到了公共卫生服务，只能进行粗略判断。

第三节　留守儿童基本状况及变化趋势

一　留守儿童及其家庭基本特征

（一）留守儿童性别年龄分布

2011～2015 年，留守儿童的性别比均值为 124.39，略低于流动儿童的 126.30，可见尽管差距较小，流动人口依然更倾向于带男孩外出流动。对五年中的趋势进行综合判断可以发现，留守儿童的性别比大体呈现下降趋势，从 2011 年的 127.32 下降至 2015 年的 122.22，但性别比曾在 2014 年出现了短暂回升，达到 125.17（见表 3.3）。从 2011 年到 2015 年，流动儿童性别比均高于留守儿童，两群体差距最大的年份是 2013 年，流动儿童的 128.05 比留守儿童的 121.48 高出 6.57。

留守儿童的年龄结构与流动儿童相比存在明显差异。流动儿童在低年龄段（0～2 岁）占比较留守儿童高，而留守儿童在 13～15 岁组的占比则显著高于流动儿童，两者的变化趋势是相呼应的。五年间，留守儿童在低龄段（0～2 岁）的占比呈下降趋势，从 2011 年的 15.66% 降至 2015 年的 12.64%，而 7～12 岁组的占比则逐渐增加，从 2011 年的 35.68% 增加至 2015 年的 40.43%，13～15 岁组则始终维持在 18% 附近，比流动儿童高 4～7 个百分点（见图 3.20）。

表 3.3　留守儿童分年龄组性别比

年份	2011	2012	2013	2014	2015
0～2 岁	122.32	126.76	120.31	119.68	121.29
3～6 岁	127.52	125.43	123.86	130.65	120.85

续表

年份	2011	2012	2013	2014	2015
7～12 岁	123.02	125.43	122.32	124.42	120.60
13～15 岁	130.20	126.09	116.97	121.68	129.25
均值	127.32	125.73	121.48	125.17	122.22

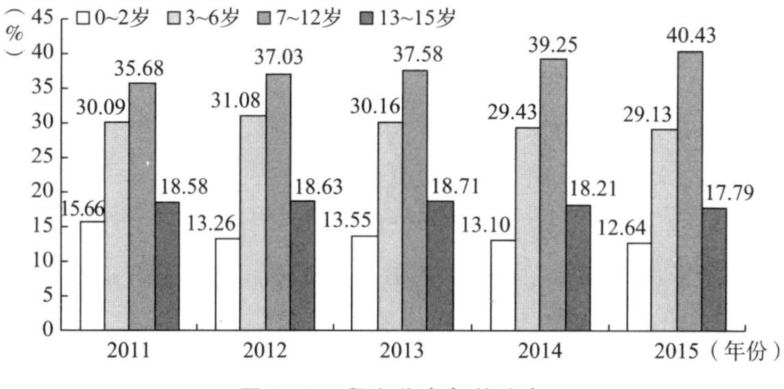

图 3.20　留守儿童年龄分布

（二）留守儿童户籍地分布

将近半数留守儿童的户籍地为中部地区，约 27% 的留守儿童来自西部地区，24% 左右来自东部地区（见图 3.21）。与流动儿童相比，有更多的留守儿童来自中部地区，而来自东部地区的占比则较低。这可能由于东部地区的流动人口更有能力使子女跟随自己一同流动。

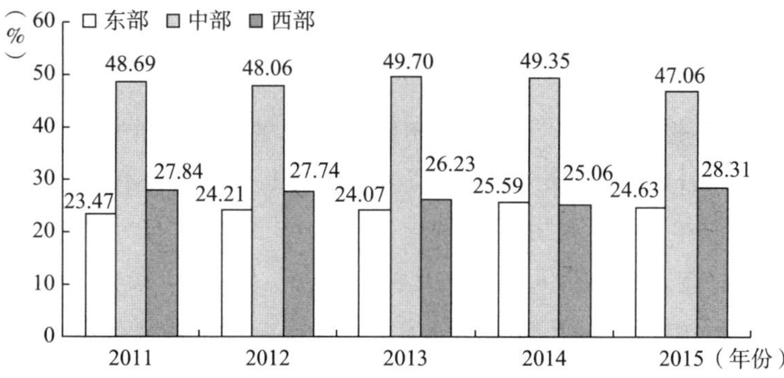

图 3.21　留守儿童户籍地分布

留守儿童的户籍地分布也未呈现较为一致的变化趋势，五年中户籍地为西部的占比较为稳定，来自东部地区的留守儿童家庭的占比波动则相对较大，从 2011 年的 23.47% 增长至 2014 年的 25.59%，到 2015 年又降至 24.63%。

（三）留守儿童家庭收入情况

与流动儿童相同，留守儿童家庭收入也呈现增加趋势，从 2011 年的 4494.92 元增加至 2015 年的 6930.45 元（见图 3.22），平均每年增长幅度在 600 元左右，与流动儿童家庭平均收入的增长幅度近似，但仍慢于流动儿童家庭，因此总体而言两者差距逐渐扩大，从 2011 年的 1129.47 元增长至 2015 年的 1807.89 元。是否与子女共同外出流动对于流动人口而言是具有选择性的，只有家庭收入更高的流动人口有能力让子女随迁。

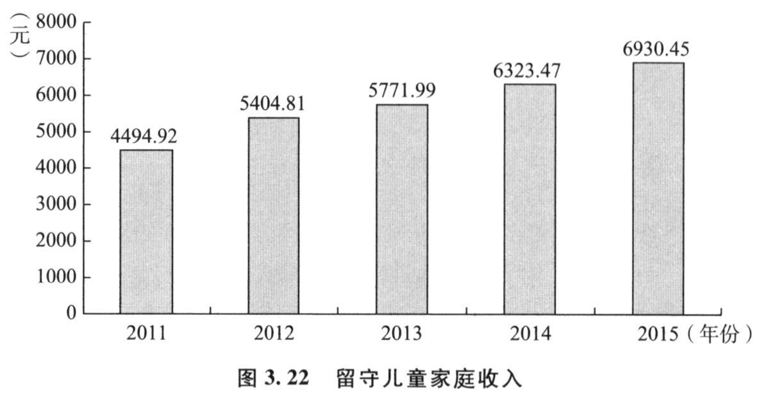

图 3.22　留守儿童家庭收入

（四）留守儿童家庭子女个数分布

留守儿童家庭的子女数在五年间也呈现出持续增加的趋势，子女数均值从 2011 年的 1.64 增长至 2015 年的 1.72。具体而言，留守儿童家庭中独生子女家庭在逐渐减少，从 2011 年的 44.62% 降低至 2015 年的 33.21%，而二孩家庭的占比则在增加，从 2011 年的 49.69% 增长至 2015 年的 53.52%（见图 3.23）。与流动儿童家庭类似，随着生育政策的逐步放宽，留守儿童家庭的子女个数在逐年增长。

与流动儿童家庭相比，留守儿童家庭的平均子女个数在各个年份都高于流动儿童家庭，且差距在逐渐拉大，从 2011 年仅为 0.02 的差距扩大到 2015 年 0.07。由于儿童随迁会增加流动家庭的生活成本，因此子女数较多的家庭可能选择让更多子女留守在户籍地。

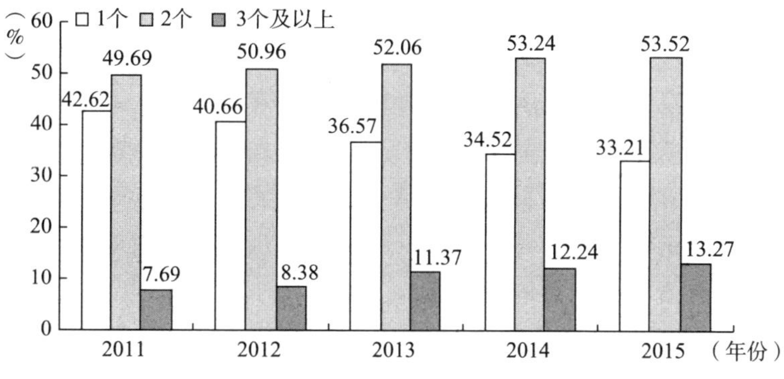

图 3.23　留守儿童家庭子女个数分布

（五）留守儿童家庭流入地分布

留守儿童的父亲或母亲流入东部的比例最高，5 年中平均值达到 87%左右，其次是西部，占比为 8%左右，而流入中部的不超过 6%。与流动儿童家庭相比，留守儿童家庭流入东部的比例更高，流入中部和西部的较少，这与东部地区人口管控更严格、举家迁移更困难相关。

与流动儿童家庭类似，留守儿童家庭流入东部的比例呈现下降趋势，从 2011 年的 88.76%下降到 2015 年的 86.02%（见图 3.24），更多留守儿童父母选择流入西部和中部，变化幅度也与流动儿童家庭类似。

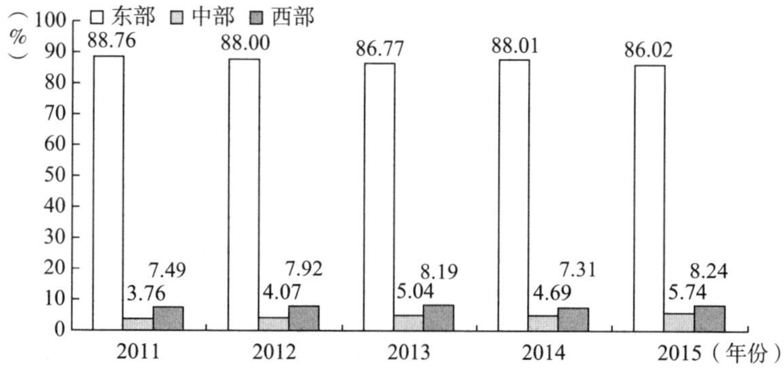

图 3.24　留守儿童流入地分布

二　留守儿童家庭计划生育情况

（一）留守儿童分娩地分布

五年中留守儿童的住院分娩率平均值约为89%，低于流动儿童的92%，其在家分娩的比例高于流动儿童，达到10%左右，另有少部分分娩在其他地方。从各个年份来看，留守儿童的住院分娩率均低于流动儿童，一方面流动儿童家庭条件一般优于留守儿童，家庭成员现代化的健康意识也更强。另一方面，很多流动儿童在流入地出生，母亲分娩的习惯可能与流入地更相近。

留守儿童的住院分娩率也在观察期内逐年提高，从2011年的82.19%增长至2015年的93.98%（见图3.25），增幅超过10个百分点，平均每年增长2个百分点。与流动儿童相比，两个群体在住院分娩率上的差距呈现逐渐缩小的趋势，从2011年的5.46个百分点下降至2015年的2.10个百分点。

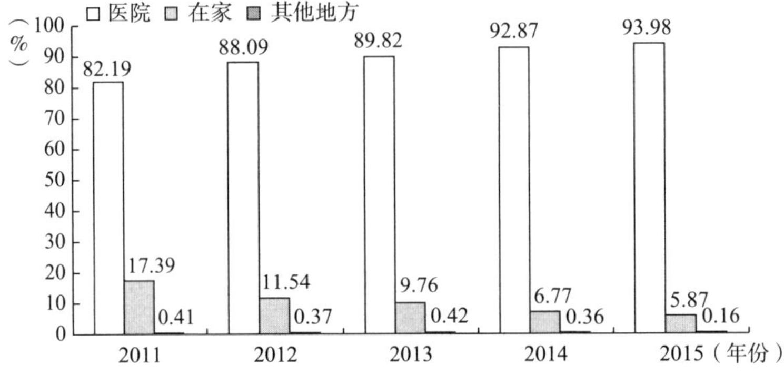

图3.25　留守儿童分娩地分布

（二）留守儿童符合政策生育情况

留守儿童符合政策生育的情况与流动儿童差异较小，就五年中的平均水平而言，符合政策生育的留守儿童约占81%左右。

从不同时期来看，留守儿童符合政策生育的比例也呈小幅下降趋势。从2011年的82.56%降至2015年的78.81%（见图3.26）。另外，留守儿童与流动儿童在该比例上的差距也逐渐拉大，在 2011 年两者仅相差 0. 15 个百分点，到 2015 年差距拉大到 2. 22 个百分点。

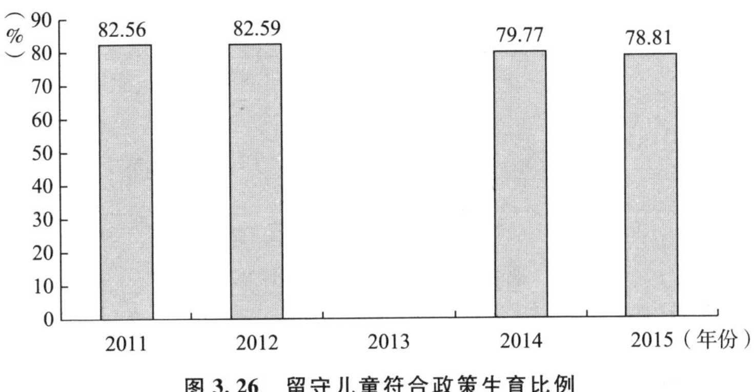

图 3. 26　留守儿童符合政策生育比例

三　留守儿童受教育情况

（一）留守儿童在学情况

留守儿童的在学状况在五年间也呈现波动状态。从平均水平来看，7 ~ 12 岁的在学率平均值约为 93. 11%，13 ~ 15 岁的在学率均值高于 99%。相比于流动儿童，留守儿童在学率的波动幅度更大。在 2011 年，7 ~ 12 岁留守儿童的在学率为 89. 15%，远低于流动儿童的 93. 80%，然而在 2012 年 7 ~ 12 岁留守儿童的在学率大幅上升至 95. 85%，高于流动儿童的 93. 91%。在 2013 ~ 2015 年，7 ~ 12 岁留守儿童的在学率持续高于流动儿童，在 93. 5% 上下波动（见图 3. 27）。尽管对于 7 ~ 12 岁留守儿童，除了 2011 年外其他年份的在学率都比流动儿童更高，但对于 13 ~ 15 岁留守儿童而言，在大多数年份在学率都要低于流动儿童。在 2011 年，13 ~ 15 岁留守儿童不在学率几乎达到流动儿童的两倍。由于我国义务教育的广泛普及，流动儿童和留守儿童在义务教育阶段的在学率尽管存在差异，但差异并不明显。

（二）留守儿童的受教育程度

仅考虑所有在学的留守儿童情况，分年份来看，2011 年与其他年

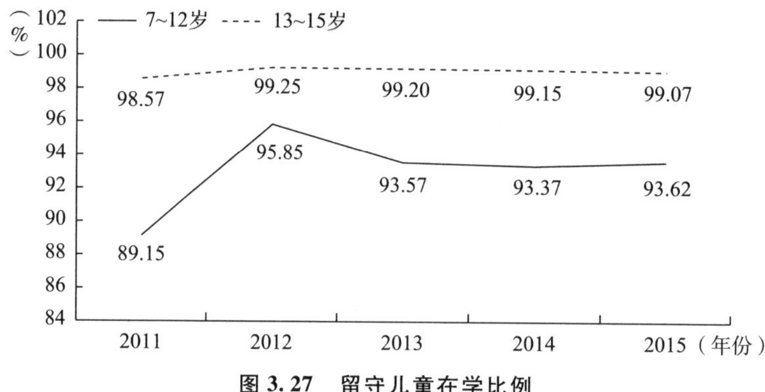

图 3.27　留守儿童在学比例

份差异较大，留守儿童小学教育程度的占比最高，达到 84.38%，初中教育程度的仅占 14.77%，在其他年份，留守儿童小学教育程度的占比都要低于非留守儿童，并呈现缓步上升趋势，从 2012 年的 71.31% 增长到 2015 年的 73.26%。相应地，留守儿童初中教育程度的占比普遍高于流动儿童，在 25% ~28% 之间波动（见图 3.28）。

为了剔除年龄结构影响，分年龄段来看留守儿童受教育程度分布情况，在 7 ~12 岁年龄组，留守儿童为小学教育程度的占比在 86% ~94% 之间波动，而初中文化程度的则在 2% ~3.1% 之间波动。在 13 ~15 岁年龄组，留守儿童为初中文化程度的在 76% ~81% 之间波动（见表 3.4）。同样可以看出在每一年度（2011 年除外），7 ~12 岁留守儿童为初中文化程度的占比都高于流动儿童。总体而言，受人口政策的限制，儿童可能更倾向于回到户籍地上初中，因此留守儿童上初中占比更高。

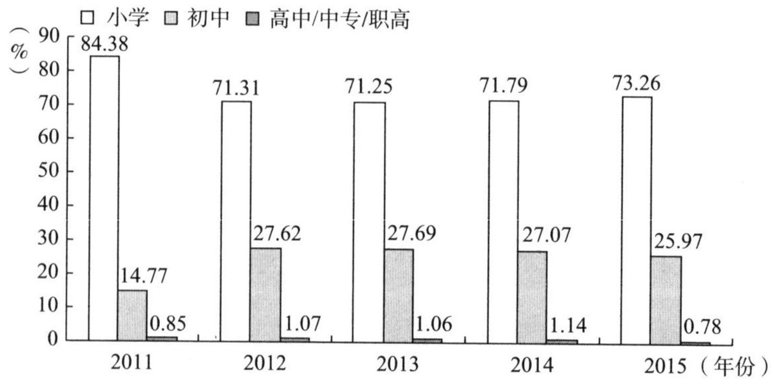

图 3.28　在学留守儿童教育程度分布

表 3.4　留守儿童分年龄组受教育程度分布

单位：%

年份	年龄分组	受教育程度				总计
		小学	初中	高中/中专/职高	不在学	
2011	7～12	86.20	3.07	0	10.74	100
	13～15	13.20	80.62	5.66	0.52	100
2012	7～12	93.70	2.15	0	4.15	100
	13～15	16.59	79.90	3.25	0.26	100
2013	7～12	91.02	2.55	0	6.43	100
	13～15	18.54	77.51	3.15	0.80	100
2014	7～12	90.28	3.09	0	6.63	100
	13～15	19.18	76.48	3.49	0.85	100
2015	7～12	91.02	2.60	0	6.38	100
	13～15	18.28	78.27	2.52	0.93	100

（三）留守儿童学校性质

与流动儿童相同，留守儿童学校性质仅包含 2011～2013 年的统计数据，各年份的波动幅度也较大。在 2011 年，有 68.37% 的留守儿童在公立学校就读，28.72% 在私立学校就读，另有 2.87% 在打工子弟学校就读。而到 2012 年，在公立学校就读的留守儿童增加至 94.48%，而在私立及打工子弟学校就读的占比大大降低。2013 年留守儿童就读公立机构的占比略有下降，回落至 83.98%，而就读于私立机构的占比则增长至 15.42%（见图 3.29）。

尽管在各个年份的统计口径可能存在差异，但留守儿童在公立学校就读的比例均高于流动儿童，且差距在逐渐拉大，到 2013 年，两群体在公立学校就读的比例差距为 19.42 个百分点。相应地，就读于打工子弟学校的留守儿童占比要远低于流动儿童。可见流动儿童就读公立学校更为困难，只能转而寻求私立学校和打工子弟学校来满足对教育的需求。

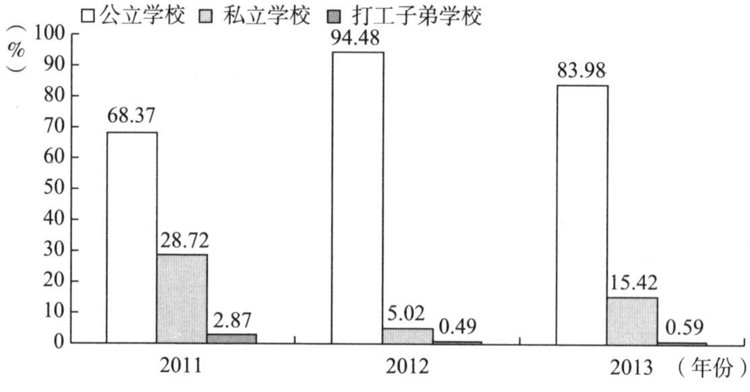

图 3.29 留守儿童学校性质分布

（四）留守儿童缴纳赞助费情况

留守儿童缴纳赞助费情况仅包含 2011 年及 2012 年的数据。在 2011 年，留守儿童缴纳赞助费的比例为 4.9%，远低于流动儿童的 11.34%。在 2012 年，留守儿童缴纳赞助费的比例大幅下降至 1.83%（见图 3.30）。与此相比，流动儿童缴纳赞助费的占比则在两年内增长，在 2012 年，流动儿童缴纳赞助费比例要比留守儿童高 18.72 个百分点，差距逐渐拉大。

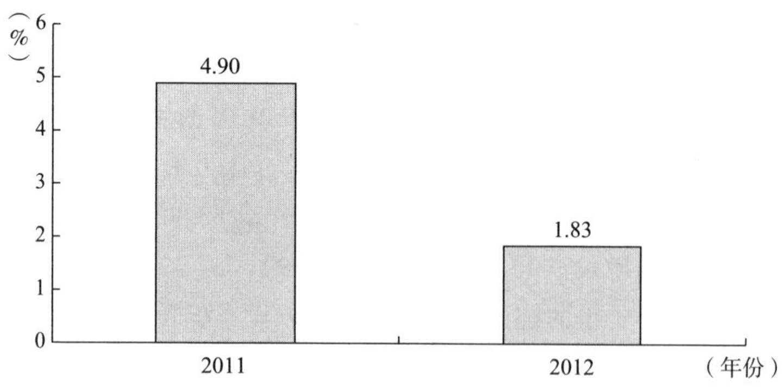

图 3.30 流动儿童缴纳赞助费比例

四 留守儿童公共卫生服务情况

针对儿童保健服务的情况仅有 2014 年及 2015 年两年的统计数

据。在2014年，留守儿童中“建立《0－6岁儿童保健手册》”的人数占到总数的72.26%，到2015年该比例增至85.38%，涨幅超过13个百分点，尽管与流动儿童相比，留守儿童在两年内建册率均高于流动儿童，但两者的差距在缩小。

留守儿童中“过去一年接受免费体检”的比例也从2014年的51.45%增长至2015年的62.70%，接受体检的留守儿童占比在两年内实现反超，在2015年超过了流动儿童接受免费体检的比例。

在2014年留守儿童中有预防接种证的比例达到97.19%，与流动儿童类似，2015年留守儿童预防接种证的持有量同样实现小幅提升，增至97.78%，但仍略低于流动儿童。

在疫苗接种方面，在2014年有86.03%的流动儿童表示“接种目前年龄应该接种的所有国家规定疫苗”，而到2015年，该比例攀升至93.48%，增幅达到7.45个百分点（见图3.31），留守儿童的疫苗接种进一步普及，收效同样显著。

与流动儿童情况类似，留守儿童同样受益于我国基本公共卫生服务的实施与推进，在各个儿童保健指标上都在短期内取得了明显的提升，成效喜人。然而在各个指标上，留守儿童几乎普遍低于流动儿童，可见，公共服务资源更加充足的人口流入地更能满足当地居民的卫生服务需求，流动儿童比留守儿童更易接触到公共卫生服务，人口流动是推进基本公共服务均等化过程中不可忽略的因素。

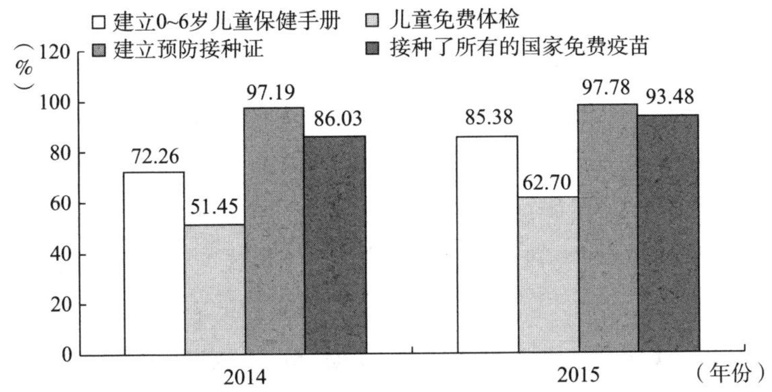

图3.31　留守儿童接受各项儿童保健服务比例

第四章　农村留守儿童健康状况及服务需求

改革开放以来，市场经济的活跃使城市地区对劳动力的需求快速增加，区域发展差异、丰富的就业机会和较高的工资水平吸引着大量农村剩余劳动力进城务工，我国农民工的规模也经历了快速增长的过程。根据国家统计局2017年4月发布的《2016年农民工监测调查报告》，我国农民工总量已达2.82亿人，其中外出农民工1.69亿人。然而由于受工作不稳定和居住、教育、照料等客观条件限制，相当数量的农民工子女未能随父母流动，形成了一个数量庞大的群体：留守儿童。在部分地区，留守儿童甚至成为农村儿童的主体。由于城乡发展程度的差异，包括留守儿童在内的农村儿童面临着教育条件落后、看护人文化程度不高、家庭经济收入困难、营养状况不佳等多种问题。

本部分将分析我国农村留守儿童身体健康、心理健康等方面的基本情况及存在的问题，本部分资料来自定性访谈和调查资料两大部分。定性资料主要使用笔者于2017年1月在CQ市KZ区进行的留守儿童及其监护人、当地中小学负责人及班主任、乡镇街道办负责人及卫生计生委相关人员访谈资料；定量资料来自中国人民大学调查与数据中心于2015年开展的中国教育追踪调查（China Education Panel Survey，CEPS），研究在父母外出务工后，不同年龄阶段的留守儿童的健康照料、卫生知识、安全行为以及心理健康等方面存在的问题。

2017年1月份，笔者赴CQ市KZ区ZX镇政府、ZX初中、ZX中心小学、ZX镇春秋村儿童快乐家园、KZ区卫生计生局等地调研，主要访谈对象包括KZ区卫计委、民政局、教委、疾控中心、计生协会、流管所、健康教育所、妇幼保健院 9 人，乡村干部、妇联主席、计生专干 9 人，中小学校长、班主任、食堂管理人员、体育老师 8 人，不同年龄段儿童监护人 8 人，初一留守儿童 8 人以及小学四年级留守儿童 8 人。

KZ 区是 CQ 市的一个郊区，也是 CQ 市的人口流出聚集地区，共辖 40 个乡镇街道 437 个村委会 72 个社区。KZ 区以农业生产为主，几乎没有第二产业，经济发展处于 CQ 市中下水平，2015 年全区居民人均可支配收入为 15991 元，城镇常住居民人均可支配收入为 23984 元，农村常住居民人均可支配收入仅为 10170 元。

KZ 区总户籍人口约为 168.35 万人，占 CQ 市的 1/20，常住人口为 117.07 万人，流出人口约为 40 万人，是人口流出大区。根据最近民政部门的统计，KZ 区农村父母均外出或父母一方外出另一方没有监护能力的留守儿童共计 33145 人，占所有农村儿童的 12%。留守儿童无论是比例还是规模都居 CQ 市第一。在这三万多名“纯留守儿童”中，无人监护的有 1130 人，占留守儿童的 3%，监护能力差（父母一方或其他监护人无监护能力）的为 2651 人，占留守儿童的 8%。其余为父母均外出，由祖辈或其他亲戚代为照看的留守儿童。近些年人口返乡陪读、返乡创业就业的现象有所增加，留守儿童数量有所减少。

以 ZX 镇为例，该镇有 14 村和 1 个社区，总人口有 44789 人，流出人口 7500 余人，流出人口主要务工经商（开餐馆），流入地多集中在广州、深圳、北京等地，16 岁以下留守儿童有 1416 人。现在流动人口开始回流，很多人开始在镇上买房租房，以接近学校照顾孩子，“周围带孩子的有三四千人”。主要是母亲回来照顾孩子，父亲依旧在外务工。在此背景下，留守儿童的数量近年来在逐步减少。ZX 镇春秋村这两年间，父母均外出的留守儿童从 228 名减少到 168 名。

同时，我们走访了 ZX 镇中学，学校现总共有 200 多个留守儿童，占全校学生的 1/4。近些年来由于回流，留守儿童在减少。留守儿童中女生居多。大概有 110 多名男生、67 名女生寄宿，寄宿中留守儿童占比超过一半。父母都在身边的孩子不超过 30%。

第一节　不同年龄阶段留守儿童的身心健康状况

农村留守儿童对健康（教育）的需求有一定的共性，不同的年龄阶段也有不同的特征。本部分将分年龄段，分学龄前、小学阶段以及初中阶段来分析留守儿童面临的健康相关问题，并辅以对其监护人、学校等的相关定性访谈资料，以窥斑见豹，勾勒留守儿童的生活成长环境。

一　学龄前留守儿童健康状况及问题

我们在访谈中发现，对学龄前留守儿童来说，科学喂养问题比较突出。其监护人教育程度低、自身健康意识差的问题普遍存在，过早断母乳、过早添加辅食、饮食结构比较单一等问题均存在。

我们共访谈了留守儿童监护人共 8 名，均为留守儿童的祖辈，奶奶/姥姥为主，年龄最小的 50 周岁，最大的 70 周岁。留守儿童隔代监护人受教育程度以小学为主，部分老年监护人为文盲或仅认识简单的汉字（见表 4.1）。

表 4.1　学龄前儿童监护人访谈对象基本信息

编号	年龄	性别	文化程度	家中留守儿童年龄	与留守儿童关系
1	50	女	小学	2 岁、3 岁	奶奶
2	52	女	小学	1 岁	奶奶
3	54	男	小学	3 岁	爷爷
4	—	女	文盲	2 岁	奶奶
5	60	男	初中	4 岁、2 岁	爷爷
6	62	女	文盲	3 岁	奶奶
7	70	男	小学	5 岁	爷爷
8	50	女	识字班	1 岁	姥姥

在农村地区，父母一方，或者父母双方在老家生育孩子后，往往

在一年内断奶，继续外出打工，甚至在坐完月子后就继续外出务工，而祖辈担负起看护、抚育留守婴孩的责任。

> （儿媳妇）回来生的老二，一直带到了今年上半年才出去。老大是在深圳生的。（1 号访谈对象）
>
> 孩子是在开县生的，（儿媳妇）生了以后带了 10 个月才出去的。小孙子的哥哥也是我带的。现在带到山西那边读书了，因为两个孩子我带不过来。（2 号访谈对象）

在农村，一对老年夫妇，替子女抚养两个甚至多个孙子女的情况并不少见，尤其在人口流出比较集中的村子，这似乎成了一种约定俗成的家庭分工模式。

> 带着两个孩子，是孩子的奶奶。有两个儿子，这两个小孩都是老大的，大的三岁上幼儿园，小的两岁每天抱着。老大每个月肯定要寄钱，寄两千，孩子不生病还够，要是生病了哪里够。他们的生活一天也要多少钱，爷爷奶奶（倒贴的开支）走不掉。（1 号访谈对象）

留守儿童处于 0 ~ 2 周岁婴幼儿阶段时，对营养摄入、科学喂养、日常照护的要求较高。而农村老年人由于教育水平较低、养育观念不科学、年纪太大精力不充沛等原因，往往难以满足幼龄儿童的健康照料需求，突出表现在婴儿母乳喂养观念不正确、辅食添加跟不上儿童生长发育需求、缺乏儿童早期智力开发观念等。

> 家里做饭也是我做，幼儿园的中午接回来吃，孩子的爸爸说太小了要求接回来吃。老二现在都还在喝牛奶，一两个月的时候就断母乳了，奶粉都是在深圳买回来寄回来的，现在每个月都要吃两桶。平时就是买筒子骨煲汤，或者买鱼，做瘦肉，青菜不怎么吃。（1 号访谈对象）

啥都喝啥也都吃，零食也吃得多，吃不得的不让她吃，辣的不让她吃，过期食品不让吃，至少一天要二三十块嘛吃零食。（4号访谈对象）

3岁以下留守儿童的早期教育缺失问题比较突出。老年监护人不懂得怎么教，而且农村社区普遍缺乏公立的早期教育机构和托幼资源，加强农村留守儿童早期教育，在出生后1000天内早期启蒙，促进儿童认知能力和情感的发展，以促进儿童健康成长应是留守儿童健康关爱的一个内容。

这么小孩子，吃饱穿暖不生病就可以，平时就看喜羊羊。（3号访谈对象）

二　小学阶段留守儿童面临的主要健康问题

在ZX镇，我们与4位小学阶段留守儿童监护人进行了访谈，这四位监护人均为女性，其中三位是留守儿童的祖辈，一位为小姨；其中两位监护人为小学文化水平，另两位未曾上学。三位祖辈监护人中，一人年龄50多岁，两人年龄60岁以上，皆需同时照看两个及以上留守儿童（见表4.2）。

表4.2　小学阶段监护人基本情况

编号	年龄	性别	文化程度	家中留守儿童年龄	与留守儿童关系	照料情况介绍
D1	43	女	小学	10	小姨	带了2年多，孩子父母在广州打工
D2	52	女	小学	6	奶奶	照看两个孙女，从孩子6个月时开始带，那时也随迁，在流入地带。孩子上小学时由于入学困难遂回家
D3	61	女	未上学	7	外婆	照看一个7岁的和一个3岁的，1岁多的便放在家里，孩子父母每年回一次家

续表

编号	年龄	性别	文化程度	家中留守儿童年龄	与留守儿童关系	照料情况介绍
D4	60	女	未上学	10	奶奶	照看三个孩子，一个 10 岁，两个为双胞胎，8 岁，均为男孩。都不到一岁时就放在家里

对小学阶段留守儿童的监护人来说，对儿童的照护以满足其基本的温饱需求为主，但缺乏科学的指导，在食品安全（零食）、营养摄入、日常卫生行为（电视上网等）方面知识不足。

我主要给孩子做饭，我自己也有孩子，孩子学习的情况就靠学校老师了。（访谈对象 D1）

每天回来看电视，每天看两个小时是起码的，只要不（做危险的事情），看电视至少安全。（访谈对象 D4）

孩子要零花钱时就会给，孩子很少买零食，主要在小卖部买玩具。（访谈对象 D2）

我们是不给零花钱，只给零食，主要从村口小超市买营养快线啊、盼盼面包，有牌子，有营养。（访谈对象 D3）

小学阶段留守儿童开始有学习辅导的需求，而祖辈监护人往往因自身受教育程度较低而受限，难以辅导学生学业，甚至连辅导教材等都是外出打工的子女购买、寄回。

（学习上）父母给孩子买了步步高点读机，会请邻居帮忙看作业。（访谈对象 D2）

（有不会的）孩子会主动打电话问老师。（访谈对象 D4）

监护人教育监督与辅导不足，不但缺乏能力，而且缺乏意识。这导致留守儿童学习表现较差，好多“留守学生到了初中后发现拼音都不会，乘法口诀背不了，笔顺都不会，请假条全班（十几个留守儿童）只有三个人会”。（初中班主任 1）

同时，监护人（祖父母）与留守儿童所在学校和老师的沟通和交流也往往因监护人不会使用新媒体（微信、QQ）而必须让一年难以见到老师一面的外出父母来进行。在一些学校，每天班主任通过班级微信群等方式发布作业、家长注意事项、文具要求、其他教学活动等信息，祖辈监护人往往难以及时获取相关信息，从而难以有效督促留守儿童的学习，影响留守儿童在班级中的相关表现，这种信息隔阂很难在短时间内改变。

> （父母流动）对孩子的影响不大，现在有手机，视频沟通非常方便，反而是我们都不会用现在的微信啊什么的，学校有什么事情也是他妈妈来电话告诉我们。（访谈对象 D2）

在健康习惯养成上，小学阶段留守儿童监护人非常缺乏增进孩子健康的照料意识，同时也缺乏对日常卫生习惯的培养。在访谈中，谈及饭前便后洗手、刷牙等基本卫生常识时，所有监护人都表示没有专门跟留守儿童交流过相关卫生习惯的培养，部分访谈人认为“这是学校会教的”。

父母外出对留守儿童带来的一个较大的问题是，隔代监护不能完全满足留守儿童日益增长的情感需求。四年级留守学生一般父母都是外出务工，到年底才回来。平时主要通过手机电话、视频或电脑与父母联系，联系频率大部分一周一次，每次多为 10 分钟以内。对一个小学阶段的儿童而言，其语言尚不能完全表达其情感诉求，而其所处家庭环境，包括其外出务工的父母在内，与他们交流的主要内容无外乎“好好学习，听老师话”之类，甚至定下硬性指标，“成绩上升一名，年底就多给 100 块压岁钱”（四年级留守儿童访谈对象），对留守子女的情感诉求、心理问题并不关注。相较于其他父母在身边的儿童（其心理问题可以通过日常表现或非言语形式表达等体现出来），留守儿童的精神健康问题更难以通过家庭得到关注和解决。

> 我妈妈（曾经）冤枉我，她就出去打工了，我不想去她那里生活，因为她不理解我。（小学四年级留守儿童访谈对象）

我爸爸每次给我打电话主要问我学习怎么样。（那会问你开心不开心，有什么不高兴的事情么?）不会，他们只关心我成绩，我只要学习好了他们就开心了。（小学四年级访谈对象）

留守学生生活自理能力较强，在访谈中我们发现，5 名留守女生均表示要照顾弟弟/妹妹，所有留守学生都需要承担诸如扫地、洗衣等家务劳动。由于镇小学没有寄宿制度，上学路途花费的时间对住得相对较远的留守学生来说有点过长，其中一名学生表示早上需要 5 点多起床赶路上学，两个学生表示需要半小时。由于没有监护人接送，路途的安全是个潜在的问题。

三 初中阶段留守儿童的健康状况及问题

（一）留守儿童和非留守儿童身体健康状况差别不大

在身体健康状况上，中国教育追踪调查发现，留守初中学生和非留守初中学生相比，留守儿童略差于非留守儿童，但这两个群体并无体现出明显差距（见表 4.3）。就初中生来讲，留守儿童身高平均为 165.6 厘米，比非留守儿童低 1.2 厘米，其中，男性留守儿童身高均值为 170.3 厘米，比非留守儿童低 1.5 厘米，女性留守儿童平均身高 160.5 厘米，比非留守女童要低 1.2 厘米。在体重上，也体现出同样的趋势，初中留守儿童的体重平均要比非留守儿童低 1.1 千克，男童之间的差距相对更大一点。综合反映在体质指数（BMI）上，留守儿童的平均 BMI 与非留守儿童没有差别，都为 20.3。

表 4.3 初中留守儿童和非留守儿童的人体测量指标差异

	非留守						留守					
	女		男		合计		女		男		合计	
	均值	标准差	均值	标准差	均值	标准差	均值	标准差	均值	标准差	均值	标准差
身高（厘米）	161.7	5.5	171.8	6.9	166.8	8.0	160.5	5.9	170.3	7.0	165.6	8.1
体重（千克）	52.6	10.2	60.6	13.1	56.7	12.4	52.3	11.4	58.8	12.7	55.6	12.5
BMI 指数	20.1	3.6	20.5	4.1	20.3	3.9	20.3	4.3	20.2	4.1	20.3	4.2

到了初中阶段，留守儿童和非留守儿童在身体健康状况上差别不大，有一个原因是目前我国大部分农村地区中小学开展了两免一补和营养午餐等项目，在政府提供的财政补贴支持下，在一定程度上可普惠性地促进在学儿童的身体健康。在对 KZ 区 ZX 镇进行调研的过程中发现，初中阶段学龄儿童都能享受营养午餐基本补助。ZX 镇中学生午餐是五菜（三荤两素）一汤，每周两次牛肉，学生只要给 3 元，很多学生反映甚至比家里的好。

（二）留守儿童健康、卫生习惯的养成要差于非留守儿童

初中阶段，儿童进入青春期，其身体发育状况对于成人后的身体健康具有非常重要的意义。而健康行为的养成，一定程度上需要家庭照料以及监护人的日常监督和引导。父母外出务工，导致留守儿童缺乏充足的监护监督、照料支持，会影响其健康行为，甚至会对其健康带来负面影响。以每天吃早饭的行为为例，留守儿童中，仅 59% 能每天都吃早饭，比非留守儿童要低 7 个百分点，有 8% 的留守儿童是经常不吃甚至几乎从来不吃早饭的，这比非留守儿童要高出 3 个百分点。这其中，女童的情况更为糟糕，仅 57% 能保证每天吃上早饭，比非留守的女童要低 8 个百分点（见表 4.4）。

表 4.4　初中留守儿童和非留守儿童吃早饭行为的差异

早饭情况	非留守			留守		
	女	男	合计	女	男	合计
每天都吃	0.65	0.68	0.66	0.57	0.61	0.59
偶尔不吃	0.17	0.17	0.17	0.20	0.18	0.19
有时不吃	0.13	0.10	0.12	0.15	0.12	0.14
经常不吃	0.04	0.04	0.04	0.07	0.06	0.06
几乎从来不吃	0.01	0.01	0.01	0.01	0.02	0.02

俗话说“早饭吃得好、午饭吃得饱”，进食早饭，对儿童成长而言，是确保充足的营养摄入很重要的一方面。总体上来看，农村儿童合理进食早饭的情况不尽如人意，而留守儿童的情况更为糟糕。这也

说明，农村父母外出务工，会导致儿童的健康缺乏足够的家庭资源支持，需要更多的健康观念引导、健康行为干预和健康资源支持。

除了营养摄入，在卫生行为方面，对初中阶段留守儿童来说，父母外出，监护人监管能力不足，日常卫生行为监管缺失现象比较严重，也会对其身体健康，包括用眼卫生、口腔卫生等带来负面影响。初中阶段留守儿童近视率要略低于非留守儿童，尤其是男童，留守男童近视率56%，要比非留守男童低4个百分点。但在发现近视后，留守儿童配镜率要比非留守儿童低5个百分点，21%的留守儿童在近视后并未配镜。在口腔卫生上，留守儿童的口腔卫生状况也明显差于非留守儿童，28%的留守儿童有龋齿，而仅38%采取治疗措施，非留守儿童的龋齿率（25%）要低于留守儿童，但治疗率（52%）远高于留守儿童（见表4.5）。这反映出非留守儿童在父母的监督指导下，其日常卫生习惯的养成和维护都要优于留守儿童。

表4.5　留守儿童和非留守儿童在用眼卫生和口腔卫生上的差别

	非留守			留守		
	女	男	合计	女	男	合计
是否近视	0.73	0.60	0.66	0.71	0.56	0.64
是否配镜	0.87	0.81	0.84	0.82	0.75	0.79
是否有龋齿	0.31	0.19	0.25	0.33	0.24	0.28
是否治疗	0.57	0.44	0.52	0.38	0.39	0.38

我们在K州进行访谈时，同样发现接受访谈的8名学生性格都比较内向，个子偏低，体型偏瘦（除一名女生外）。留守儿童与其他儿童相比，更缺乏健康相关知识，包括日常卫生（饭前便后洗手）、用眼卫生等知识。在ZX中学与初一学生和老师分别座谈时，老师普遍反映留守儿童“生活习惯差一些，爱吃零食”，究其原因，“父母出于心理亏欠给予经济补偿，反而让他们养成了更多不好习惯”。

（三）初中阶段留守儿童的心理健康状况要差于非留守儿童

初中阶段心理健康问题开始显现，由于留守儿童的心理问题缺乏家庭疏导渠道，更需要相关部门介入学校，进行心理危机干预，提供心理健康服务。

CEPS 调查同时访问了初中学生在过去一周内的心理状态，以 5 分度量（1 分表示从未经历过相应的情况，2 分表示很少经历，3 分表示有时出现此种情况，4 分表示经常出现此种状态，5 分表示总是处于此种状态)，分值越高，说明此种状态出现得越频繁。可以看到，与非留守儿童相比，留守儿童出现各种负面心理状态（10 项）的可能性更高、更频繁。留守儿童中过去一周经历“紧张”“沮丧”“不快乐”的得分均超过 2.5 分，而非留守儿童此三项得分均未超过 2.5 分。同时，留守儿童在过去一周经历其他各类负面心理情绪（消沉、悲伤、担心过度、预感有不好的事情发生以及难以专心听讲）的频率也要高于非留守儿童，而且留守儿童在过去一周有过“觉得生活没意思”念头的得分为 2.09 分，也要高于非留守儿童。总体上来看，留守儿童在过去一周经历各类负面情绪的得分达到 23.71 分（最小值 10 分，最大值 50 分)，要比非留守儿童高出 1.58 分（见表 4.6)。

表 4.6　留守儿童和非留守儿童心理健康方面的差别

负面心理状态	非留守			留守		
	女	男	合计	女	男	合计
沮丧	2.49	2.26	2.37	2.63	2.47	2.55
消沉得不能集中精力做事	2.28	2.25	2.27	2.50	2.42	2.46
不快乐	2.39	2.31	2.35	2.58	2.47	2.53
生活没有意思	1.93	1.96	1.95	2.07	2.11	2.09
提不起劲儿来做事	2.22	2.20	2.21	2.43	2.39	2.41
悲伤、难过	2.19	2.10	2.14	2.37	2.27	2.32
紧张	2.54	2.39	2.47	2.65	2.50	2.57
担心过度	2.20	2.13	2.16	2.35	2.25	2.30
预感有不好的事情会发生	2.28	2.24	2.26	2.48	2.35	2.41
精力过于旺盛，上课不专心	1.96	2.15	2.06	2.18	2.30	2.24
总得分	22.42	21.86	22.13	24.16	23.29	23.71

我们在访谈中也发现，由于父母外出务工时间较长，初一学生与父母之间的联系不如小学四年级那么紧密，一般是父母打电话回来，很少有学生（访谈 8 名学生，只有 1 个）会主动给父母打电话。同时，由于监护人多为老年人，到了初中之后，留守儿童无论是功课辅导、卫生习惯养成还是情感交流上都存在较大问题，需要更多外部（尤其是学校）的支持。

同时，留守儿童较其他儿童更难及时表达需求，情感诉求缺乏有效回应，尤其到了初中他们性格一般较为孤僻、胆小，不敢发言，不好动。同时，部分留守儿童因缺乏有效监管，在使用网络、手机电玩、电视节目上较少受到限制，“父母赚钱给他们买手机电脑，但又不能对其进行监管，经常打游戏、聊天、玩 QQ”，导致部分学生与同学关系差，容易冲动，早恋也更为普遍。

另一个非常重要的问题是流动人口的家庭婚姻问题容易导致出现问题学生。外出打工使婚姻更不稳定，无论是夫妻两地分居，还是共同流动，因外出务工而婚姻解体的现象相对普遍。在 ZX 中学访谈时，有班主任反映其班级上，约 1/6 学生的父母离异，另一个班级有 23 个学生来自离异家庭，这其中，留守儿童占大多数。“留守儿童不一定有问题，但问题家庭一定带来问题学生。”

同时，初中阶段孩子进入青春期，女生和男生面临不同的青春期健康相关问题。由于父母远离，他们获得青春期卫生相关知识的渠道太少，难以得到及时、科学的指导，也可能对其生殖健康带来不利影响。我们在 ZX 中学访谈时，问及初一女生生理卫生相关知识时，部分女生尚未进入青春期，表示还未听说过“初潮”或“月经”。而两名已经经历初潮的女生表示从未和父母沟通交流过相关知识，一个是“奶奶去小卖部买的卫生巾”，另一名则是“班主任告诉我怎么用卫生巾”。但在问及女性生理期需要注意什么时，仅一名女生表示“不能喝凉水”，对于具体的生理期卫生，所有的女生都没有做好充足的知识储备。

第二节　如何促进留守儿童身心健康
——多层面的分析

首先必须认识到，留守儿童健康所面临的问题，并不完全是由其父母外出务工而引致的。留守儿童的健康问题，很大一部分是所有农村儿童面临的共性问题，是由农村居民受教育程度普遍较低、健康知识和行为指导不足、医疗卫生资源缺乏、农村社区基础设施和环境建设有待加强等共同原因引致的。而农村父母外出务工，在很大程度上强化了上述因素对儿童健康的负面作用。认识到这一点，才是进行政策讨论的前提。我们不能把原因简单地归咎于家庭，甚至归咎于某个家庭成员，因为促进儿童健康的受益者不仅仅是家庭，还包括整个国家和社会。我们总结了实地访谈中政府、学校、社区的经验和不足，提出了相应的促进农村地区留守儿童健康的相关政策建议。

一　学校层面的经验

作为留守儿童较为聚集的地区，KZ 区的大部分中小学开始关注留守儿童相关问题，而且留守儿童在学校待的时间比较长，与老师接触比较多，因而学校应该是对留守儿童进行干预的最重要一环。事实上，KZ 区的教育部门直接面对留守学生，已建立了从上（教委）到下（班级）一竿子插到底的干预机制。针对学龄阶段留守儿童，KZ 区教委从 2008 年开始，专门成立了留守儿童教育服务中心，有编制、有经费，专人专司其职做这项工作，在每个中小学都成立了留守儿童指导办公室，明确了负责人（学校政教主任），动员班主任、任课教师关心留守儿童群体，每个学校都有心理咨询室、亲情聊天室、视频、亲情电话等。

但我们在访谈中发现，中小学校针对留守儿童的健康干预措施较少，资源匮乏。如何发挥学校在留守儿童健康促进方面的作用应该是值得思考的。

（一）学校整体健康教育能力不足，更难以满足留守儿童的健康知识需求

现在学校里健康教育的师资是一个很大的问题。目前只有少部分学校有专职老师，且数量很少，大部分都是兼职，“就是思想政治老师，能讲的很少”。落实到专门的健康知识方面，肯定没有专职教师讲得透彻深入。同时在初中阶段，学校也缺乏生殖健康教育的相关师资，“就算要讲，没有专门知识，也讲得不深入不具体，只能是点到为止”。

（二）基层教师在留守儿童相关工作上缺乏经济激励

教育部门对留守儿童专项经费的支持只停留在区县层面，用于指导各乡镇学校开展活动，而承担留守儿童教育工作的基层教师是没有额外经费或劳务补偿的，仅是“从教师的责任感或者说良心的角度出发，形成关爱重视留守儿童的风气”。但对于留守儿童占比较大的学校（ZX 中学留守儿童占四分之一），留守儿童工作无论是在家校联系，还是在儿童教导照料上无疑都是给老师增加的额外负担，这种“只讲良心不给钱”的管理模式不能确保留守儿童教导照料的质量。

（三）部分教师对留守儿童存有刻板化印象

初中老师对留守儿童的评价非常差，在他们看来留守儿童的问题很大。认为“留守儿童容易变坏”“留守儿童中只有 2% ~3% 是比较好的，20% ~30% 还可以，其他都是不太好的”“留守儿童缺乏上进心，毕业就想拿低保”等观点较普遍。这种刻板化的歧视印象被老师带入课堂教学或日常生活中，会影响留守儿童的自身身份认知和身心健康发展。

（四）学校组织的针对留守儿童的关爱活动，客观上划分了留守儿童和非留守儿童，给留守儿童贴上了“标签”

学校为了体现对留守儿童的关心关怀，成立了留守儿童指导办公

室。因为一般由学校政教主任担任办公室主任，他们常把关爱留守儿童的教育活动和学校的大型德育活动整合，一般一个月一次，反复强调留守儿童的困境及特殊性。针对留守儿童，中学会举行每月一次的班级留守儿童座谈会，每年上下半年各搞一次留守儿童生日会。同时，要求班主任对所有儿童，尤其是留守儿童进行家访；组建留守儿童家长微信联系平台，能与约5/6的留守儿童父母保持联系。

虽然学校是出于关心关怀留守儿童才会投入财力、人力、物力，但这种将留守儿童“身份化”，甚至“标签化”的做法，会加重留守儿童的心理负担，也将留守儿童和其他儿童进行了人为分界，容易造成隔阂。同时各学校还定期开展以留守儿童为主体的活动，如会定期给留守儿童组织生日会等，也会强化留守儿童的身份标签。

二　基层政府层面的经验

留守儿童问题因其特殊性以及后果的严重性，在基层政府工作中受到了很多重视。我们在访谈中发现，KZ区2016年底进行了一次留守儿童摸底排查，民政和公安部门、街道办事处建立了强制报告信息和应急处置情况共享机制，留守儿童一人一档案，实施动态管理，为项目干预和评估提供了数据基础。

同时，考虑到留守儿童健康推动工作的微观性，政府也在推动社会组织参与留守儿童安全监管和健康服务（尤其是心理健康）工作。一方面，政府在群团组织改革过程中，成立了农村留守儿童关爱保护工作联席会议制度（民政部牵头，13个部门参加）。另一方面，通过政府购买、引入社会资本等形式，也吸引了社会群体、社工机构等参与、开展促进留守儿童身心健康的项目。KZ区的群团组织中，开展工作以留守儿童为主的有社工机构3家，慈善组织2家。其中，一家社工机构在白桥乡连续三年开展了一个留守儿童项目，项目内容主要是为留守儿童的心理健康以及他们的生活急需提供服务。资金由重庆一个企业资助。

在社区层面，KZ区2015年在全区40个村（社区）建成了40个“留守儿童之家”，配备了专用电话、电视机、电脑、桌椅等设施，购置了图书和体育活动器材，改善留守儿童的课外活动条件，并每年另外安排 8 万元（即每个机构 2000 元）运行经费，保障“留守儿童之家”定期开放和开展活动。以 ZX 镇 CQ 村为例，该村在 2012 年就建立了留守儿童之家（现已经更名为儿童快乐家园），是 KZ 区第一家。村里儿童（不仅是留守儿童）可以在里面进行各种文娱活动，也可以和父母视频，随时沟通交流。

但目前农村地区基层政府在促进留守儿童健康方面，仍存在一些不足，具体体现在以下几个方面。

（一）对留守儿童健康问题认识不足

部分基层政府认为留守儿童的健康教育、健康照料问题是家庭责任，倾向于让母亲回家照护留守儿童。相应地，有人认为不能给留守儿童及家庭过多的政策和资源，那样会把“家长惯坏的”。目前，整体而言在儿童健康教育方面政府投入资金过少，基本公共卫生服务均等化人均 45 元经费中，只有 1 块钱投入了健康教育，而能用在留守儿童相关健康教育上的，微乎其微。

（二）民政、卫计、教委各自为政，服务内容存在重复

妇联、民政、卫计、教委等或多或少都有针对留守儿童的项目，其中相当一部分项目的内容都存在重合，但又“互不干涉”。在群团组织改革过程中，新的机制尚未建立，原有的工作部分懈怠，亟须探索建立常规工作机制和方法，厘清各部门职责。

（三）尚未明确对留守儿童健康教育的提供机制、方式方法的认识

基本公共卫生服务中的健康教育是针对全人群的健康教育，特别针对留守儿童这一块的健康教育还需要探索。如健康教育应采用什么方式来做，怎么把知识有效地灌输给儿童及其监护人？留守儿童的健康教育单靠卫计的力量是不可行的，只依靠医生是做不完的。必须联合各级学校进行健康教育，但如何融合？亟须建立相关工作机制，明

确各部门职责。

（四）服务内容和服务方式亟须更新，需理解留守儿童的确切需求

现有的村级、学校等基层机构针对留守儿童关爱的服务项目内容供给与留守儿童需求之间不匹配的问题比较突出，造成大量资源闲置，甚至带来项目效率低下。各机构均投入大量资金采购了电脑，提供了场所，提供了亲情连线。但在访谈中发现，绝大部分留守儿童都是通过监护人或其他亲人，使用手机视频、手机电话或家里的电脑视频等形式与父母连线沟通的，对亲情连线的需求并不大。同时，在参观“留守儿童之家”等机构时发现，大部分图书均未开封，活动室冷冷清清（星期六是开放日）。

（五）部分活动可能会对留守儿童带来负面的心理影响

在访谈中，有个部门介绍其开展留守儿童关爱活动，其中一个项目叫“关爱妈妈”。留守儿童没有家长在家中，他们会安排类似领养的活动为留守儿童寻找临时妈妈，留守儿童叫她们妈妈，临时妈妈把留守儿童接到自己家里住几天，提供生活照顾和关怀。此类活动的本意是弥补留守儿童的亲情缺失，却没有考虑到此类活动极可能让留守儿童产生心理落差，反而不利于其健康成长。

三　相关对策建议

留守儿童是我国工业化、城镇化进程中出现的庞大而特殊的群体，他们的身心健康工作是不容忽视的。中华人民共和国国家卫生健康委员会应细化留守儿童健康关爱工作，形成家庭、学校和政府互相促进、互相弥补的局面，促进留守儿童身心健康发展，减少留守儿童的疾病发生率。

（一）加强儿童喂养和生长发育的宣传教育工作

老年监护人因为缺乏科学知识，受传统习惯影响较重，在低幼儿

童的喂养方面、在儿童的生长发育方面存在缺陷。国家卫生健康委员会应加强对老龄留守儿童监护人的相关宣传教育工作，如营养膳食搭配、科学看待零食、不同年龄段常见疾病的预防等。宣传教育工作不仅要立足流动人口的流出地，也应当在医疗资源相对丰富的城市，对流动人口加强儿童健康的宣教工作，增强留守儿童父母的儿童健康意识。

（二）细分留守儿童群体，提供有针对性的健康服务

不同年龄儿童活动范围不同，健康成长侧重点不同。开展健康干预时可针对不同年龄、不同活动范围，借助不同人员与不同场所开展。针对 0～3 岁婴幼儿可利用乡村计生专干开展入户家访服务，针对 3～6 岁幼儿可在幼儿园与家访服务结合开展，针对学龄儿童可在学校及农村社区的儿童快乐家园共同开展儿童健康关爱服务。这种有针对性的健康服务能在很大程度上消弭父母外出务工所带来的健康支持的缺乏甚至缺失。

（三）转变基层卫生计生人员职能，开展儿童早期发展干预

在现有的基本公共卫生服务基础之上，农村基层卫生计生专干可接受儿童早期启蒙方式方法培训，以定期家访的形式向农村留守儿童家庭提供儿童早期启蒙、智力开发等服务。在全面“二孩”政策实施的背景下，农村原先的计生专干均面临工作重心转移、工作内容转型的问题。而在人口大量流动、农村儿童健康教育资源稀缺的情况下，可充分利用现有的农村计生专干人力资源，通过对农村计生专干队伍开展婴幼儿健康、儿童早期智力开发等相关培训，转变其工作内容和职责，通过定期家庭访问、开展专场讲座等形式，向农村家庭，尤其是农村留守儿童所在家庭的监护人普及婴幼儿科学养育等相关知识和技能，对农村儿童的健康成长开展早期干预，促进农村儿童健康成长。

（四）加强偏远地区留守儿童的疾病应急处理救助

人口流出较多的农村地区，空心化问题比较严重。在走访 ZX 镇

CQ 村时，全村鲜见青壮年男性，这事实上给儿童人身安全、病时送医带来一定困难。尤其在偏远的农村地区，行动敏捷的青壮年太少，老年监护人在留守儿童出现疾病时缺乏应急处理能力，留守儿童患病时及时送医，甚至获得健康相关信息都存在困难。这些偏远地区留守儿童不能及时送医，难以得到合理看护，耽误病情，影响救治，更需要卫生计生部门提供支持，帮助他们提高卫生医疗服务的可及性。国家卫生健康委员会及基层工作单位要在组织村民互帮互助的同时，运用行政及经济手段，组织志愿者等社会力量，探索留守儿童的应急救助机制。

（五）加强对青春期留守儿童的生理健康教育

青春期教育对于留守儿童来讲尤为缺乏，老年监护人知识有限，而且与儿童之间有巨大的年龄差异，教育难以开展。国家卫生健康委员会应与教育部门配合，加强留守儿童青春期的健康教育，通过个人健康咨询、授课等方式及时发现相关问题。同时，要通过绘本、读本等儿童容易理解、容易接受的方式，向儿童宣传普及生理知识，以及青春期卫生健康应注意的事项。考虑到农村地区健康教育资源比较缺乏，建议基层教育部门应在乡镇街道层面设立 1～2 名健康老师，通过“走教”的形式，在所在辖区的中小学内开展循环教学。一方面，这能保证老师知识技能的专业化，避免出现“生理知识政治老师教”这种走形式的局面，另一方面，这也在各基层政府财力的承受范围内，是可行的。

第五章　农村留守儿童在校表现：父母流动究竟带来了什么影响？

农村留守儿童普遍存在与父母难以团聚、和祖父母辈共同生活、家庭抚育功能无法充分发挥的情况。隔代照护取代亲代照护、留守儿童抚育整体缺失，成为当前人口城乡流动诱发的现实而紧迫的社会问题。义务教育阶段是儿童成长的关键期，既是基础科学文化知识的储备期，也是良好思想道德修养的养成期。特别是到初中教育阶段，由于生理发育日趋成熟而心理发展相对滞后，儿童更有可能凸显身心不平衡的问题，需要家庭的积极介入，尤其是父母的适当干预。对于留守儿童，父母流动极大地削弱甚至完全剥夺了其应得到的亲代照护，这将如何影响他们在义务教育阶段的个体发展？学界对此已有一些分析和考察。在校表现是衡量义务教育阶段儿童发展状况的重要指标，具有调查方式直接、采集过程简便、区分度高、可比性好等众多优势，因而在留守儿童发展状况的研究中得到较多探讨。然而，父母流动对留守儿童在校表现的影响究竟如何，既有文献给出的回答却莫衷一是、争论颇多。

人口城乡流动为城镇经济持续发展做出了重要贡献，同时也为农村家庭福利改善创造了重要条件，然而，在这背后，为数众多的家庭被迫居住分离，难以亲子团聚，留守儿童教育既面临着收入增长带来的机遇，也经受着照护削减提出的挑战。如果挑战大于机遇，某种程度上就意味着人口城乡流动创造了短时的经济价值，却抑制了同期的教育发展，显然将无助于未来人力资本的积累，从而可能折损远期的经济收益。同时，在微观层面上，个体的流动决策以家庭的效用最大化为基础，子女教育好坏通常是父母能否外出流动的重要着眼点，一旦父母流动真正构成留守儿童教育的障碍，家庭必定会采取适当措施进行干预，在城镇教育资源并不完全可及时，部分外出的父母将无奈选择回流照护子女。这不仅会影响到农村家庭的经济福利，而且也将影响到城镇劳动力市场的供给。

本章使用中国教育追踪调查（CEPS）数据，深入剖析父母流动对农村留守儿童在校表现影响的事实与机制。本研究首先努力超越学业成绩单维度的限制，全面评估儿童的在校表现，进而深化关于父母流动对农村留守儿童在校表现影响的认识，其次充分考虑父母流动的自选择性，以倾向值分析法为主要实证策略，引入认知水平变量控制能力因素，有效消减内生性等的干扰。

第一节　留守状态对儿童在校表现影响相关理论

本章将要考察的是父母流动如何影响农村留守儿童的在校表现。关于在校表现，本研究借鉴 Oswald 等（2004）曾提出的分析框架，着眼于智力行为、人际行为、内在行为等三方面。传统上定义的在校表现一般都会聚焦认知因素，而 Oswald 等则指出，综合使用一系列反映认知特质以外的因素来研究在校表现，能够减小单纯依赖认知基础测试来估计群体间差异所造成的偏差，构建模型时加入非认知因素，将有助于更科学地认识、更合理地评价那些认知能力略显不足但其整体表现仍属理想的儿童。因此，本研究除了反映智力行为的学业成绩之外，还考虑了人际行为和内在行为两大方面。按照 Oswald 等人的阐述，智力行为是指获取知识、掌握其关联体系、理解其应用背景，并保有持续学习和努力探究的兴趣；人际行为是指在人群中显示开放和接纳的姿态，实现良好的沟通与互动，并积极融入所在社区（包括学校和邻里等）；内在行为是指养成健康的行为方式，树立正确的价值观念，培育高尚的道德情操，并因此而规范和约束自己来克服困难、达成目标。以上三方面构成的分析框架较好地避免了维度过于简化的问题，已被多项研究借用。

一　父母流动与留守儿童的智力行为

最具标志性的智力行为是知识学习，学业成绩变量通常可以对此做出相对较好的测度。教育卷入理论揭示了父母行为对儿童学业成绩的作用机制。父母教育卷入（parent involvement in education）是指父母对自己孩子教育的理念、发展的期望，以及在家庭和学校中做出的促进孩子取得更好学业成就等的多种行为（Seginer，2006）。运用Bronfenbrenner发展生态框架，Seginer（2006）的多维度分析指出，父母教育卷入在微观系统上表现为家庭卷入，可包括以家庭为基础的参与（如激发学习动机、助推认知任务、引导学校行为等）、教育相关的家庭氛围（如亲子整体互动、家庭成员关系以及父母个人特质等）、家庭的物质学习环境（如学习空间、藏书规模等）等形式；在中观上表现为学校卷入，可包括以学校为基础的参与（如协助老师教育、参加家校会议等）、父母与老师间的互动等类型；在宏观上表现为影响父母卷入的社会背景，可包括社会网络、工作场所、邻里特征、政策法规等因素。根据父母教育卷入的多水平模型（Hoover-Dempsey & Sandler，1997），父母的教育卷入实际上是他们从其对所承担角色的建构、对儿童学业成功的效能感等方面出发，立足于他们的特定文化水平和时间精力分配等因素而做出的决策，通过示范、强化和指导等机制作用于儿童的在校表现。

父母通过亲子沟通、家庭管控、学业辅导、经济投入乃至家校沟通等多种具体方式的教育卷入能显著影响儿童的学业成绩，众多实证研究对此已经较有共识。迁移流动无疑极大地改变了父母教育卷入的模式，儿童的知识学习也随之面临不同的境况。从微观和中观层面的教育卷入来看，迁移流动中的父母很大程度上削减了亲子团聚时间，这有碍于以家庭为基础的参与，破坏了教育相关的家庭氛围，同时也干扰了以学校为基础的参与，不利于父母与老师间的互动。部分研究（McKenzie & Rapoport，2011；Robles & Oropesa，2011）据此认定父母迁移流动将会恶化儿童的知识学习状况，降低儿童的学业成绩水平。但是从另一个角度来看，父母迁移流动之后很大程度上更新了家庭教育观念，提升了家庭收入水平，这有助于克服家庭的预算约束，推动了儿童教育投入的增加，也改善了家庭的物质学习环境。一些学者（Arguillas & Williams，2010；Benedictis et al.，2010）由此认为儿童的知识学习可能因为父母的迁移流动而趋于优化，其学业成绩也相应地会有所提升。此外，在教育卷入的宏观系统上，由于迁移流动能够促进社会网络的发育、转换工作场所的性质等，其给教育卷入所带来的积极效应往往也会超过消极效应。总的来说，从教育卷入上看，父母流动具有双重影响机制，其对儿童学业成绩的正向效应与负向效应同时存在。[①] 本研究由此得到第一个研究假设：父母流动虽不会显著优化农村留守儿童的智力行为，但也不会显著恶化农村留守儿童的智力行为。

二 父母流动与留守儿童的人际行为

作为社会化过程的关键、社会互动的核心，人际行为的根本目标是促成个体在社会关系中的良性融入，进而实现个体对于社会环境的积极适应。因此，个体社会关系的融入性和社会环境的适应性能够在很大程度上反映其人际行为的基本状况。儿童在家庭外如何发展其人际行为呢？据依恋理论来看，这主要取决于儿童在家庭内与父母之间维持着何种亲子关系。该理论首倡者 Bowlby（1969）认为，儿童在和父母交往过程中所建立起的关系将随着儿童认知等的发展而逐渐内化为他们对自我和对他人的心理表征，会在儿童产生人际行为时无意识地运行，且有较强的稳定性。基于亲子关系质量建构出的以上这种“内部工作模式”实际上正是儿童进行自我评价并同他人培育关系的重要基础，它将引导儿童思考自己应获得什么样的关注和对待、该给予他人什么样的信任与支持。可以说，儿童往往凭借着与父母互动的“经验”去认识社会环境，理解社会关系，父母在家庭内所塑造的亲

① 之所以先前的文献会有截然对立的结论相交织，造成观点莫衷一是，究其缘由，主要就是学者们在关于父母流动对农村留守儿童学业成绩双重影响机制的认识上各有侧重、缺乏共识。

子状态如同确立了一个参照系，它会投射到儿童在家庭外所形成的各种社会网络上，对儿童人际行为的影响尤为深刻。诚如 Steinberg（2007）所言："没有任何一个家庭中的其他因素对儿童融入性与适应性发展的重要程度可以高过亲子关系质量。"迁移流动令父母和儿童的亲子交往趋向于非当面化、低频率化，使之更具有长时期的间断性、远距离的间隔性。这些特点甚至让迁移流动中的父母沦为儿童身心发展的"旁观者"（李庆丰，2002），明显削弱了儿童的家庭亲密度，限制了儿童的情感表达，同时增大了关系的矛盾性（范方、桑标，2005）。如此一来，留守儿童在班级乃至学校中的人际行为可能镌刻上父母流动的"烙印"，受到其相对消极的影响。本研究因而得到第二个研究假设：父母流动将会显著恶化农村留守儿童的人际行为。

三　父母流动与留守儿童的内在行为

内在行为是人格特性的外化、自我意识的彰显，其折射的是个体所秉承的价值取向、所遵从的道德标准。它直观地表现为个体在受风险因素的影响时能否按照社会所期望的健康行为方式、所推崇的一般行动规范来约束自身，抑制不良冲动，避免越轨行径。Gottfredson 和 Hirschi（1990）的相关理论认为自我控制水平对此具有较好的预测力，这得到诸多实证资料[①]的支持。两位学者强调，自我控制在生活的早期阶段中逐渐得以确立，并在整个的生命历程中基本保持稳定，父母的监管、接纳与惩戒被认为是决定儿童自我控制水平三大最重要的因素。父母如果实施合理监管，增进彼此接纳，识别儿童的内在行为偏差并加以惩戒，就能提升儿童的自我控制水平，而儿童的低自我控制力则源于"缺乏教养、惩戒与训导"。他们还明确指出，家庭中的父母"数量"将起关键性的作用，因为父母"数量"越少，可供儿童社会化的资源（父母的时间和精力）就越不足，进而降低儿童实现较好自我控制的可能性。Hope 等人（2003）的研究也发现，父母

① 可见于 Arneblew（1993）、Tremblay et al.（1995）、Burton et al.（1999）等。

在儿童自我控制的发展中扮演着特殊角色，家庭背景的变量亦需借此来施加影响。与之相对，儿童若因亲子分离而被忽视则会对其人格形成产生显著负面效应（Gagnon，1993）。父母迁移流动对家庭自然结构带来的冲击极为突出，致使家庭的亲子联系与教养功能更趋名义化、脆弱化，产生了许多事实上的“单亲家庭”和“隔代家庭”。儿童在没有父母有效监管、充分接纳以及必要惩戒的环境中成长，难以避免地更易遭受风险因素侵蚀，发生自我控制失能。所以，基于自我控制理论判定，父母流动将会导致留守儿童社会化的主体相对缺损，这可能使儿童的内在行为偏差无法得到及时纠正而更朝消极方向发展。本研究故此得到第三个研究假设：父母流动将会显著恶化农村留守儿童的内在行为。

第二节　留守儿童在校表现基本情况

一　研究数据基本情况

本研究所用数据源于中国教育追踪调查（China Education Panel Survey，CEPS）。这一调查是由中国人民大学中国调查与数据中心具体实施的。较之于同类型的调查，它具有全国性、大规模、多层级、常态化等优势及特色：首先，本研究所采用的 CEPS 2014 是以 2013 ~ 2014 学年七年级（初中一年级）和九年级（初中三年级）的学生为起点开展的基线调查，采取分层次、多阶段、与规模成比例的概率抽样（PPS）方法，面向除了港、澳、台之外的 31 个省级行政单元，涵盖 112 所学校的 438 个班级，目前少有教育专项调查可以实现与此相当的代表性。其次，CEPS 2014 最终访问到的有效样本量为 19487，其调查问卷记录了 10279 名七年级学生（约占 52.7%）和 9208 名九年级学生（约占 47.3%）的众多信息，还特别针对全体被访学生进行了标准化认知能力水平测试，收集了期中考试的主要课程成绩，据知这是在中国首次获取如此大样本的教育专项调查数据。再次，CEPS 同时将全体被访学生的家长、班主任老师及任课老师、学校领导等列入了调查范围，因而更好地融合了个人及其所居家庭、所处班级、所在学校等的相关情况，便于系统分析各层变量的联合效应，有效评价不同环境的交互影响，能够为教育学、社会学等领域提供良好的研究支撑。最后，CEPS 依托中国社会调查网络，计划在被访学生的初中阶段里完成全程追踪，在其初中毕业后实现关键时间节点追访，历时数十年，该网络同时还组织了中国综合社会调查（CGSS）等多个专业社会调查，人员队伍完备，质量控制严格，已经形成具有连续性与自主性的社会科学基础数据采集平台。本研究仅选取了 CEPS 2014 中农业户口性质且居住在户籍地的被访初中学生。调查到的农业户口性质初中学生合计为 10687 人，约占全体的 54.8%。其中，约有 20.8% 的人随同父母流动，本研究予以排除，而另外的 8460 名初中学生常住农村，本研究将以他们作为分析对象。

二　留守儿童在校表现的衡量指标及基本状况

本研究主要从智力行为、人际行为、内在行为等三方面考察农村儿童的在校表现：智力行为可以利用学业成绩来加以测度，人际行为可以基于班级融入和学校适应来加以反映，而内在行为则可以通过行动失范来加以呈现。为了能将这些较抽象的理论性概念转化为较具体的操作化变量，本研究选取 CEPS 2014 中 9 项学校生活主观评价指标，[①] 同时结合 3 项主要课程（语文、数学和英语）期中考试成绩，利用主成分分析和因子分析综合生成若干公共因子。针对上述指标的 Bartlett 球形检验结果显示，相应的 P 值为 0.000，表示各指标的相关系数矩阵显著有别于单位矩阵，而其 KMO 值为 0.733，表示各指标之间的偏相关性较强，达到可接受的水平，两者均说明原始数据适合进行因子分析。

本研究根据 Kaiser 准则剔除特征值小于 1 的公共因子，最终

① 这些指标源于量表，本研究对其信度和效度分别进行了检验：就信度而言，相应的 Cronbach's α 系数约为 0.69，大于 0.6，符合可接受的信度衡量标准，表明其内部的一致性较好；就效度而言，各个单项与总体的相关性均很高，项目鉴识能力可靠，表明其符合有效性的要求。

提取了4个公共因子（Cattell碎石图同样支持该判断）。表5.1中给出了这些公共因子对应的特征值及贡献率，不难看到，其累计贡献率可达67.34%，这意味着4个公共因子能够解释总变异的大约七成。由于初始的因子载荷结构不太简明，得到的公共因子在解释能力上偏弱。有鉴于此，本研究依照研究惯例对其做正交旋转，重新分配公共因子解释的方差，使因子载荷的平方值趋近于0或1，旋转后的公共因子更加便于解释，其对应的特征值及贡献率可参看表5.1。

表5.1 正交旋转前后的特征值与贡献率

因子	正交旋转前			正交旋转后		
	特征值	方差贡献率（%）	累计贡献率（%）	特征值	方差贡献率（%）	累计贡献率（%）
1	3.06	25.47	25.47	2.36	19.66	19.66
2	2.06	17.18	42.65	2.32	19.31	38.97
3	1.78	14.82	57.46	1.90	15.82	54.80
4	1.18	9.87	67.34	1.50	12.54	67.34

表5.2报告的是旋转后的因子载荷情况，相较于旋转前，公共因子在含义上更加清楚，故而更加便于分类。这里，按照旋转后的方差贡献率对4个公共因子进行排序，并分别将其命名为“班级融入”因子、“学业成绩”因子、“行动失范”因子和“学校适应”因子。可以看到，各个中心因子载荷都在0.65以上，这一般被认为是高载荷的，表明公共因子能够较好地解释所用指标的方差。在此基础上，本研究利用回归方法计算因子得分，并对“学校适应”因子的得分进行了正向化处理。①

① 与其他公共因子相比，这一公共因子的得分所显示出的趋势有所不同：对于前3个公共因子，得分越高，分别反映的是班级融入、学业成绩、行动失范的水平越高，而对于第4个公共因子，得分越高，说明的是学校适应的程度越低。为了方便后文分析，本研究通过得分正向化使“学校适应”因子与其他公共因子保持同趋势（亦即得分越高，反映的是学校适应的水平越高）。

表 5.2　正交旋转后的因子载荷

变量	因子载荷			
	1	2	3	4
	班级融入	学业成绩	行动失范	学校适应
班里大多数同学对我友好	0.82			
我认为自己很容易与人相处	0.83			
我所在的班级班风良好	0.73			
我经常参加班级组织的活动	0.65			
我的期中考试语文成绩		0.86		
我的期中考试数学成绩		0.84		
我的期中考试英语成绩		0.89		
我经常迟到			0.84	
我经常逃课			0.86	
父母经常收到老师对我的批评			0.66	
我在这个学校里感到很无聊				0.83
我希望去另一个学校				0.86
正交旋转后方差贡献率（%）	19.66	19.31	15.82	12.54

本研究进而利用上述因子得分来构建农村儿童在校表现影响因素回归模型。首先选定农村儿童留守状况作为关键自变量，重点考察父母流动对农村儿童在校表现的作用方向、程度及显著性水平。在定义"留守"时，本研究参照目前国内较有共识的概念框架（段成荣、周福林，2005），将其界定为农村儿童的父母至少一方外出流动（包括单方外出流动和双方外出流动）;[①] 若为留守儿童，则赋值 1；若为非留守儿童，则赋值 0。CEPS 2014 显示，留守儿童占农村儿童的 29.5%，父母单方外出流动者和双方外出流动者在留守儿童中各有大约半数，这同"六普"所揭示的农村留守儿童构成情况基本一致。

本研究还为农村儿童在校表现影响因素回归模型同时纳入了四组

---

① CEPS 2014 的学生问卷和家长问卷都对被访学生与其直系亲属的同住状况进行了调查［对应的问题是"哪些直系亲属目前不在家中与你（孩子）同住"］，上述变量是在逻辑校验的基础上综合两个问卷的调查结果而最终生成的。

控制变量，分别反映的是个体、家庭、班级和学校等相关特征对农村儿童在校表现的作用状况，这有助于更准确而稳健地估计父母流动所带来的干预效应。(1) 个体特征除了包括被访学生的性别、民族、兄弟姐妹数（亦即独生子女与否）等以往文献反复论及的基础变量之外，还包括被访学生的教育期望、认知能力等以往文献较少涉及但被认为对在校表现具有显著影响的变量。其中，教育期望度量的是被访学生“希望自己读到什么程度”。根据自我认同理论以及参照群体理论，期望是“行为的引擎”，将推动学生在基础教育后实现不同的教育成就（Woelfel & Haller，1971）。因此，更高的教育期望通常对应着更优的在校表现。认知能力对学生的在校表现有重要的制约作用，利用认知结构中的信息加工模型研究发现，具体认知能力是学生在校表现的预测变量（Vock et al.，2011），CEPS 设计了一套可以测量被访学生逻辑思维与问题解决等具体认知能力的试题，涵盖了语言、图形、计算与逻辑等三个基本维度，从而具备了在回归模型中控制具体认知能力的可能。(2) 家庭特征重点考虑被访学生所在家庭的经济状况及其父母的受教育程度。这两者在教育生产函数实证研究中最受关注，形成了父母教育卷入等方面的差异，而这些差异与学生发展水平具有典型的相关关系。(3) 班级特征主要着眼于被访学生所在班级的整体水平及班主任是否获评优秀。(4) 学校特征则着力考察被访学生所在学校的排名状况和地域条件。Bronfenbrenner 发展生态框架将儿童的成长视为个体与环境交互作用下的过程，班级以及学校是和家庭处在同一层次、影响较直接的一类环境，教育质量和教师风格等对儿童的干预效果最为突出。各控制变量的简要定义与初步描述可参见表 5.3。

表 5.3　控制变量的含义与描述①

变量维度	变量名称	变量类型	变量解释与描述
个体特征	性别	二分类	女 =0（48.57%），男 =1（51.43%）

① 个体特征变量均取自学生问卷，家庭特征变量是在逻辑校验的基础上综合学生问卷和家长问卷而形成的，班级特征变量均来自班主任问卷，学校变量均来源于校领导问卷。

续表

变量维度	变量名称	变量类型	变量解释与描述
个体特征	民族	二分类	少数民族 =0（9.58%），汉族 =1（90.42%）
	独生子女	二分类	否 =0（73.34%），是 =1（26.66%）
	教育期望	多分类	高中及以下 =0（24.77%），大学本科/专科 =1（47.75%），研究生 =2（27.48%）
	认知能力得分	数值型	均值为 -0.15
家庭特征	家庭经济状况	多分类	困难 =0（29.56%），中等 =1（66.27%），富裕 =2（4.17%）
	父亲教育程度	多分类	小学及以下 =0（21.60%），初中 =1（57.05%），高中及以上 =2（21.36%）
	母亲教育程度	多分类	小学及以下 =0（34.10%），初中 =1（49.86%），高中及以上 =2（16.04%）
班级特征	班级排名	多分类	中下及最差 =0（14.98%），中等及中上 =1（75.61%），最好 =2（9.40%）
	优秀班主任	二分类	否 =0（37.01%），是 =1（62.99%）
学校特征	学校排名	多分类	中等及以下 =0（20.18%），中上 =1（63.91%），最好 =2（15.91%）
	所在地区	多分类	东部地区 =0（43.34%），中部地区 =1（35.12%），西部地区 =2（21.54%）

初步回归结果发现，农村儿童个人特征、家庭社会经济特征、班级以及学校相关状况都会影响儿童各方面的在校表现。具体来看，与女生相比，男生在班级融入、学业成绩、行动失范上表现均更差，而在学校适应方面男生和女生的差异并不明显。与少数民族学生相比，汉族儿童在班级融入和学校适应上表现相对更好，而少数民族学生在学业成绩上要明显优于汉族学生，无论是少数民族学生还是汉族学生，在行动失范上并无明显差异。

自身的教育期望是学习的内在驱动力。实证也发现，对所有学生来说，如果对自身教育有较高期望，希望将来获得大学本科甚至研究生学位的，其无论在班级融入、学校适应，还是学业成绩、行动失范上，均表现得更为出色。从这个角度来说，给予学生更多的肯定和鼓励，更积极地对待学生，是能促进其在校表现的。

而家庭的社会经济状况对学生在校表现的影响则相对复杂。对学生班级融入来说，家庭越富裕，其班级融入情况越好。但相对于那些家庭经济状况困难的学生来说，来自富裕家庭的学生学业成绩显著更差，同样，家庭经济越富裕，学生行动失范的可能性也并不会越低，从回归结果来看，学生的学校适应程度与家庭的经济状况也基本没有明显关系。

父亲的受教育程度对学生在校表现的影响仅仅体现在班级融入上：父亲的受教育程度越高，其子女的班级融入状况越好，而对子女学习成绩、行动失范以及学校适应等均无明显影响。相比而言，母亲受教育程度对子女在校表现的影响更为广泛也更为复杂：母亲受教育程度越高，子女班级融入状况越好，学校适应情况越好，但学业成绩越差。

班级对学生在校表现的影响也非常显著。那些排名更高的班级，学生的班级融入状况更好，学业成绩也更高，同时，学校适应状况也更好。所在班级的优劣对学生行动失范并无显著影响。而班主任为优秀班主任，对学生的班级融入有显著的促进作用，但对学生的学业成绩、行动失范以及学校适应并无显著影响（见表5.4）。

表5.4　农村儿童在校表现影响因素的估计结果（控制变量）

主要变量	1	2	3	4
	班级融入	学业成绩	行动失范	学校适应
个体特征				
性别（参照：女）	-0.076***	-0.439***	0.088***	-0.003
民族（参照：少数民族）	0.123***	-0.154***	-0.079	0.221***
独生子女（参照：否）	-0.005	-0.078***	-0.039	0.060**
教育期望（参照：高中及以下）				
大学本科/专科	0.199***	0.627***	-0.178***	0.172***
研究生	0.313***	0.878***	-0.227***	0.202***
认知能力得分	0.041***	0.363***	-0.066***	0.069***
家庭经济状况（参照：困难）				
中等	0.127***	-0.012	-0.091***	0.047*

续表

主要变量	1	2	3	4
	班级融入	学业成绩	行动失范	学校适应
富裕	0.304***	-0.207***	0.008	0.036
父亲教育程度（参照：小学及以下）				
初中	0.093***	0.040	0.011	-0.026
高中及以上	0.107***	0.031	0.002	-0.010
母亲教育程度（参照：小学及以下）				
初中	0.139***	-0.054**	0.025	0.092***
高中及以上	0.179***	-0.102***	0.006	0.049
班级特征				
班级排名（参照：中下及最差）				
中等及中上	0.106***	0.117***	0.014	-0.001
最好	0.195***	0.171***	-0.026	0.114**
优秀班主任（参照：否）	0.064***	-0.003	0.033	-0.062
学校特征				
学校排名（参照：中等及以下）				
中上	0.084***	-0.108***	-0.027	0.131***
最好	0.182***	-0.350***	-0.025	0.172***
所在地区（参照：东部地区）				
中部地区	-0.055**	0.156***	0.021	0.011
西部地区	-0.075**	0.030	0.075**	-0.037
截距项	-0.694***	-0.279	0.108***	-0.342***

注：*** $p<0.01$，** $p<0.05$，* $p<0.1$。

第三节　父母流动对留守儿童在校表现的影响：倾向得分匹配分析

前述回归模型对于精准刻画父母流动在农村儿童在校表现上所产生的影响明显有些乏力，主要因为父母并非随机地做出流动与否的决策，他们总要考虑多方面的因素（包括其自身的教育程度、其家庭的经济状况甚至其子女的身心特质等），而后才会进行最终抉择。这种“自选择性”如果没能得到有效控制，估计出的回归结果就无法保证统计上的一致性，故而可信度不太高。倾向值分析法是目前处理“自选择性”问题较常用的技术，已被证明对于消减选择偏差具有良好效果。本研究引入两种倾向值分析法以期尽可能缓解父母流动的“自选择性”问题，削弱其造成的偏差。一是倾向值加权法，其基本思路是，通过计算在给定的特征变量下发生流动的条件概率来生成倾向值，以之作为权重对流动中的父母与未流动的父母这两类多方面差异都很显著的人群做出调整，使他们的特征变量分布趋同于“标准”的人群中的相应分布，然后估计干预效应。该方法较之相对更被熟知的倾向值匹配法（倾向值生成后，据其对上述的两类人群加以配对后再分析），优势在于能利用更多人员信息且过程明显更加简洁（Stunner et al.，2006）。二是匹配估计量法，其核心要义是，利用样本方差矩阵的逆矩阵计算向量模，并以其来度量流动中的父母与未流动的父母在可观测变量上的“距离”，进而为流动中的父母选取相隔“距离”最短的未流动的父母加以匹配，将后者的相应结果作为前者的潜在结果直接进行“填补”，然后核算干预效应。该方法由于不使用回归方法预测倾向值，也不涉及未知函数的非参估计，具有决策更少、实施更易的优点（Guo & Fraser，2011）。

基于主成分分析和因子分析，本研究求出了农村儿童智力行为、人际行为、内在行为等三方面在校表现的标准化因子得分，表 5.5 呈现的是留守与非留守两群体该结果的差异。其直观地表明：（1）从智力行为来看，留守儿童的学业成绩得分要比非留守儿童相对更低，但通过 t 检验发现，二者并非具有显著不同；（2）就人际行为而言，留守儿童的班级融入得分和学校适应得分都不及非留守儿童，且此差异在 1% 的统计水平上显著；（3）就内在行为来说，留守儿童的行动失范得分要比非留守儿童偏高一些，且在 10% 的统计水平上具有显著性。以上的描述分析揭示出，父母流动影响下的留守儿童可能会总体处于在校表现更加不良的状态，尤为突出的是其人际行为，与非留守儿童相差极大，二者的内在行为亦显示出一定的差异性，而在智力行为上，两者差别似乎最不明显。

表 5.5　农村留守儿童与非留守儿童在校表现的因子得分比较

在校表现因子		留守（N = 2298）	非留守（N = 5520）	P 值
1	班级融入	-0.101	0.042	0.000***
2	学业成绩	-0.004	0.002	0.799
3	行动失范	0.029	-0.012	0.094*
4	学校适应	-0.100	0.042	0.000***

注：* 代表在 0.1 的统计水平上显著，** 代表在 0.05 的统计水平上显著，*** 代表在 0.01 的统计水平上显著，以下皆同。

在控制变量回归模型（表 5.4）的基础之上，我们纳入父母流动变量，来看父母流动总体上对留守儿童在校表现的影响。如图 5.1 所示，学业成绩子模型中，关键自变量父母流动对应的回归系数约为 -0.003，说明当控制其他各项特征变量时，留守也许会给儿童学业成绩带来消极影响，但其不具有统计上的显著意义。据此来说，父母处于流动中的儿童并未在学业成绩上凸显劣势。班级融入子模型中，留守儿童与非留守儿童的因子得分差异在控制其他变量不变情况下约为 -0.083，留守儿童明显偏低于非留守儿童（$P<0.01$），可见父母流动会对儿童班级融入造成较突出的负面效应。学校适应子模型亦呈现相似特征，关键自变量父母流动对应的回归系数约为 -0.104，且在 1% 的统计水平上显著，表明留守儿童确实存在更不良的学校适应状况。行动失范子模型中，按父母流动状况划分的两类儿童同等控制条件下的因子得分相差大约 0.006，显示留守儿童行动失范发生水平可能相对更高，但是其并未通过显著性检验，故不足以支撑儿童行动状况因父母流动而趋于恶化的结论。总的来说，图 5.1 中的估计结果支持了假设 1，即父母流动没有对留守儿童的智力行为产生显著的促进效应，也没有使之陷入显著弱化的境地，同样验证了假设 2，即相对于非留守儿童，父母流动影响下的留守儿童人际行为明显更为不佳。不过，假设 3 未能得到支持，实证结果没有发现父母流动会加大留守儿童内在行为失序的可能性。

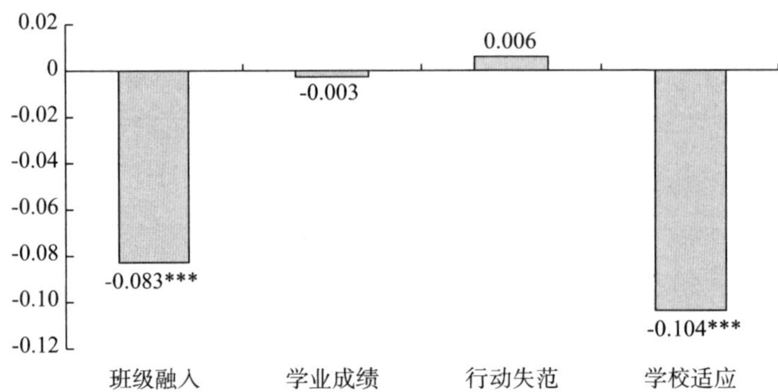

图 5.1　父母流动对农村儿童在校表现影响的多元回归模型估计结果

注：*** p<0.01。

前述基于农村儿童在校表现影响因素的回归模型所进行的分析并未考虑潜在的选择性偏差。为了得到父母流动更确切的干预效应，本研究利用倾向值加权法和匹配估计量法分别做出估计。两种倾向值分析法既可在全体观察对象（不仅包括属于干预组的留守儿童，而且包括属于控制组的非留守儿童）层面测算父母流动的平均干预效应，此即 ATE（Average treatment effect），也可仅针对留守儿童（干预组的观察对象）计算父母流动的平均干预效应，亦即 ATT（Average treatment effect on the treated）。以上二者相比，ATT 通常更有意义，其具体地反映了留守儿童在父母没有流动情境（称为“反事实”）下的在校表现同其实际的在校表现构成什么样的差异，真切地代表了父母流动实有的影响力度。而 ATE 估计混杂了非留守儿童，意义受到部分削弱，因为非留守儿童的父母可能面临种种因素限制根本不会发生流动，没有现实必要将他们也纳入进来测算干预效应。表 5.6 报告了相关结果，从中不难看出，无论就倾向值加权法而言，还是以匹配估计量法来论，ATT 和 ATE 只在班级融入与学校适应上呈现出显著性（P<0.01）且方向为负，而在学业成绩与行动失范上并不显著。这表明，留守儿童的人际行为明显差于非留守儿童。受父母流动的影响，儿童人际行为趋于变差，而儿童的智力行为和内在行为没有因父母流动出现明显恶化迹象。较为一致性的结果说明，控

制了选择性偏差后，本研究主要研究结论仍然能够得到支持，具有良好的稳健性。

表 5.6　父母流动对农村儿童在校表现影响的倾向值分析法估计结果

在校表现因子		倾向值加权		匹配估计量	
		ATE	ATT	ATE	ATT
1	班级融入	-0.078***	-0.085***	-0.067**	-0.090***
2	学业成绩	-0.018	0.004	-0.025	-0.008
3	行动失范	0.028	-0.002	0.020	-0.015
4	学校适应	-0.110***	-0.104***	-0.105***	-0.089***

注：* $p<0.1$，** $p<0.05$，*** $p<0.01$。

第四节　父母流动对留守儿童在校表现的影响：小结及讨论

父母流动如何影响农村留守儿童在校表现？本研究为这个尚无共识的老问题提供了更有说服力的经验证据。基于中国教育追踪调查（CEPS）数据，本研究从智力行为、人际行为、内在行为等三方面考察农村儿童的在校表现，在多元回归模型之外使用两种倾向值分析法（倾向值加权法和匹配估计量法）对父母流动的干预效应做出了更精准的测算。各估计结果稳健地表明：父母流动不会对留守儿童的智力行为（亦即学业成绩）造成显著的负面影响，[①] 同时儿童的智力行为也不会因父母流动而趋于明显的改善；父母流动对留守儿童的人际行为具有一定的消极作用，主要反映在班级融入、学校适应等方面；留守儿童没有特别表现出行动失范更突出的问题，其内在行为与非留守

① 对此，可能的解释是：农村留守儿童的父母自身教育水平相对不高，即便没有外出流动，直接教育卷入程度也很有限。在各种具体卷入方式中，他们能够较多采取的是家庭管控，但据 Fan（2001）的研究，同其他的卷入方式相比，家庭管控与学业成绩间的相关性最低；而外出务工能够改善家庭经济环境，形成收入增长促进效应，从而抵消负面影响。

儿童几无显著差别。[①]

明晰父母流动与农村留守儿童在校表现的关系并推出适当干预举措，对“坚持共享发展、提高教育质量”具有积极意义。本研究发现：父母流动影响下的留守儿童虽然并没有同非留守儿童在智力行为和内在行为上显示出巨大差异，但表现出了相对更为不良的人际行为特征。“重智主义”传统可能让家庭和学校过分地关注儿童的智力行为（亦即学业成绩）而对其人际行为等有所忽视，故而不会对留守儿童的人际行为劣势加以干预。实际上，父母流动导致留守儿童班级融入、学校适应等状况趋于恶化，并不利于儿童（尤其是更易身心失衡的初中教育阶段儿童）自身的长远发展，对此应当保持足够警惕。这一问题部分地折射出中国人口城乡流动的代价与威胁，因此仍有必要彻底消除农村留守儿童产生的制度性根源。

---

① 对此，可能的解释是：被访儿童均已步入初中阶段，随着年龄年级增长，或许不太需要父母的教养、惩戒与训导就能实现较好的自我控制；年龄年级更小的留守儿童是否也在内在行为上与非留守儿童差异不显著，有待后续研究检验。

第六章　留守儿童校园欺凌状况及影响因素

近年来国内中小学恶性欺凌事件频发，受到广泛关注。校园欺凌不仅干扰正常的教学秩序，也影响学生身心的健康发展，受欺凌学生更容易出现焦虑情绪，甚至表现出抑郁倾向，在人际交往方面也面临更多障碍（Peter & Sonia，1994）。欺凌的发生与社会文化、学校管理和家庭教育密切相关。我国正处于社会转型调整时期，多元文化交织混杂，处于社会化初期的儿童极易受到不良亚文化影响，成为校园欺凌的参与者或受害者；另外，人口流动造成部分儿童家庭支持的缺失，欺凌与留守因素结合，进一步增大了预防和管理难度。

由于劳动力的跨区域流动，子女的成长发展为父母缺位所掣肘。特别是在农村地区，父母外出后，子女和父母沟通交流减少，而祖辈文化水平较低，依托其提供的照料与监护无法满足孩子对家庭情感关怀和行为引导的需求，留守儿童更容易出现低自尊、焦虑等亚健康心理，身体素质和学业表现也不尽如人意，从而在校园生活中易陷入弱势地位，成为校园欺凌受害者。国内已有研究开始关注留守学生和寄宿学生在欺凌事件中的被动地位，强调家庭的支持保护和学校的管理责任（王玉香，2016；吴方文等，2016），但目前对于留守儿童受欺凌现状尚无完整系统的认识，与留守对欺凌的影响机制相关的探讨也不充分。本章在以往研究基础上，采用中国人民大学 2015～2016 学年中国教育追踪调查（CEPS）第三期数据，分析当前农村留守儿童遭受校园欺凌的现状，并进一步探究其影响因素。

第一节　留守儿童校园欺凌的理论框架

一　留守儿童的弱势地位

父母外出后，留守户籍地的年幼子女可能存在哪些困难和风险？现有研究主要关注他们的身心健康和学业发展问题。父母外出是儿童心理健康的危险因素之一（赵苗苗等，2012）。具体比较留守与非留守儿童的心理健康状况，刘霞（2013）研究发现，相比于非留守儿童，留守儿童的心理健康水平较低，更容易出现认知偏离和个性心理发展异常。父母的流动状况同样与儿童心理健康关系密切，母亲外出对儿童的心理状态影响更大（唐有财等，2011）。

除心理健康风险外，留守儿童的身体素质状况也面临较多威胁。宋月萍等（2009）研究表明，在我国农村地区，受隔代照料的影响，留守儿童较其他儿童更容易患病，患病后就诊比例也较高，存在过度使用卫生服务的现象。李钟帅等（2014）则分别探讨了父亲外出与母亲外出对农村留守儿童健康的不同影响。结果表明，长期来看，父亲外出对留守儿童健康有促进作用，而母亲长期及短期外出均对子女健康有消极影响。

父母外出与否同样会影响儿童的学业表现。段成荣等（2014）分析第六次人口普查数据发现，当前农村留守儿童超龄就学、辍学问题突出，教育进度滞后，特别是进入高中阶段后，留守儿童在学比例急剧降低。父母外出对儿童的学习成绩也有显著的负面影响（李庆海等，2014），其中母亲外出对子女成绩的影响更为突出（郑磊等，2014）。

此外，留守儿童的校园生活质量也备受关注。特别是青春期留守学生，他们处于个人社会化初期，价值观和行为方式亟须规范和引导，但由于父母外出，家庭对其日常生活和人际交往的关怀和指导有限，社会化过程中父母失位，约束力降低，他们更容易受到同辈群体亚文化和反文化的影响，进而出现行为失范（魏叶美等，2016）。目前有关留守儿童校园生活，特别是其欺凌与被欺凌状况的研究数量有限。王玉香（2016）探讨了农村留守青少年的校园欺凌问题，认为欺凌事件发生与其父母失位所造成的安全感缺失有关，与青春期同伴依恋的归属感有关，与青少年彰显自主性的存在感有关。但有关校园欺凌尚无全国代表性数据，当前国内留守儿童的校园欺凌现状尚不明确，家庭支持特别是父母支持的缺失如何影响留守青少年受欺凌状况仍有待进一步探讨。在当前人口流迁的大背景下，家庭劳动力外出后，为实现留守子女身心健康发展、降低校园欺凌事件的发生风险，学校和社会可提供哪些支持和引导？本章将重点探究这些问题。

二　校园欺凌概念及理论框架

国外学者对校园欺凌状况、成因及其干预机制已有较为系统的研究。欺凌通常被界定为当存在力量不均衡时，实力较强一方针对弱者的故意且有害的攻击行为。根据形式不同，欺凌主要分为两类：直接欺凌主要是指对弱者的直接人身攻击，如肢体欺凌和言语欺凌等；间接欺凌通常表现为社会交往上对受欺凌者的排斥和孤立（Olweus，1994）。

青少年的行为发展不仅取决于其个人特征，也受家庭及其外部成长环境的影响。近年来有关青少年校园欺凌的研究多应用社会－生态理论框架，强调青少年个体特征与其所处的不同层次环境系统的相互作用，以及这种相互作用对欺凌和被欺凌事件发生的影响。

经典社会－生态理论模型认为，人的成长过程受其自身条件和变化的外部生态环境的影响。所谓外部生态环境，不仅指个体当前的生活环境，也包括当前环境所根植的宏观社会背景，具体可分为微观系统、中间系统、外部系统、宏观系统和时间系统五个层面的环境系统（Bronfenbrenner，1977）。应用于校园欺凌研究中，微观系统由个体、家庭、同学、老师等因素构成，直接对个体是否受欺凌产生影响；微观要素间的联系和相互作用称为中间系统，学校和家庭的联系、家庭对子女同伴选择的影响等是中间系统的重要组成部分；校园环境和社区环境等因素构成外部系统，与个体没有直接联系，但可以通过微观系统对其产生间接影响；宏观系统是包括组织、社会、传统文化和政治环境等在内的社会文化背景；时间系统侧重强调生命过程中个体和环境特征的变化对其发展的影响（Espelage，2014）。

三　校园欺凌影响因素

当前关于校园欺凌影响因素的研究侧重分析微观系统（如个人、家庭、同伴特征）、外部系统（学校、社区环境）及二者的相互作用对欺凌的影响。

微观个体特征如性别、年龄和健康状况是欺凌的重要影响因素，男孩通常更容易置身于欺凌环境中，更多受到肢体攻击。与女孩相关的欺凌形式主要是语言攻击和群体孤立（Peter & Sonia，1994）。年龄增长也会引起被欺凌风险的变化。身体瘦弱、肥胖、残疾的学生更容易遭受欺凌，性格孤僻、不自信、焦虑和社交恐惧也会增加学生遭受校园欺凌的可能性（Smith，1994；Adams & Bukowski，2008；Susan，2010）。

在青少年成长过程中，父母的监督和引导一直被认为是保护孩子远离欺凌的重要因素。研究表明，有欺凌或被欺凌经历的青少年通常缺少父母的监管，父母较少参与孩子的日常生活（Espelage，2014），但同时，家庭的溺爱和过度保护同样是子女受欺凌的危险因素，孩子的独立意识和自我保护能力不足时，更容易成为同伴欺凌的对象（Olweus，1994）。

和谐的家庭氛围也能帮助子女有效避免欺凌。亲密的家庭关系中，父母和孩子有更多的沟通和情感交流，面对欺凌事件时孩子更愿意寻求家庭的帮助，也更容易获得家庭的有效支持（Espelage，2014）。家庭支持不仅有助于降低子女的受欺凌风险，也能在一定程度上减轻受欺凌经历对孩子的负面影响。此外，来自家庭成员特别是父母的积极行为示范能帮助孩子形成健康的心态和积极的处事方式，而家庭暴力特别是肢体冲突则会对孩子的心理健康造成不利影响，诱导其出现欺凌行为，同时也提高了受欺凌风险（Smith，1994）。

家庭环境不仅直接影响欺凌行为，也通过其他因素产生间接作用。例如，父母可以改变照料方式从而改善子女的健康状况，避免肥胖或过度消瘦。此外，家庭也可能干预孩子的同伴选择，一定程度上减轻同伴群体中不良文化的影响（Espelage，2014）。Low（2014）的研究也发现，尽管社区治安状况欠佳会增加子女的受欺凌风险，但积极的家庭监护能有效降低这种风险。

校园环境对儿童成长的影响同样不容忽视，国外已有研究发现，学校及其周边地区是欺凌事件的高发地带（Craig & Pepler，1997）。学校中同学的不良行为示范可能提高欺凌发生风险（Salmivalli，2010）。此外，旁观者的态度也是欺凌的重要影响因素，围观行为可能助长欺凌，而周围同学的干预和制止能降低欺凌再次发生的风险（Craig & Pepler，1997）。校园关系紧张与否也是影响学生是否受欺凌的因素之一。学生间、师生间矛盾较多、冲突频繁的学校更容易出现欺凌事件，良好的教学秩序则能有效防止欺凌（Kasen et al.，2004）。

学校和教师的积极介入是欺凌干预的重要途径。规范化的学校管理不仅有助于提高学生的学业成绩，也有利于学生的心理健康，帮助其建立良好的校园同伴关系，降低欺凌发生风险（Lee，2009）。学校教育和家庭教育的互动配合同样有助于避免欺凌，Olweus（1994）的欺凌干预研究表明，学校面向学生家长的欺凌预防宣传可以有效缓解校园欺凌。密切的家校联系也有助于老师和监护人充分了解学生的学业表现和心理状态，提供及时有效的引导和支持。

因此，在社会文化环境相对稳定的情况下，家庭和学校环境是儿童是否遭受校园欺凌的主要影响因素。对留守儿童而言，留守造成家庭的亲子沟通受限，子女难以获得父母及时有效的情感支持；父母外出特别是单亲外出后，家庭中的父母关系也容易受到冲击，对儿童心理健康带来不利影响；由于家庭监管和照料能力不足，留守儿童更多在校寄宿，这又进一步削弱了家庭支持。此外，由于家庭引导的缺失，留守儿童的日常人际交往也面临更多问题，其师生关系和同学关系更容易陷入困境；家庭监管不足，留守儿童更有可能受到朋友圈不良风气影响，出现消极心态和越轨行为，在校园生活中陷入被动弱势地位，成为欺凌受害者（见图 6.1）。

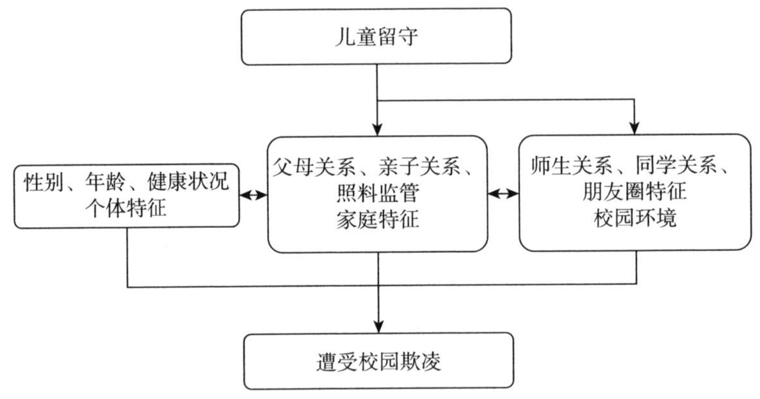

图 6.1　留守儿童校园欺凌影响因素框架

第二节　农村留守儿童校园欺凌基本情况

本章定量资料主要来源于中国教育追踪调查（CEPS）第三期调查数据。调查中户籍所在地为本区县的儿童样本共计 7311 个，其中农村儿童样本 4085 个。最近一年有被欺凌经历的农村儿童共 2610 名，占全部农村儿童的比例高达 63.89%。校园欺凌在农村儿童中不再是偶发事件，而已经成为农村儿童身心健康的重要危害因素。为探究农村儿童受欺凌状况与其是否留守之间的关系，本章剔除关键变量缺失的样本，最终获得农村儿童样本 2612 个，界定“与父母一方或双方不同住”的儿童为留守，共获得农村留守儿童样本 757 个，占比约为 28.98%。

表 6.1 反映了农村留守与非留守儿童过去一年是否受欺凌及其受到不同类型欺凌的情况。农村儿童过去一年受欺凌比例约为 65%，言语欺凌和社交欺凌是最主要的欺凌形式，儿童受欺凌比例分别为 58% 和 43%。留守儿童是校园欺凌的主要受害者，其受欺凌比例高达 75%，较非留守儿童高出 14 个百分点。留守儿童遭受的欺凌类型也

多于非留守儿童，其遭受言语欺凌和社交欺凌的比例较非留守儿童分别高出15个百分点和9个百分点。

表6.1　农村儿童遭受校园欺凌现状

变量	非留守		留守		总体	
	均值	标准差	均值	标准差	均值	标准差
是否受欺凌	0.61	0.49	0.75	0.44	0.65	0.48
肢体欺凌	0.19	0.39	0.25	0.44	0.21	0.41
言语欺凌	0.53	0.50	0.68	0.47	0.58	0.49
社交欺凌	0.40	0.49	0.49	0.50	0.43	0.49
网络欺凌	0.16	0.36	0.21	0.41	0.17	0.38
欺凌种类	1.28	1.32	1.63	1.30	1.39	1.32

表6.2是农村留守与非留守儿童个人、家庭及校园环境相关变量的描述分析结果。留守儿童男孩比例稍高，平均年龄稍长，身高体重水平略低于非留守儿童。家庭特征方面，留守儿童父母文化水平较低，但其家庭经济条件更好。留守儿童中独生子女的比例仅为22%，较非留守儿童低9个百分点。此外，留守儿童家庭中父母关系存在更多问题，约18%的留守儿童反映父母经常吵架，而非留守儿童中该比例仅为8%。留守儿童中家长经常与孩子沟通的比例仅为23%，低于非留守儿童约8个百分点。父母外出后，儿童的监管和照料也存在更多问题，60%的留守儿童在校寄宿，较非留守儿童高12个百分点。

比较留守与非留守儿童所处校园环境，可以看出，留守儿童就读重点中学的比例较低，所在班级的平均人数更多。与非留守儿童相比，留守儿童所在学校为学生提供的心理咨询服务比较少，老师联系家长的比例为61%，较非留守儿童低5个百分点。留守儿童的校园人际关系也不太乐观，其自评同学关系和师生关系得分都比较低，更倾向于认为自己不受同学老师喜欢。此外，留守儿童的同伴行为得分也不高，与非留守儿童相比，他们的朋友圈中打架、逃学等不良行为发生的频率相对较高。

表 6.2 相关变量描述统计

变量	非留守		留守		总体	
	均值	标准差	均值	标准差	均值	标准差
个人特征						
性别（1＝男）	0.51	0.50	0.54	0.50	0.51	0.50
年龄	14.91	0.71	15.05	0.84	14.95	0.75
身高（厘米）	165.82	7.83	164.60	8.02	165.47	7.90
体重（千克）	55.18	11.42	54.23	11.80	54.90	11.54
家庭特征						
父亲受教育程度						
小学及以下	0.19	0.39	0.27	0.45	0.21	0.41
初中	0.60	0.49	0.56	0.50	0.58	0.49
高中/中专	0.18	0.39	0.15	0.35	0.17	0.38
大专/本科及以上	0.04	0.18	0.02	0.15	0.03	0.17
母亲受教育程度						
小学及以下	0.26	0.44	0.41	0.49	0.31	0.46
初中	0.55	0.50	0.47	0.50	0.52	0.50
高中/中专	0.16	0.37	0.10	0.31	0.14	0.35
大专/本科及以上	0.03	0.18	0.02	0.12	0.03	0.16
家庭人均年收入（万元）	7.80	37.06	10.50	58.10	8.58	44.21
独生子女（1＝是）	0.31	0.46	0.22	0.41	0.29	0.45
父母关系失和	0.08	0.28	0.18	0.38	0.11	0.32
亲子沟通（1＝是）	0.31	0.46	0.23	0.42	0.28	0.45
是否寄宿（1＝是）	0.48	0.50	0.60	0.49	0.51	0.50
校园环境						
重点中学（1＝是）	0.13	0.33	0.09	0.29	0.12	0.32
班级人数	47.71	12.45	48.83	15.61	48.03	13.45
过去一年提供心理咨询人次	90.02	131.47	85.52	111.88	88.71	126.10
老师联系家长（1＝是）	0.66	0.47	0.61	0.49	0.64	0.48
同学关系	3.32	0.71	3.27	0.72	3.30	0.71
师生关系	54.57	12.64	52.88	12.16	54.08	12.52
同伴行为	16.55	3.36	15.94	3.67	16.38	3.46

第三节　农村留守儿童校园欺凌影响因素分析

一　留守对儿童遭受校园欺凌的影响程度

基于农村儿童样本构建留守对欺凌影响的 probit 回归模型（见表 6.3）。模型（1）控制儿童个人、家庭和学校的基础变量，结果表明，留守是儿童遭受校园欺凌的重要危险因素，在其他条件不变的情况下，留守会提高儿童受欺凌风险约 11.9%。模型（2）进一步分析不同留守类型对儿童遭受校园欺凌的影响。三类留守儿童中，仅母亲外出的儿童受欺凌风险较非留守儿童高 16.8%，仅父亲外出的儿童受欺凌风险相对较低，双亲外出会使儿童受欺凌风险提高约 11.1%。

表 6.3　留守对欺凌影响的回归结果

变量	模型（1）	模型（2）
	边际效应	边际效应
个人特征		
是否留守（1 = 是）	0.119*** (0.0202)	
留守类型（基准组：非留守）		
母亲外出		0.168*** (0.0457)
父亲外出		0.107*** (0.0277)
双亲外出		0.111*** (0.0254)
性别（1 = 男）	0.0785*** (0.0195)	0.0784*** (0.0196)
年龄	0.0187 (0.0138)	0.0187 (0.0138)
BMI 指数	0.000625 (0.0142)	0.000892 (0.0143)

续表

变量	模型（1）	模型（2）
	边际效应	边际效应
BMI 指数平方项	-4.06e-06 (0.000288)	-9.11e-06 (0.000288)
家庭特征		
父亲受教育程度（基准组：小学及以下）		
初中	-0.00635 (0.0263)	-0.00547 (0.0263)
高中/中专	-0.0534 (0.0358)	-0.0520 (0.0358)
大专/本科及以上	-0.0279 (0.0653)	-0.0287 (0.0654)
母亲受教育程度（基准组：小学及以下）		
初中	-0.0887*** (0.0240)	-0.0887*** (0.0240)
高中/中专	-0.0854** (0.0365)	-0.0858** (0.0365)
大专/本科及以上	-0.0654 (0.0699)	-0.0632 (0.0699)
家庭人均年收入对数	0.00490 (0.00447)	0.00505 (0.00448)
独生子女（1=是）	-0.0856*** (0.0223)	-0.0866*** (0.0224)
校园环境		
重点中学（1=是）	0.0352 (0.0310)	0.0353 (0.0310)
班级人数	0.00241*** (0.000784)	0.00247*** (0.000786)
过去一年提供心理咨询人次	-1.73e-05 (7.76e-05)	-2.05e-05 (7.77e-05)
老师联系家长（1=是）	0.0251 (0.0203)	0.0246 (0.0203)
样本量	2612	2612
R-squared	0.0403	0.0407

注：*** $p<0.01$，** $p<0.05$，* $p<0.1$。

基于当前的校园欺凌理论及文献，纳入儿童家庭支持和校园支持相关变量，分析农村儿童遭受校园欺凌的危险因素（见表 6.4），结果表明，家庭支持对儿童受欺凌有显著影响：父母关系失和的儿童更有可能遭受校园欺凌，在校寄宿也会使儿童受欺凌风险提高 10.7%；与非独生子女相比，独生子女受校园欺凌的可能性更低，家长经常与孩子沟通交流能有效降低其受欺凌风险 7.10%。在儿童社会化初期，家庭提供的情感支持和行为引导有助于帮助孩子建立自尊自信、正确处理同伴关系，而家庭矛盾较多或在校寄宿的儿童，家庭亲子沟通面临更多障碍，家庭难以为其提供及时充分的关怀和帮助，孩子易出现自卑焦虑心理，在校园关系中更有可能陷入弱势地位，成为校园欺凌对象。

校园环境同样关系到儿童受欺凌状况。在重点中学就读的农村儿童存在更高的受欺凌风险，这可能是由于重点中学的农村户籍学生相对较少，作为少数群体更容易受到排斥和欺凌。班级人数较多会增大教学管理难度，使儿童受欺凌风险提高。学校提供的心理咨询对欺凌的影响并不显著，但经常性家校联系有助于降低儿童被欺凌可能性。友好的同学关系和师生关系能显著降低学生的受欺凌风险，此外，同伴行为也是儿童受欺凌的重要影响因素，好友圈负面行为较少的农村儿童遭受校园欺凌的可能性更低。

模型（2）~（5）具体探究了不同类型欺凌的影响因素，可以发现，家庭支持和友好的校园关系能显著降低各类欺凌风险。父母关系失和会显著提高儿童遭受社交欺凌的风险 12.6%，对其他类型欺凌也有显著影响；家长经常与孩子沟通则能显著降低孩子遭受言语欺凌和网络欺凌的风险；儿童寄宿往往意味着家庭的照料和监管不足，提高其遭受言语和社交欺凌的可能性。校园环境方面，就读于重点中学和班级人数较多的农村儿童受到言语欺凌的风险更高，频繁的家校联系、良好的同学关系和师生关系能显著降低儿童遭受各类欺凌的可能性，此外，好朋友的积极行为示范同样有助于防止欺凌。

表 6.4　家庭支持与校园环境对欺凌影响的回归结果

变量	(1) 是否受欺凌 （边际效应）	(2) 肢体欺凌 （边际效应）	(3) 言语欺凌 （边际效应）	(4) 社交欺凌 （边际效应）	(5) 网络欺凌 （边际效应）
个人特征					
性别（1=男）	0.0408** (0.0205)	0.132*** (0.0165)	0.0789*** (0.0213)	0.0307 (0.0212)	0.0536*** (0.0152)
年龄	0.0176 (0.0140)	0.0158 (0.0111)	0.0337** (0.0146)	0.0294** (0.0143)	0.0276*** (0.00995)
BMI 指数	0.0150 (0.0146)	-0.0158 (0.0116)	0.0257* (0.0153)	-0.0110 (0.0154)	-0.0116 (0.0105)
BMI 指数平方项	-0.000300 (0.000295)	0.000379 (0.000232)	-0.000446 (0.000310)	0.000238 (0.000312)	0.000240 (0.000210)
家庭特征					
父亲受教育程度（基准组：小学及以下）					
初中	0.0132 (0.0269)	-0.00580 (0.0210)	-0.00646 (0.0278)	-0.0174 (0.0272)	-0.00472 (0.0192)
高中/中专	-0.0288 (0.0357)	-0.0241 (0.0274)	-0.0497 (0.0371)	-0.0412 (0.0359)	-0.0187 (0.0249)
大专/本科及以上	0.0307 (0.0620)	0.0853 (0.0653)	-0.0506 (0.0694)	-0.0214 (0.0667)	0.0249 (0.0530)
母亲受教育程度（基准组：小学及以下）					
初中	-0.0893*** (0.0243)	-0.0362* (0.0195)	-0.0968*** (0.0252)	-0.0350 (0.0250)	-0.0180 (0.0179)
高中/中专	-0.0871** (0.0370)	-0.0426* (0.0257)	-0.0866** (0.0374)	-0.0115 (0.0364)	0.0153 (0.0268)
大专/本科及以上	-0.0548 (0.0703)	-0.110*** (0.0354)	-0.0525 (0.0723)	0.0381 (0.0715)	-0.0525 (0.0419)
家庭人均年收入对数	0.00553 (0.00453)	0.000491 (0.00369)	0.00688 (0.00474)	0.0133*** (0.00480)	-0.00304 (0.00333)
独生子女（1=是）	-0.0625*** (0.0230)	-0.0108 (0.0183)	-0.0660*** (0.0240)	-0.0766*** (0.0233)	-0.0336** (0.0162)
父母失和（1=是）	0.102*** (0.0288)	0.0529** (0.0268)	0.103*** (0.0310)	0.126*** (0.0322)	0.0749*** (0.0257)

续表

变量	(1)	(2)	(3)	(4)	(5)
	是否受欺凌（边际效应）	肢体欺凌（边际效应）	言语欺凌（边际效应）	社交欺凌（边际效应）	网络欺凌（边际效应）
亲子沟通（1=是）	-0.0710*** (0.0224)	-0.0110 (0.0183)	-0.0756*** (0.0233)	-0.0376 (0.0230)	-0.0270* (0.0163)
是否寄宿（1=是）	0.107*** (0.0207)	-0.0199 (0.0170)	0.113*** (0.0215)	0.0584*** (0.0215)	-0.0184 (0.0155)
校园环境					
重点中学（1=是）	0.0599* (0.0309)	0.0106 (0.0270)	0.0720** (0.0330)	0.0346 (0.0342)	-0.0152 (0.0235)
班级人数	0.00214*** (0.000799)	0.000488 (0.000624)	0.00202** (0.000833)	0.000746 (0.000808)	-0.000120 (0.000567)
过去一年提供心理咨询人次	-7.85e-05 (7.99e-05)	-3.04e-05 (6.60e-05)	-0.000111 (8.37e-05)	-1.89e-06 (8.29e-05)	-5.88e-05 (6.13e-05)
老师联系家长（1=是）	-0.0419** (0.0210)	-0.0325** (0.0166)	-0.0424* (0.0218)	-0.0588*** (0.0213)	-0.0633*** (0.0145)
同学关系	-0.0701*** (0.0145)	-0.0737*** (0.0110)	-0.0773*** (0.0150)	-0.0791*** (0.0147)	-0.0594*** (0.00991)
师生关系	-0.00266*** (0.000836)	-0.00249*** (0.000683)	-0.00338*** (0.000874)	-0.00205** (0.000867)	-0.00162*** (0.000621)
同伴行为	-0.0164*** (0.00322)	-0.0100*** (0.00230)	-0.0129*** (0.00327)	-0.0162*** (0.00314)	-0.0121*** (0.00206)
样本量	2612	2612	2612	2612	2612
R-squared	0.0805	0.103	0.0855	0.0575	0.0968

注：*** p<0.01，** p<0.05，* p<0.1。

二　农村留守儿童遭受校园欺凌的影响机制分析

本章研究已发现，留守会显著提高儿童遭受校园欺凌的风险，但其作用机制尚不明确。表6.4结果表明，家庭支持和校园关系对欺凌的影响显著。对留守儿童而言，父母外出可能会改变他们的家庭支持模式和校园人际关系，进而影响其受欺凌风险。为验证这一猜想，表6.5的模型分别探讨了儿童留守对其父母关系、亲子沟通、是否寄宿以及在校同学、师生关系和同伴行为的影响。模型（1）～（3）中因变量为二分类变量，采用 probit 回归模型并输出边际效应，模型（4）～（6）校园关系为连续变量，采用 OLS 回归模型分析留守对其的影响。

控制个人、家庭和学校基本特征后，儿童留守对其家庭支持和校园关系均有显著影响（见表 6.5）。与非留守儿童相比，留守儿童父母关系失和的可能性提高 9.00%，家长经常与孩子沟通的可能性降低 4.80%。儿童留守后，其在校寄宿的可能性提高 7.68%，意味着其获得家庭支持的难度进一步加大。校园生活方面，儿童是否留守对其同学关系没有显著影响，但对其师生关系有显著的不利影响；留守儿童好朋友中出现逃学、打架等不良行为的可能性也高于非留守儿童。由此可初步判定，父母外出使儿童与家人的沟通交流减少、实际可获得的家庭支持不足，此外，留守也影响儿童的校园人际关系，监管不足也使他们更容易受到校园亚文化群体的影响，在一定程度上增加了其遭受校园欺凌的风险。

表 6.5　留守对家庭支持及校园关系影响的回归结果

变量	(1)	(2)	(3)	(4)	(5)	(6)
	父母失和（边际效应）	亲子沟通（边际效应）	是否寄宿（边际效应）	同学关系（边际效应）	师生关系（边际效应）	同伴行为（边际效应）
个人特征						
是否留守（1＝是）	0.0900*** (0.0154)	-0.0480** (0.0196)	0.0768*** (0.0231)	-0.0378 (0.0312)	-1.385** (0.546)	-0.437*** (0.146)
性别（1＝男）	-0.0122 (0.0124)	-0.0423** (0.0184)	0.0141 (0.0215)	-0.0565** (0.0288)	-2.508*** (0.502)	-1.773*** (0.135)
年龄	-0.0101 (0.00841)	-0.00327 (0.0129)	0.0378** (0.0149)	-0.0196 (0.0199)	0.842** (0.348)	-0.168* (0.0933)
BMI 指数	-0.0173** (0.00832)	0.0430*** (0.0145)	-0.0406** (0.0159)	0.0282 (0.0212)	0.580 (0.370)	0.0715 (0.0992)
BMI 指数平方项	0.000392** (0.000164)	-0.000799*** (0.000297)	0.000629* (0.000323)	-0.000715* (0.000429)	-0.0131* (0.00750)	-0.00232 (0.00201)
家庭特征						
父亲受教育程度（基准组：小学及以下）						
初中	-0.0320** (0.0161)	0.106*** (0.0246)	-0.0793*** (0.0282)	0.0172 (0.0380)	0.885 (0.664)	0.107 (0.178)

续表

变量	(1)	(2)	(3)	(4)	(5)	(6)
	父母失和（边际效应）	亲子沟通（边际效应）	是否寄宿（边际效应）	同学关系（边际效应）	师生关系（边际效应）	同伴行为（边际效应）
高中/中专	-0.0164 (0.0194)	0.121 *** (0.0366)	-0.0764 ** (0.0379)	0.0903 * (0.0510)	1.019 (0.892)	0.308 (0.239)
大专/本科及以上	-0.0295 (0.0352)	0.187 *** (0.0689)	-0.261 *** (0.0606)	0.0176 (0.0945)	5.109 *** (1.650)	0.738 * (0.442)
母亲受教育程度（基准组：小学及以下）						
初中	0.00102 (0.0149)	0.0569 ** (0.0229)	0.00500 (0.0261)	0.0570 (0.0353)	0.798 (0.616)	0.148 (0.165)
高中/中专	0.00817 (0.0227)	0.0800 ** (0.0350)	-0.0550 (0.0379)	-0.0168 (0.0514)	0.178 (0.898)	0.219 (0.241)
大专/本科及以上	-0.0739 *** (0.0253)	0.0597 (0.0660)	-0.0329 (0.0769)	0.181 * (0.0998)	-2.590 (1.744)	0.690 (0.468)
家庭人均年收入对数	-0.00375 (0.00274)	-0.00141 (0.00429)	-0.00685 (0.00486)	-0.000391 (0.00662)	-0.0228 (0.116)	0.0736 ** (0.0310)
是否独生子女（1=是）	0.00602 (0.0143)	0.0602 *** (0.0210)	-0.256 *** (0.0224)	-0.0363 (0.0324)	0.229 (0.567)	0.177 (0.152)
校园环境						
是否重点中学（1=是）	-0.00917 (0.0194)	-0.0170 (0.0289)	-0.390 *** (0.0262)	-0.0798 * (0.0463)	0.00109 (0.808)	-0.0251 (0.217)
班级人数	0.000226 (0.000478)	-0.000689 (0.000728)	0.00368 *** (0.000868)	-0.000930 (0.00113)	-0.0181 (0.0197)	0.00855 (0.00527)
过去一年提供心理咨询人次	2.37e-05 (4.90e-05)	0.000226 *** (6.96e-05)	0.000827 *** (8.78e-05)	0.000199 * (0.000114)	-0.00289 (0.00199)	0.000111 (0.000534)
老师联系家长（1=是）	-0.0164 (0.0130)	0.149 *** (0.0176)	0.0461 ** (0.0222)	0.0368 (0.0297)	2.455 *** (0.519)	-0.0962 (0.139)
常数项				3.337 *** (0.399)	35.49 *** (6.966)	18.14 *** (1.867)
样本量	2612	2612	2612	2612	2612	2612
R-squared	0.0397	0.0590	0.132	0.014	0.028	0.085

注：*** $p<0.01$，** $p<0.05$，* $p<0.1$。

第四节 结论及讨论

校园欺凌是儿童社会化过程中人际矛盾冲突的一种体现，影响儿童身心健康并危及其长期人格发展。当前受转型期社会文化变迁的影响，校园欺凌事件频发，恶性欺凌事件增多，而留守儿童由于缺乏家庭保护，成为校园欺凌的高风险人群。本章分析农村儿童遭受校园欺凌的现状发现，超过六成的农村儿童过去一年曾遭受校园欺凌，其中留守儿童受欺凌比例高达75%，是校园欺凌的主要受害者。

本章分析留守对儿童家庭支持和校园关系的作用，并进一步探究了其与欺凌的关系。实证结果表明，留守在弱化儿童家庭支持的同时，也使其校园人际交往面临更多困境。一方面，父母外出冲击了原有的家庭关系，留守儿童家庭矛盾更多，亲子沟通更少；由于家庭监护能力有限，多数留守儿童在校寄宿，这又进一步增大了其获取家庭支持的难度。另一方面，由于社会化过程中家庭引导缺乏，留守儿童在同学交往和师生交流中也面临更多难题；家长监管不足，留守儿童好友圈中越轨行为更多，也增大了其受欺凌的风险。

学校作为学生学习和生活的重要场所之一，有责任为留守儿童营造安全、友好的校园环境，为其健康成长提供必要的引导和关怀。本章研究发现，家校联系对校园欺凌有显著影响，而学校提供的心理咨询对欺凌的影响并不显著。已有研究指出学校干预，特别是面向学生家长的欺凌知识宣传是有效的预防途径（Olweus，1994）。学校应切实重视校园欺凌问题，做好学生和家长的欺凌预防知识普及工作，同时密切家校联系，及时掌握孩子的学习生活动向。此外，学校有必要充分发挥校园心理咨询的作用，开展有针对性的心理健康教育工作，关注留守儿童的心理健康和行为发展，为其提供适时有效的心理辅导。

第七章　儿童跨省流动状况及其影响因素

流动劳动力大规模涌入城市，在推进我国工业化和城市化进程的同时，也造成了家庭结构和功能的快速变迁。当前大部分流动人口子女仍留守在户籍地，家庭核心成员的分离打破了传统封闭式家庭的功能模式，进一步弱化了家庭的养老抚幼能力（吴帆，2012）。对流动人口家庭子女尤其是幼年儿童而言，与父母分散异地使他们家庭环境严重缺损，难以获得足够的日常照料和情感关怀，其人身安全和心理健康都存在较多隐患。近年来频频曝光的留守儿童问题已经暴露了当前“父母外出、子女留守”人口流动模式的弊端，家庭成员团聚是每个流动人口家庭的基本权利，社会有必要给予保障和支持。

现有研究认为我国的人口流动可大致分为四个阶段：最初是以个体为单位的季节性短距离流动，随后劳动力逐步脱离农业生产，流动范围扩大，第三、四阶段中流动人口进一步安排子女和父母随迁（段成荣等，2008）。当前我国人口流动逐步由第二阶段向第三阶段转变，随着青壮年劳动力在流入地居留稳定性的增强，家庭中子女随迁已是必然趋势。但不同于劳动力流动，子女随迁机制有其自身的特殊性。子女特别是幼年儿童缺乏独立生活能力，其是否随迁主要是家庭特别是父母基于家庭整体利益最大化的决策，因此，除子女自身特征外，父母条件和家庭环境也是重要影响因素。此外，子女随迁意味着脱离原生环境的保护，他们在流入地的生存和发展不仅依赖家庭内部资源，更需要外部环境的支持。

当前我国流动人口以农村劳动力为主，他们的人力资本和社会资本水平比较低，再加上不同地域间公共资源和服务的区隔与限制，流动人口很难获得与流入地本地居民同等的保障与福利待遇。作为家庭的随迁者，儿童在流入地获得的外部支持不足，对家庭的依赖会进一步增强，由此产生的随迁成本抑制了流动人口携子女随迁的激励，成为实现家庭化流动的重要阻碍。

人口流动是工业化和城市化的必然要求，而子女与父母团聚也是流动人口家庭的基本权利。对家庭化流动尤其是儿童随迁的保障与支持不仅有助于提升流动人口的家庭发展能力，对实现健康城镇化也同样意义重大。儿童是社会的弱势群体，他们的随迁流动对公共资源的配置和公共服务的供给提出了更高的要求。构建流动家庭团聚的社会支持平台，首先需要了解家庭及其成员的需求如何，分析流入地资源服务状况对儿童随迁决策的影响，才能更准确地把握社会支持的重点和方向。

本章基于2014年国家卫生和计划生育委员会流动人口动态监测调查数据，描述当前流动人口家庭0～14周岁儿童的基本特征和流动状况，探讨个人和家庭特征特别是流入地的不同资源条件和服务能力对儿童随迁决策的影响。

第一节　流动人口子女随迁的理论框架

人口的迁移具有选择性，不同人口的特征差别决定了他们是否迁移。但与一般的迁移行为不同，儿童的迁移流动通常是其所在家庭而非儿童自身的决策，因此除个人特征外，父母特征、家庭环境以及外部社会条件都可能影响儿童的迁移。

新迁移经济学理论强调家庭整体在迁移决策中的作用。家庭基于风险最小和收益最大原则决定其成员是否迁移，此外，这种迁移决策还受到社会环境的影响，迁移（有时）是为了减轻主体在某一参照系内的相对贫困感（赵燕，2011）。家庭通过将劳动力输出到经济回报更高的行业和地区来改善家庭的经济状况，在这一过程中，子女随迁能避免家庭结构的缺失，但也会提高家庭的迁移风险，最终儿童能否随迁需要综合考虑家庭内外部多方面的因素。人口迁移的推拉理论认为人口流动的根本目的在于改善生活条件，地区内有利于改善生活条件的因素是吸引人口流动的拉力，而不利因素则成为流动推力（钟水映，2000）。对随迁儿童而言，一方面流入地直接惠及这些儿童的社会支持能提高随迁可能性，另一方面以其所在家庭为服务对象、旨在改善家庭在本地生存发展状况的保障和福利政策也可能影响他们的迁居决策。

近年来，有关流动人口的研究逐渐聚焦于对家庭化流动趋势的探讨。1990 年以后，我国流动人口举家外出的比例迅速提高，家庭化流动开始成为趋势，并呈现出以核心家庭的流动为基础的特征（周皓，2004）。由于家庭结构较为简单，这些核心家庭大多倾向于一次性完成家庭流动；对分批流动的家庭而言，流动的批次和时间间隔也不断缩短（侯佳伟，2009）。然而，从流动结果来看，2006 年北京市 1‰ 流动人口抽样调查数据表明，目前的家庭化流动实际是以携带配偶为主的流动，有子女的流动人口家庭中近一半家庭的子女还留在原户籍地（陈卫等，2012）。虽然整体上家庭化迁居速度不断提高，但是大多数流动人口仍和他们的配偶或子女处于分离状态。家庭化流动作为人口流动的更高阶段，对流入地的基础设施条件和公共服务能力有更高的要求。研究表明，除经济因素外，非经济因素已成为影响人口流动家庭化的主导力量，尤其是孩子的教育因素表现出重要影响（陈卫等，2012）。当人口以家庭为单位进入流入地时，家庭在本地的发展能力尤其是随迁而来的子女在本地的生存发展质量上升为家庭决策的关键影响因素。

六普数据表明，2010 年我国流动儿童占全部儿童的比重已达 1/8，其中 0 ~ 14 周岁流动儿童约 2291 万。他们多数来自农村，且集中流入东部发达地区，约 1/3 为跨省远距离流动（段成荣等，2013）。作为父母流动的随迁者，这些孩子已属于长期流动成员，但由于还不具备独立的经济活动能力和自我照料能力，他们在流入地的生活状况往往受到更多关注。现有研究主要分析了流动儿童的受教育状况、体质健康和社会适应情况。当前流动儿童的受教育状况有所改善，大部分儿童能获得学习机会（段成荣等，2013），然而由于教育资源的区域分隔，随迁农民工子女主要就读于民办学校，教学质量缺乏保障，转学率和失学率比较高，低龄流动儿童还存在入学晚问题（谢建社等，2011）。相比于留守儿童，随迁儿童的身体素质和社会适应水平都更高（张华，2013；范兴华等，2009），但由于流动增加了儿童生活的不稳定性，在得不到流入地城市足够的社会支持的情况下，他们的健康、安全、学习和社会交往也会面临新的风险（吴帆等，2011）。

除对流动儿童生存状况的关注外，现有研究也对家庭化流动背景下儿童随迁的影响机制进行了探讨。在人口流动家庭化影响因素的分析中，陈卫等（2012）研究发现居住地区对家庭化水平有显著影响，相比于城区，近郊区和远郊区流动人口的家庭化水平更高。家庭层面的因素中，收入对迁居决策有刚性影响，家庭规模大，尤其是未成年子女数量增加会降低家庭完全迁居的可能性（盛亦男，2014）。具体分析影响子女随迁的因素，杨舸等（2011）利用北京市2006年1‰流动人口抽样调查数据分析了儿童自身特征、父母社会经济条件和流入地生活条件对随迁决策的影响，结论认为流动人口在安排子女随迁方面没有性别偏好，父母知识层次对决策没有显著影响，子女是否随迁主要取决于流动人口自身能够为子女提供的物质保障程度。流动人口家庭自有住房会提高子女随迁的可能性。吕利丹等（2013）利用重庆市六普长表数据分析子女随迁的阻碍因素，发现男孩和学龄前儿童更可能随迁，父母因素中母亲的流动状况对子女随迁有关键作用；研究还侧重强调了流出地的影响，认为户籍地居住条件较差的家庭更可能携带子女外出。

现有研究对我国人口流动家庭化特别是儿童随迁问题已有较多探讨。当前家庭化流动已成趋势，流动人口不再“单打独斗”，更多以“拖家带口”的方式外出。子女跟随父母一同生活是家庭发展和子女成长的必然要求，然而，目前仍有许多流动人口家庭处于骨肉分离的状态，跟随父母外出的儿童在流入地的教育、健康和社会适应状况也面临困境和风险。如何真正实现流动人口的家庭团聚？现有关于家庭化流动和儿童随迁影响机制的研究主要从儿童个人、父母特征和家庭条件角度进行探讨，认为家庭自身保障能力是影响子女随迁的关键因素，家庭规模、经济收入、住房稳定性和居住位置对随迁决策有显著影响。然而，对于子女随迁是否存在性别偏好、父母文化水平是否对随迁决策有显著影响，目前的研究结论尚有争议。此外，现有研究结论虽提及流入地子女教育和居住条件对随迁决策的影响，但目前对地区层面的因素尤其是流入地资源服务条件的探讨和论证尚不充分。子女随迁决策的过程不只是对父母能力和家庭条件的评估，也包含对流入地和流出地发展机会和风险的考量。本章尝试在现有研究成果的基础上进一步论证个人及家庭因素对子女随迁的影响，并探究流入流出地公共资源供给和服务保障能力在儿童随迁决策中的作用机制，为解决儿童随迁困境提供思路。

第二节　流动人口子女跨省随迁的分析模型

本章中儿童指年龄 14 周岁及以下的人口。定义流动人口家庭为至少有一名成员跨区县外出一个月以上的家庭，将流动人口家庭中跟随父母一方或双方进入流入地的 14 周岁及以下人口界定为随迁儿童，目前仍居户籍地的儿童即为留守儿童。

本章研究样本为流动人口家庭中的全体农业户籍儿童，并依据其现居住地进一步分为农村随迁儿童与农村留守儿童。本章比较留守和随迁儿童的生活状况，并借助回归模型进行深入分析，尝试探讨儿童随迁的影响机制并为儿童发展和家庭团聚提供解决思路。

一　研究数据基本情况

本章采用的流动家庭和社区数据来源于 2014 年全国流动人口卫生计生动态监测调查，此外还引用国家统计局《中国统计年鉴（2014）》中各省卫生和教育资源的指标与数据进一步分析公共资源及服务的影响。

2014 年全国流动人口卫生计生动态监测调查由国家卫生和计划生

育委员会主持开展，该调查以全国31个省（区、市）和新疆生产建设兵团2013年全员流动人口年报数据为基本抽样框，采取分层、多阶段、与规模成比例的PPS方法进行抽样，获取的总样本量超过20万个，涉及流动人口约50万人。本章主要选取个人和社区问卷数据，重点关注农村流动人口家庭中14周岁及以下的儿童，剔除不符合年龄和户籍条件以及变量信息缺失的样本，最终得到样本量108224个。

二　儿童随同父母流动的影响因素分析模型介绍

本章研究个人、家庭和流入地因素对流动人口家庭儿童随迁的影响。依据现居住地将儿童分为随迁和留守，属于二元离散变量，以此为因变量构建probit模型，表达形式为：

$$y^{*} = \beta_0 + \beta_1 x_1 + \beta_2 x_2 + \cdots + \beta_k x_k + \varepsilon$$

式中，y^{*}表示不可观测的潜在变量，y为实际观测到的因变量。$y^{*} > 0$表示流动人口家庭中儿童随迁，有$y = 1$；$y^{*} \leq 0$表示儿童留守，有$y = 0$。假定扰动项ε独立于解释变量且呈标准正态分布，流动人口家庭儿童随迁影响因素的probit模型可表示为：

$$prob(y = 1 \mid x_1, \cdots, x_k) = prob(y^{*} > 0 \mid x_1, \cdots, x_k) = \Phi(\beta_0 + \beta_1 x_1 + \cdots + \beta_k x_k)$$

模型自变量包括儿童个人特征、家庭条件、父母特征和流入地特征四个方面。儿童个人特征包括儿童的性别和年龄；家庭特征包括兄弟姐妹数和家庭在流入地住房属性两个变量；父母特征包括父母流动情况、父亲受教育程度和母亲受教育程度三个变量；流入地特征包括流入地居住社区位置、社区是否提供子女就学/入托服务以及流入省相对于流出省的医疗和教育资源状况。除对全体样本的回归分析外，本章进一步对样本依据学龄分段，分别探究0～5周岁、6～11周岁和12～14周岁儿童随迁的影响因素。

第三节　流动人口子女跨省随迁状况描述

调查中全体儿童平均年龄约为6.3岁，随迁儿童平均比留守儿童小 1.14 岁。按不同受教育阶段对年龄进行分组，约 49% 的随迁儿童属于学龄前儿童，进入学龄后，随着受教育阶段的提高，随迁儿童比例迅速降低。留守与随迁儿童中男孩比例大致相当，说明家庭在选择儿童随迁时没有明显的性别偏好。

比较留守儿童与随迁儿童的家庭条件，随迁儿童家庭在流入地的月总收入比较高，但本地月总支出也较高。儿童不具备劳动能力，在流入地生活通常需要家庭更多的看护和照顾，这也要求家庭拥有相对较高的经济实力以保障儿童在当地的成长与发展。流动人口家庭在流入地的住房以租住房为主，约占 81%，但相比于留守儿童家庭，子女随迁家庭在流入地自有住房的比例更高，达到 13%。自有住房意味着家庭在当地居住的稳定性更强，可能对儿童随迁有激励作用。随迁儿童家庭的平均子女数较少，表明较小规模的家庭可能更容易实现家庭化流动并携带儿童随迁。

相比于留守儿童，随迁儿童父母双方的受教育程度都更高，母亲具有高中及以上学历的随迁儿童占全部随迁儿童的比例达 23%，高出留守儿童约 7 个百分点，父亲的这一比例在留守和随迁儿童中同样存在较大差距，分别为 22% 和 28%。流动人口家庭中父亲平均流动时长约为 4.99 年，母亲平均流动 4.44 年。随迁儿童父母的平均流动时长都超过 5 年，平均比留守儿童父母高出 1.5 年以上（见表 7.1）。

表 7.1　留守/随迁儿童基本特征描述

基本特征	留守儿童		随迁儿童		全体样本	
	均值	标准差	均值	标准差	均值	标准差
个人特征						
年龄（周岁）	7.06	4.10	5.92	4.08	6.30	4.12
年龄组						
0～5 周岁	0.40	0.49	0.49	0.50	0.46	0.50
6～11 周岁	0.41	0.49	0.38	0.49	0.39	0.49
12～14 周岁	0.19	0.39	0.12	0.33	0.15	0.35
性别（1＝男）	0.56	0.50	0.56	0.50	0.56	0.50

续表

基本特征	留守儿童		随迁儿童		全体样本	
	均值	标准差	均值	标准差	均值	标准差
家庭特征						
家庭本地月总支出（元）	2599.23	2052.07	3741.85	2834.92	3356.16	2652.79
家庭本地月总收入（元）	6389.67	5812.95	7277.18	8556.12	6977.60	7750.99
本地住房属性						
租住房	0.81	0.39	0.80	0.40	0.81	0.40
自购/自建房	0.02	0.14	0.13	0.34	0.09	0.29
其他非正式住所	0.17	0.37	0.06	0.25	0.10	0.30
家庭子女数	1.84	0.71	1.76	0.70	1.79	0.70
母亲特征						
受教育程度						
未上过学	0.02	0.15	0.02	0.13	0.02	0.14
小学	0.17	0.38	0.14	0.35	0.15	0.36
初中	0.65	0.48	0.61	0.49	0.62	0.48
高中	0.13	0.34	0.17	0.38	0.16	0.37
大学专科	0.03	0.16	0.06	0.23	0.05	0.21
流动时长（年）	3.29	3.75	5.03	4.41	4.44	4.28
父亲特征						
受教育程度						
未上过学	0.01	0.08	0.01	0.08	0.01	0.08
小学	0.12	0.33	0.10	0.30	0.11	0.31
初中	0.66	0.47	0.61	0.49	0.62	0.48
高中	0.18	0.38	0.21	0.41	0.20	0.40
大学专科	0.04	0.20	0.07	0.26	0.06	0.24
流动时长（年）	3.93	4.23	5.53	4.82	4.99	4.69

表7.2展示了随迁与留守儿童家庭所在流入地的社区服务和公共资源条件。随迁儿童家庭更多居住在生活环境和资源条件较好的地区。居住在市区的随迁儿童家庭约占34%，比留守儿童家庭高出13个百分点，近57%的随迁儿童居住在县级以上地区。这些地区往往拥

有更优质的基础设施、公共资源和服务，能为儿童及其家庭的生活提供更多便利。在子女就学/入托的服务提供上，子女随迁与留守家庭所在的社区没有明显差异。相对友好的生活环境和完备的社区服务有助于缓解流动人口在流入地的生活压力，这可能在一定程度上鼓励了流动人口的子女随迁。

比较留守儿童和随迁儿童家庭流入地的公共资源状况，两个群体流入地医疗资源差异不大，但随迁儿童流入地拥有更为丰富的教育资源。医疗和教育关系到儿童的健康成长与发展，是家庭决定儿童是否随迁时必然考虑的因素。流入地更丰富的公共资源和更强的服务能力是吸引儿童随迁的关键拉力之一。

表 7.2　留守/随迁儿童流入地条件描述

流入地条件	留守儿童		随迁儿童		全体样本	
	均值	标准差	均值	标准差	均值	标准差
社区位置						
市区	0.21	0.41	0.34	0.47	0.30	0.46
城乡结合部	0.21	0.41	0.23	0.42	0.22	0.41
县城	0.04	0.20	0.06	0.23	0.05	0.22
乡镇	0.24	0.42	0.18	0.39	0.20	0.40
农村	0.30	0.46	0.20	0.40	0.23	0.42
社区提供的服务（1＝有）	0.78	0.41	0.78	0.41	0.78	0.41
现住省每千人口医疗机构床位数	4.18	0.51	4.23	0.58	4.21	0.56
现住省小学和初中学校数	8621.36	5557.68	9339.54	5661.31	9097.12	5636.75

进一步探讨随迁儿童自身的流动特征（见表 7.3）。随迁儿童平均流动约 3.55 年，其中大部分为跨省流动，约占全部随迁儿童的 64%，市内跨县流动的仅占 10%。绝大多数儿童是跟随双亲流动，仅跟随父母一方在流入地生活的儿童比例极低。儿童跟随双亲流动有助于确保他们在流入地获得足够的家庭支持，但同时远距离跨省流动也意味着他们完全脱离了原生环境，存在更大的社会适应风险，需要来

自流入地的支持与保障。

表 7.3　随迁儿童流动特征描述

流动特征	均值	标准差
流动时长（年）	3.55	3.10
流动范围		
市内跨县	0.10	0.30
省内跨市	0.27	0.44
跨省流动	0.64	0.48
流动类型		
随父流动	0.002	0.04
随母流动	0.003	0.06
随父母流动	0.995	0.07

比较随迁儿童的流入地和流出地（见表 7.4），中部地区流出儿童比例最高，约占 39.18%，其次为东部和西部地区。各地流出的儿童集中流入东部，比例高达 77.89%。不同流动方向上的随迁儿童规模也有较大差异。东部地区内部流动的儿童比例最高，约占全部流动儿童的 30.87%，自中部和西部流入东部地区的流动儿童比例也比较高。此外，西部地区内部流动的儿童也有一定规模，占比约为 10.48%。

表 7.4　随迁儿童流入/流出地区分布

单位：%

流出地区	流入地区				总计
	东部地区	中部地区	西部地区	东北地区	
东部地区	30.87	0.56	0.82	0.15	32.40
中部地区	30.41	6.76	1.90	0.12	39.18
西部地区	15.76	0.29	10.48	0.07	26.60
东北地区	0.85	0.02	0.14	0.82	1.83
总计	77.89	7.63	13.34	1.15	100.00

第四节　跨越省份：流动人口子女随迁的影响因素

一　实证分析

将儿童个人特征、家庭条件、父母特征和流入地条件纳入回归模型，表 7.5 展示了各因素对因变量影响的边际效应。模型（1）纳入全体农村儿童样本，除个人和家庭因素外，流入地的社会服务与资源条件对儿童是否随迁也有显著影响。尤其在医疗卫生和教育资源方面，流入地相较于流出地的优势会显著促进儿童随迁。

在儿童的个人特征中，性别在全体样本模型中的影响并不显著，但年龄是影响随迁的重要因素。儿童年龄增加特别是进入学龄阶段后，其随迁的可能性显著降低。学龄子女择校入学是流动人口家庭必须面对和解决的问题，在流入地教育资源可及性不够的情况下，儿童更可能被留在原籍地学习和生活。

家庭规模和居住条件对随迁决策也有显著影响。相比于只有一个孩子的流动人口家庭，有多个孩子的家庭携带儿童流动的可能性更低。当家庭自身实力不允许多名子女同时随迁时，家庭子女数越多，平均每个子女随迁的可能性越小。与租房的流动人口家庭相比，在流入地拥有自购房或自建房的家庭更倾向于携带子女，非正式住房家庭的子女则更可能留守。生活环境的频繁变动容易对儿童成长造成干扰，自有住房既反映了家庭在当地的长期居留意愿，也进一步降低了家庭继续流动的可能性，为儿童随迁创造了更稳定有利的条件。

父母的流动情况也会显著影响儿童随迁。与父亲流动相比，母亲流动更可能促使儿童随迁，双亲均流动将会增加孩子随迁概率 77.2%。父母受教育程度提高会使家庭中儿童随迁的可能性降低，且父亲受教育程度表现出更强的显著性。父母受教育水平提高意味着家庭人力资本水平的提升，劳动力尤其是男性劳动力在流入地获得较高经济回报的机会增加，但同时子女随迁的机会成本也相应提高。在儿童随迁带来的效益不变的情况下，家庭在权衡成本－收益时更有可能选择让儿童留守。

模型中纳入了流入地特征变量，结果表明，流入地的优质生活环境、社会服务及公共资源是促进流动人口家庭儿童随迁的显著影响因素。这说明家庭在进行决策时除了评估自身条件和成员状况外，流入地环境的友好程度也是重要的考虑条件之一。儿童随迁的成本不仅包括家庭在流入地生活的额外经济成本，也涵盖了家庭为保障儿童在本地的健康、安全和教育而必须耗费的资源和精力。流入地面向流动人口家庭尤其是随迁儿童的服务和资源供给可以在一定程度上缓解携带子女对家庭的压力，推动流动人口家庭的团聚。

生活环境方面，相比于市区，居住在城乡结合部的流动人口携儿童随迁的概率降低3.5%，居住县城会使随迁可能性减少约8.2%，流入乡镇和农村的家庭儿童随迁可能性更低。社区所在辖区不同，其配套的基础设施、公共服务和资源质量也有差异。城市社区通常拥有更优质的基础设施条件，对各项公共服务和公共资源的可及性也更强。因此无论是从个人还是家庭发展的角度而言，城市社区都比其他社区更具有吸引力，不仅家庭先行劳动力流入的概率更大，儿童随迁进入社区的可能性也更高。

流动人口所在社区的服务能力和服务类型对其是否携子女随迁的决策也有显著影响。社区为流动人口提供子女就学和入托服务会提高儿童随迁可能性1.4%。流动人口在流入地的工作大多劳动强度大且工作时间长，父母很难有足够的精力和能力顾全子女在本地的学业和生活，社区相应的服务既为家庭提供了便利，也直接改善了儿童在本地的生活状况，更有利于激励儿童随迁。

流动人口现住省份较户籍省份在医疗和教育方面的资源优势是儿童随迁的重要拉力之一。医疗资源方面，现住省和户籍省每千人口医疗机构床位数的差距扩大一个单位，儿童随迁进入流入地的概率增加3.3%。就儿童教育资源而言，现住省平均每万人口的小学和初中数量比户籍省增加一个单位，会提高儿童随迁可能性4.3%。儿童成长除了依赖家庭，也需要社会资源的支持。模型结果表明，除家庭经济条件外，不同地区公共资源特别是医疗和教育资源的差距也对随迁决策有显著影响，流入地公共资源水平的提高能有效减少子女随迁阻力，促进家庭团聚。

进一步分析不同年龄段儿童随迁的影响机制，学龄前和小学学龄儿童的回归结果与全体样本差异不大。12～14 周岁年龄组中，随迁行为表现出显著的男孩偏好，现住省教育资源的优势对随迁的激励作用也更强，这一年龄段的男孩比女孩更有可能随迁并享受流入地的教育资源。社区对子女的服务在 12～14 岁组中不再显著，这可能是因为这部分儿童已经具备较强的自我照料能力，对社区服务的需求降低。

表 7.5　儿童随迁影响因素 probit 回归结果

变量	(1)	(2)	(3)	(4)
	农村儿童	0～5 周岁	6～11 周岁	12～14 周岁
个人特征				
性别（1＝男）	－0.001	－0.006	－0.004	0.016*
年龄组（基准组：0～5 周岁）				
6～11 周岁	－0.050***	—	—	—
12～14 周岁	－0.115***	—	—	—
家庭特征				
兄弟姐妹数（基准组：独生）				
一个	－0.023***	－0.004	－0.038***	－0.056***
两个及以上	－0.036***	－0.020**	－0.050***	－0.063***
住房属性（基准组：租住房）				
自购/自建房	0.225***	0.192***	0.233***	0.300***
其他非正式住房	－0.128***	－0.131***	－0.125***	－0.128***
父母特征				
父母流动情况（基准组：父亲流动）				
母亲流动	0.189***	0.182***	0.163***	0.239***
双亲流动	0.772***	0.806***	0.746***	0.715***
母亲受教育程度（基准组：未上学）				
小学	－0.003	0.008	－0.019	0.001

续表

变量	(1)	(2)	(3)	(4)
	农村儿童	0~5周岁	6~11周岁	12~14周岁
初中	-0.018	-0.015	-0.033**	-0.003
高中	-0.020	-0.009	-0.041**	-0.027
大专/本科及以上	-0.008	0.009	-0.043	0.037
父亲受教育程度（基准组：未上学）				
小学	-0.013	-0.045	0.023	-0.041
初中	-0.048***	-0.077**	-0.011	-0.080**
高中	-0.058***	-0.088**	-0.020	-0.095**
大专/本科及以上	-0.022	-0.068*	0.049*	-0.043
流入地特征				
本社区辖区位置（基准组：市区）				
城乡结合部	-0.035***	-0.022***	-0.043***	-0.054***
县城	-0.082***	-0.074***	-0.084***	-0.097***
乡镇	-0.099***	-0.082***	-0.111***	-0.129***
农村	-0.119***	-0.101***	-0.129***	-0.148***
社区服务：子女就学/入托（1=有）	0.014***	0.016***	0.015***	0.006
每千人口医疗机构床位数（现住省-户籍省）	0.033***	0.032***	0.031***	0.020***
每万人口小学及初中学校数（现住省-户籍省）	0.043***	—	—	—
每万人口小学数（现住省-户籍省）	—	0.046***	0.043***	—
每万人口初中数（现住省-户籍省）	—	—	—	0.503***
样本量	108224	49284	42576	16364
R-squared	0.202	0.214	0.183	0.202

注：*** $p<0.01$，** $p<0.05$，* $p<0.1$。

二　小结

儿童随迁是流动人口家庭团聚的核心环节，流入地的资源和服务状况对随迁决策有重要影响。本章的实证分析发现，居住在城市特别是市区的流动人口更可能选择让子女随迁，社区提供子女就学/入托等相关服务会提升随迁概率1.4%。比较流入地相对于流出地的资源条件，每千人口医疗机构床位数优势扩大一个单位，会显著提高随迁可能性3.3%；每万人口小学及初中学校数差距增加一个单位，随迁概率提高约4.3%。分年龄回归结果也表明，流入地资源和服务的改善对各年龄段儿童的随迁都有显著的促进作用。

现有研究对于儿童性别和父母受教育程度如何影响随迁尚有分歧。本章分析结果中，性别在总样本模型中没有显著影响，但在12～14周岁年龄组中出现显著的男性偏好，初中年龄段儿童中男孩随迁可能性更高。父亲受教育程度提高会抑制儿童随迁，而母亲的影响并不显著。父母人力资本水平提高意味着儿童随迁的机会成本上升，儿童因此更有可能被留守在原籍地。

家庭化迁居是流动人口家庭发展的客观要求，也是城市化进程中必然经历的阶段。当前人口流动不再以单纯追求经济利益为目的，他们开始重视在流入地的生活质量，并期望摆脱候鸟式的流动方式，实现家庭在当地的团聚。然而，家庭成员尤其是儿童的随迁往往意味着更高的流动成本和风险，为促进儿童和家庭福利水平的提高，政府和社会有义务提供相应的保障和服务。

资源和服务的供给需要结合儿童及其家庭的实际需求。本章研究表明，流入地与儿童生活和发展密切相关的教育和医疗资源会显著影响儿童的随迁状况。当前户籍制度的松动在一定程度上减轻了儿童随迁的阻力，但他们对公共资源的需求仍缺乏必要的保障。尤其是医疗和教育资源的区域限制与分隔严重阻碍了儿童在流入地福利水平的提高。解决当前儿童随迁困境不能只依赖流动家庭自身能力的提升，政府和社会应立足于儿童的实际需求，不断提高人口流入地区的公共资源供给能力，在吸引劳动力迁入的同时，也为其他成员随迁创造良好的外部条件。

第八章　我国流动儿童学前教育的状况及其影响

在流动人口家庭化趋势日益显现的今天，流动儿童已成为我国规模庞大的流动人口中极为重要的组成部分。最初人口流动以个体流动为主，数千万的儿童被留在当地农村与其母亲或祖父母共同生活。随着沿海城市出口驱动型经济的发展，城市服务业迅速扩张，流动人口数量膨胀，越来越多农村夫妇带着孩子到城市生活。根据 2010 年六普数据，中国 7 岁以下流动儿童数量为 898 万，占该年龄段城镇儿童数量的 26.3%。

作为儿童人口与流动人口的交集，流动儿童兼具儿童人口年龄低幼、认知有限和流动人口地位相对弱势、保障相对缺失的双重属性，他们一般不是迁移流动行为的决策者，却因随同父母流迁而成为这一行为的承担者。正因为其双重属性，流动儿童成为学界高度关注的特殊群体，针对其开展的研究涉及人口学、社会学、法学等诸多领域，而尤以对流动儿童教育状况的研究最为突出。教育是个人发展的基础，也是社会分层与流动的关键。受制于现行的户籍制度和公共服务配置等诸多条件，流动儿童往往因无法获得与所在城市户籍儿童同等的待遇而凸显其相对弱势的地位和相对缺失的保障。

然而，对教育状况的研究虽然既不乏社会调查和个案探究，也囊括理论思辨和比较分析，但其视角都集中于反映 6 岁以上的流动儿童接受义务教育存在的问题，并以此为基础提出解决问题的政策设计，3 ~6 岁的学龄前流动儿童接受早期照顾与教育的状况并没有得到系统而深入的研究，从而使对于全国学龄前流动儿童早期照顾与教育状况的认识始终是模糊不清的。这突出表现在：其一，研究的视阈比较狭窄，既有研究基本上都是以典型地区个案状况为依据，虽然做出了这一领域研究的有益尝试，但是无法从整体上提供我国学龄前流动儿童早期照顾与教育状况的基本信息；其二，研究的方法不够规范，研究者多数仅仅停留在理论分析的层面上，实证研究的方法并没有得到很好的运用，仅有的业已开展过的调查研究基本上抽样设计都比较随意，很难准确有效地提供我国学龄前流动儿童早期照顾与教育状况的基本信息。除此之外，以上研究并没有将学龄前流动儿童从流动人口学龄前子女中很好地区分出来，而笼统地对流动和留守两类学龄前儿童加以分析，殊不知两者面对的是迥然不同的早期照顾与教育环境。

20 世纪 90 年代末以来，随着我国经济转轨和社会转型的深化发展，面向学龄前儿童开展早期照顾和教育的托/园机构逐渐从国有企事业单位中剥离出来，政府和企业等对托/园机构的资金投入减少，由此导致托/园机构总量急剧减少且公立机构比重削弱而私立机构比重增强。而对于流动人口家庭，这种资源配置有限性的问题无疑更为严峻：一方面，公立托/园机构秉持现行户籍制度而将学龄前流动儿童拒之门外；另一方面，高质量私立托/园机构设置的费用门槛又让学龄前流动儿童家庭难以企及。上述情况已充分表明，在入园难、入园贵时常见诸报端、日益得到全社会关注的大背景下，针对我国学龄前流动儿童早期照顾与教育状况开展研究显得尤为迫切。

学龄前儿童早期照顾与教育的有与无、好与坏，不仅关乎儿童个人发展和家庭整体福利，而且会对母亲就业和发展带来复杂的影响，甚至影响流动人口的劳动力供给。正是基于以上对学龄前儿童早期照顾与教育的认知，世界各国对这方面的财政投入近年来呈现迅速增长态势。学龄前流动儿童是学龄前儿童的重要组成部分，对其早期照顾与教育状况了解不清，势必会干扰针对这一问题的系统分析，从而在根本上影响我国对这一问题的科学决策。

第一节　我国的托幼政策变迁与学龄前流动儿童托幼服务

学前教育是基础教育的开端，也是个体一生发展的奠基阶段，对个人素质的提高和社会经济的发展都有重要的作用。作为一项重要的人力资本投资，学前教育对个人的发展有着深远的影响，1999 年 OECD（经济合作与发展组织）会议报告中就提出“儿童早期教育与保育是从投资中获益最多的教育阶段”。学前教育不仅在促进儿童早期发展中具有关键作用，而且对提高女性劳动参与、消除贫困以及促进性别平等亦有重要意义。在大部分国家和社会中，女性是幼儿照料的主要承担者，如果在家庭内部缺乏照料责任共担机制，在社会环境中缺乏儿童照料社会支持，她们在幼儿照料和早期教育方面要比男性投入更多的时间和精力，沉重的幼儿照料负担会影响其劳动参与以及其他事务参与，降低其经济能力和获取资源的能力，阻碍其权利的获得，造成男女不平等的局面。

目前，学前教育在性别平等、家庭发展方面的地位逐渐得到重视，一些国家的政策开始强调幼儿照顾和早期教育在提高家庭收入、促进男女平等方面的作用。各国对儿童早期照顾与教育的重视程度逐渐提高，在政策上表现出加强政府责任的发展趋势。发达国家普遍将学前教育纳入公共政策领域，如法国政府宣称幼儿照看问题是家庭政策的重要内容，国家在此问题上应该承担重要的责任，而英国、澳大利亚和美国等国家在不同程度和范围内增加了政府对公共托幼机构的财政投入，增强托幼机构接收幼儿的能力（和建花，2007）；瑞典政府设立了 1 ~6 岁儿童基金，支付给托儿所，家庭支付的托儿费用支出只占其收入的 10% 左右（王亚南、王婧昕，2014）。幼儿照料与学前教育正在引起更加广泛的关注：2014 年发布的《联合国 2015 年后千年发展目标》从性别平等和女性赋权视角提及幼儿照料和早期教育，认为幼儿的照料责任会影响家庭中女性的工作及其对公共生活的参与，并对生产力、经济增长和减少贫困造成不利的影响。相应报告认为，各国政府有责任提供相应的公共服务、设施和社会支持政策，对家庭照料进行社会共担。具体来说，政府有责任提供可负担的托幼和幼儿教育公共资源，并且向贫困家庭、贫困落后地区倾斜。

一　我国学前教育政策演变

在我国，学前教育的发展大致经历了三个阶段，分别是中华人民共和国成立之初、改革开放以后以及2010年至今。

改革开放以前（1949~1976年），为促进女性劳动参与，我国在城市建立了公共托幼服务系统。[①] 1952年，我国颁布的《幼儿园暂行规程（草案）》规定了幼儿园的双重任务："教育幼儿，使他们的身心在入小学前获得健全的发育；同时减轻母亲对幼儿的负担，以便母亲有时间参加政治生活、生产劳动、文化教育活动等。"把促进母亲就业和支持女性发展作为托幼服务的主要任务，由政府、企事业单位直接办园，将托幼服务作为女性职工的福利。当时的公共托幼服务与其他公共服务一样，与户口完全挂钩：出生于城市的居民拥有"城市户口"，出生于农村地区的则是"农村户口"（Cheng and Selden, 1994），个人的就业和社会福利等资源的分配大多基于户口状态。农村家庭由于不拥有城市户口，无法获得由公共财政支持的城市托幼服务。[②]

从计划经济到市场经济转型时期，政府和企事业单位对托幼服务的支持不断减少，托幼责任被逐步推向市场和家庭。学前教育由单位福利转向了多元化供给（曾晓东，2006）。这个趋势在1997年国企改革中尤其明显（杜凤莲、董晓媛，2013），随着大量国有企业关闭或转制，其支持和运营的附属托幼机构也面临经费不足、转制甚至关闭的局面。学前教育作为纯支出包袱被推向社会。2003年《关于幼儿教育改革与发展指导意见》明确指出"以社会力量兴办幼儿园为主体""以社区为基础"，[③] 政府和企事业单位不再包办幼儿园，政府对托幼机构的财政支持力度降低，社会力量（即市场、社区与家庭）在托幼服务提供上的责任与地位被不断强化，而政府的责任则被弱化。在这一时期，中国公办性质的托幼服务机构数量急剧下降。公办托儿

① 见杜凤莲和董晓媛（2013）对中国经济转型时期托幼政策演变的梳理文献。

② 在这篇文献中，"托幼服务"包括托儿所和幼儿园提供的服务。前者涉及0~2岁的托幼中心照料，后者则是3~6岁的托幼中心照料，也包括学前教育项目。托幼中心的照料被称为"正式托幼"。

③ 国务院办公厅：《关于幼儿教育改革与发展的指导意见》，2003年1月27日，http://www.gov.cn/zhengce/content/2008-03/28/content_5812.htm。

所基本消失，许多公办幼儿园被推向市场成为民办幼儿园。1998～2003年，民办幼儿园的比例从17%上升到67.2%。[①] 从1997年到2009年，幼儿园数量减少了24.6%；公立机构比例降低，私立机构比例上升，私立幼儿园从1997年的13.5%上升到2009年的65.7%（宋月萍、李龙，2012）。2000年以后，幼儿园数量急剧下降，尽管在这之后缓慢爬升，但一直到2010年以后才逐渐恢复到2000年的水平（见图8.1），从入园人数来看，从20世纪90年代末一直到21世纪初，入园人数逐渐下降，说明我国在这期间的幼儿园供给较少，入园率降低，幼儿照料的责任有很大一部分是由家庭在承担。可以推测，这段时间的家庭特别是有幼儿的女性所承担的照料压力比较重，这导致了女性劳动参与率的下降，也给进入劳动力市场的女性带来了不利影响。

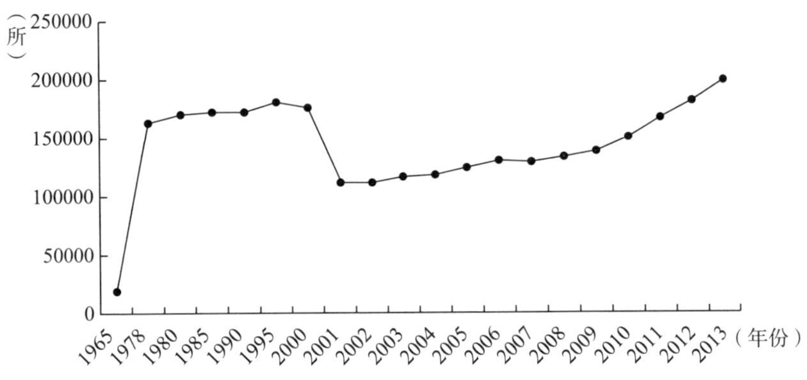

图8.1　我国幼儿园数量的变化

资料来源：《中国教育统计年鉴2013》。

改革开放以后，公办园的办园主体主要为政府和国有企事业单位（教育部门、非营利组织、大型国有企事业单位），有政府财政支持或企业资助，公办幼儿园能提供质量有保障且价格相对低廉的托幼服务。但这类幼儿园以满足该社区内户籍家庭或单位职工托幼需求为主，基本将片区外户籍家庭或流动人口家庭排除在外。民办幼儿园由

① 中国教育部网站，2013年8月，http://www.moe.edu.cn/publicfiles/business/htmlfiles/moe/s7567/201308/156409.html。

于缺乏外部支持和自负盈亏的市场化运营方式，价格和质量差异较大（Liu，Zhang and Li，2008）。在托幼服务被推向社会和市场的过程中，对低收入家庭来说，托幼服务无论是可及性还是可负担性都降低了，因此许多城镇女性职工在儿童照料上更多地寻求孩子的祖父母的帮助。2010 年，中国分别有 41.5% 的 0 ~ 2 岁的城镇儿童、30.9% 的 3 ~ 6 岁城镇儿童的主要日间照料者为祖父母，特别是祖母（Cook and Dong，2017）。

2010 年以来，政府开始反思托幼服务推向家庭和市场所带来的一系列问题，提出了托幼服务的公益性和普惠性，重新强调政府在学前教育中的地位和作用。2010 年出台的《国家中长期教育改革和发展规划纲要（2010—2020 年）》[①] 和《国务院关于当前发展学前教育的若干意见》都明确了学前教育的社会公益事业的性质。之后，还进一步出台了《中央财政扶持城市学前教育发展奖补资金管理暂行办法》和《国家贫困地区儿童发展规划（2014—2020 年）》，开始逐步建立机制，以多种形式扩大农民工和贫困地区普惠性学前教育资源。

二 流动人口学前教育的政策壁垒

流动女性与其年幼子女的流入使城市托幼服务需求迅速膨胀。城市工作地点通常与家庭分离，女性难以兼顾有酬劳动与家庭照料。流动女性在儿童照料和就业上面临更大的压力：流动家庭以夫妻和随迁子女为主，很少有老年人共同流动来帮助照料幼儿（Maurer-Fazio et al.，2011），而且城市中有政府财政补贴的公立托幼机构主要为城市户籍人口家庭服务，流动人口家庭只能依靠以营利为目的的民办托儿所幼儿园来满足需求（苑慧娜，2010）。户籍制度的限制又让流动人口难以获得与城镇居民同等的托幼服务，随迁子女的托幼更依赖于非公立托幼机构，这些机构通常没有财政补贴且以营利为目的；而且农

---

① 中国网：《国家中长期教育改革和发展规划纲要（2010—2020 年）》，2010 年 3 月 1 日，http://www.china.com.cn/policy/txt/2010-03/01/content_19492625_3.htm。

民工通常从事报酬较低的工作（Meng，2012），这进一步降低了其对良好的托幼照料服务的负担能力。

20世纪90年代以来，托幼机构从国有单位中脱离，政府、企业对其资金投入的减少，直接导致托幼机构数量急剧下降，1997～2009年，幼儿园数量减少24.6%，同时，能够获得政府支持的公立机构比例降低，私立幼儿园的比例从13.5%上升到65.7%。[①] 根据教育部网站的《2012年教育统计数据》，[②] 民办幼儿园比重为68.8%，呈进一步上升的趋势。

政府从直接提供者的角色退出以后，对学前教育的财政支持相应减少，学前教育在整个教育体系中处于弱势地位，且分配不均。根据历年《教育经费统计年鉴》，2000～2010年学前教育财政投入占教育财政总投入的比例一直在1%左右，而2011年OECD国家的学前教育财政投入占教育财政投入的比例约为8.5%，[③] 远高于我国财政的投入水平。托幼机构的财政支持主要针对公办幼儿园，而且向“示范性幼儿园”倾斜，普通公办幼儿园所得到的财政支持较少。

政府作为管理者，加强幼儿园准入管理，对托幼机构的质量进行把关，有利于入托入园幼儿的发展。然而，对于缺乏财政支持的民办幼儿园来说，要达到准入标准需要更高的运营成本，较高的成本带动了托幼费用的上涨。而许多价格相对低廉、面向低收入家庭的托幼机构无法开办，或是处于不合法的地位。这些机构被排除在政府的管理和支持之外，不管是对托幼机构，还是幼儿都带来了不利的影响，使弱势群体在学前教育阶段就受到了不公平的待遇。

以北京市为例，公民个人开办幼儿园须具备北京市对幼儿园规定的设置标准，包括师资、园舍、场地、设备必须分别达到《幼儿园管理条例》《北京市幼儿园、托儿所办园（所）条件标准》中提出的要

---

① 宋月萍、李龙：《随迁子女学前教育与流动女性的就业研究》，《妇女研究丛论》2012年第6期。

② 中华人民共和国教育网：《幼儿园园数、班数》，2013年8月，http://www.moe.edu.cn/publicfiles/business/htmlfiles/moe/s7567/201308/156409.html。

③ Education at a Glance 2014：OECD Indicators. P257. Table B4.1.

求（见表 8.1）。

表 8.1　北京市幼儿园、托儿所办园（所）条件标准

<table>
<tr><td rowspan="2"></td><td rowspan="2">教职工与幼儿的比例</td><td colspan="2">每班平均配备保教人员数</td><td colspan="3">每班平均幼儿数</td></tr>
<tr><td>教师</td><td>保育员</td><td>小班 3 ~ 4 岁</td><td>中班 4 ~ 5 岁</td><td>大班 5 ~ 6 岁</td></tr>
<tr><td>寄宿制</td><td>1∶3.5 ~ 1∶4</td><td>2</td><td>2.5</td><td>20</td><td>25</td><td>30</td></tr>
<tr><td>全日制</td><td>1∶5.5 ~ 1∶6</td><td>2</td><td>1</td><td>25</td><td>30</td><td>35</td></tr>
<tr><td colspan="2">规模</td><td colspan="2">用地面积（平方米）</td><td colspan="3">用地面积定额（平方米/生）</td></tr>
<tr><td colspan="2">6 班</td><td colspan="2">2340</td><td colspan="3">13</td></tr>
<tr><td colspan="2">9 班</td><td colspan="2">3240</td><td colspan="3">12</td></tr>
<tr><td colspan="2"></td><td colspan="2">共用活动场地</td><td colspan="3">每生 1.5 平方米</td></tr>
<tr><td colspan="2"></td><td colspan="2">分班活动场地</td><td colspan="3">每生 1.5 平方米</td></tr>
<tr><td colspan="2"></td><td colspan="2">绿地</td><td colspan="3">每生 1.5 平方米</td></tr>
</table>

来源：《北京市幼儿园、托儿所办园、所条件标准（试行）》，1996 年。

针对许多民办幼儿园由于难以达到标准无法转正的情况，北京市在 2011 年出台了《北京市举办小规模幼儿园暂行规定》，然而该规定除了在办学规模上（从 6 个班下降到 4 个班）要求相对宽松以外，其他要求对许多民办幼儿园来说还是过高，致使它们难以转正。

总之，政府从托幼服务提供者的角色退出以后，托幼机构数量减少；政府对托幼机构的支持力度和覆盖范围较小；对托幼机构加强准入管理进一步推高了托幼机构的办学成本。城市公办幼儿园严重稀缺，因此各地主要采取让本地户籍儿童优先进入公办幼儿园，视空余学额情况，录取部分随迁子女入读的措施。[①] 为了满足规模庞大的流动人口随迁子女的托幼需求，在流动人口聚集地区出现了许多打工子弟幼儿园（苑会娜，2010）。打工子弟幼儿园在价格和质量上差异较大，而且许多打工子弟幼儿园并未获得办园资格，在安全、卫生、教

① 上海闸北区教育局：《2014 年闸北区来沪人员随迁子女就读幼儿园通告》，2014 年 3 月 12 日，http://xxgk.zb.edu.sh.cn/gongkai/3101080000/45036；福建省厦门市教育局：《厦门市教育局关于印发厦门市 2014 年秋季幼儿园招生工作意见的通知》，2014 年 6 月 11 日，http://www.xmedu.gov.cn/publish/portal0/tab38/info38220.htm。

师资质和师生比方面未达到办园标准。

三　学龄前流动儿童托幼服务困境

我国人口流动家庭化趋势明显，流动人口随迁子女数量大幅增加。根据第六次人口普查数据，学龄前（0～5周岁）儿童数量达到899万，在流动儿童中所占比例为25.09%，比2005年增加26.91%。[①]而数量庞大的随迁幼儿的托幼服务需求，与城市户籍居民相比，面临着更多制度壁垒和费用约束。

在制度方面，城镇公办幼儿园对非户籍儿童设置了较高的入园门槛。尤其是依托社区办学的公立幼儿园在建设规划时，主要依据本社区户籍人口规模开办，在入学方面，优先满足户籍人口入托入园需要。因此在实际申请入园时，许多学位紧张的公办幼儿园，会将户籍或房产作为入园门槛。如北京在取消赞助费以后，一些示范幼儿园将本区户口、本区房产证作为入园凭证；[②]《厦门市2014年秋季幼儿园招生工作意见的通知》中明确指出公办幼儿园的招生以"划片招生，就近入园"为原则，公办幼儿园片区招生对象为本市的适龄幼儿，且需要符合"户口所在地，实际居住地'两一致'原则"；[③]上海市以积分制的方式，虽对随迁子女入读公办幼儿园开了"口子"，但仍然优先满足户籍人口："在满足本区户籍幼儿入园的基础上，视空余学额情况，录取部分随迁子女就读公办幼儿园。"[④]从各大城市的幼儿园招生规定中可以看出，随迁子女几乎无法进入优质的公办托幼机构。

在费用方面，一些公办幼儿园也对非户籍或非片区人口开放，但

---

① 段成荣、吕利丹、王宗萍、郭静：《我国流动儿童生存和发展：问题与对策——基于2010年第六次全国人口普查数据的分析》，《南方人口》2013年第4期。

② 《北京公办幼儿园取消赞助费　户口房产或成新门槛》，人民网，2012年10月9日，http://politics.people.com.cn/n/2012/1009/c1001-19200962-2.html。

③ 厦门市教育局：《厦门市教育局关于印发厦门市2014年秋季幼儿园招生工作意见的通知》，2014年6月11日，http://www.xmedu.gov.cn/publish/portal0/tab38/info38220.htm。

④ 闸北区教育局：《2014年闸北区来沪人员随迁子女就读幼儿园通告》，2014年3月12日，http://xxgk.zb.edu.sh.cn/gongkai/3101080000/45036。

需要通过各种渠道取得入园机会，并缴纳赞助费；而与公办幼儿园同等质量的民办幼儿园，由于无法享受政府的资金支持和优惠减免，高办学成本所带来的高额费用同样将许多流动儿童家庭拒之门外。

公办幼儿园进不去，民办幼儿园价格太高，规模庞大的流动人口子女的托幼需求难以在这两种机构中得到满足，催生了大量非正规托幼机构，即“打工子弟幼儿园”“山寨园”。它们以进城务工人员子女为服务对象，提供低成本、低收费的托幼服务。

受到制度和费用双重限制，“多数学龄前儿童在流入地未入读幼儿园，这与国家提出的基本普及学前教育、努力解决流动儿童入园问题的要求有较大差距”。[①] 流动儿童即使选择在流入地就读入托入园，也只能进入价格低廉条件较差的民办幼儿园。以北京为例，2009 年 7 月，北京市“完善学前教育体制”专题调研组发布数据显示，在入园难、入园贵的背景下，收费低、没有正式注册的山寨幼儿园达到 1298 所，数量超过全市注册的 1266 所幼儿园。[②] 这类幼儿园整体收费水平较低，最突出的特点是尽可能满足家长的托幼服务需求，如针对进城务工人员一般工作时间较长的特点，开园时间通常为周一到周六，且早上入园时间早，晚上离开幼儿园时间晚。[③] 但是，这些幼儿园普遍存在经费短缺、办学条件不达标、缺乏外部支援、同行不正当竞争与行政部门管理缺位等问题，[④] 对于随迁幼儿的发展会有不利影响，但也只能成为流动家庭出于无奈的选择。

除了进入资质较差、费用较低的托幼机构以外，许多随迁幼儿没有入园。我国流动儿童中学龄前儿童入园率为 61%，给女性就业带来诸多不利影响。

---

① 段成荣、吕利丹、邹湘江：《当前我国流动人口面临的主要问题和对策》，《人口研究》2013 年第 2 期。

② 《京山寨幼儿园 1298 所　幼教发展突破体制障碍》，人民网，2010 年 6 月，http://edu.people.com.cn/GB/11892957.html。

③ 张燕：《城市发展与流动儿童学前教育》，《幼儿教育》（教育科学）2011 年第 1 期。

④ 余晖：《北京市海淀区打工子弟幼儿园的现状、问题及管理对策》，《教育科学研究》2011 年第 11 期。

第二节　流动人口随迁幼儿学龄前教育状况

本部分研究所用数据来自原国家人口计生委 2011 年流动人口动态监测调查。调查覆盖全国 31 个省（区、市）和新疆生产建设兵团的 325 个城市，具体包括 4 个直辖市，27 个省（区）省会（或首府）城市，5 个计划单列市，289 个地级市（或同级行政单位城市）。在 325 个城市内部，采用重点调查和多阶段与规模成比例抽样（PPS）相结合的方法，对在流入地居住一个月及以上、非本区（市、县）户口且年龄在 16 ~59 岁的农业流动人口和非农流动人口进行了入户调查。调查结果记录了 128000 名流动人口的基本情况、就业状况、居住情况、子女与计划生育服务和社会参与及心理感受等信息。由于调查问卷涉及每个被访者子女的相关情况，因此我们可以从中获得学龄前流动儿童基本状况的信息，特别是学龄前流动儿童入托/园接受早期照顾与教育基本状况的信息。

一　我国学龄前流动儿童基本状况

如表 8. 2 所示，学龄前流动儿童是流动人口学龄前子女的主体，其比重可达 71. 2%，而学龄前留守儿童的比重仅有 28. 8%。

分性别来看，学龄前流动儿童和留守儿童的男女比例大致相仿，都呈现出男孩较女孩所占比重畸高的局面，而学龄前留守儿童情况尤甚。分年龄来看，学龄前流动儿童和留守儿童的平均年龄相差也不大。但研究亦发现，在已婚流动女性生育的 14 岁以下儿童人口中，学龄前儿童流动比重高于留守比重。分出生地来看，学龄前流动儿童在流入地（本市/区/县）出生的比重（34. 2%）远高于留守儿童，在流入地出生之后成为留守儿童的比重仅为 8. 3%，但绝大多数流动人口学龄前子女出生在流出地（老家），即便学龄前流动儿童的这一比重也高达 62. 5%。这样的出生地状况可能直接影响流动人口学龄前子女是否在医院分娩，数据显示学龄前流动儿童入院分娩比重（91. 7%）高于学龄前留守儿童约4个百分点。此外，学龄前流动儿童和留守儿童在是否符合政策生育层面没有显著差异，大部分（65.3%）学龄前流动儿童居住在市区。

就母亲的流动范围和流入地所在区域、城市的状况①而言，学龄前流动儿童母亲跨省流动的比例与省内流动的比重大致相当，省内流动的比重（51.3%）略高。她们流入东部地区的比重（45.4%）最高，其次是西部地区（33.9%）。过半数（52.7%）流入规模较大城市（含超大城市、特大城市、大城市），而流入规模较小城市的比重（32.5%）也较高。但学龄前留守儿童母亲更多地呈现出跨省流动的特点，其比重（63.9%）高于省内流动约28.8个百分点，高于学龄前流动儿童母亲约15.2个百分点，其流入地区域虽然也呈现“东部最高，西部次之”的特点，但是流入东部地区的比重高于学龄前流动儿童母亲约13.3个百分点。此外，她们流入规模较大城市的比重（58.1%）更高，而流入规模较小城市的比重（22.6%）更低，两者流入城市的行政级别差异不大。

表8.2　2011年我国学龄前流动儿童基本状况及比较

单位：%

基本特征		学龄前流动儿童		学龄前留守儿童	
		均值	标准差	均值	标准差
所占比重		71.2	45.3	28.8	45.3
性别	男	54.5	49.8	56.3	49.6
	女	45.5	49.8	43.7	49.6
年龄（岁）		4.48	1.12	4.45	1.12
出生地	本市/区/县	34.2	47.4	8.3	27.6
	老家	62.5	48.4	88.9	31.4
	其他地方	3.3	17.9	2.7	16.3
分娩地	医院	91.7	27.6	87.8	32.7

① 考虑到流动人口家庭化趋势日渐突出（本研究采用的数据显示，流动人口家庭户中，近70%与配偶、子女或父母一同流动），母亲的流动范围和流入地所在区域、城市状况不仅在一定程度上代表了学龄前流动儿童的流动范围和流入地所在区域、城市状况，更代表了其家庭的流动范围和流入地所在区域、城市状况。

续表

基本特征		学龄前流动儿童		学龄前留守儿童	
		均值	标准差	均值	标准差
分娩地	在家	7.9	27.0	11.9	32.4
	其他地方	0.4	6.4	0.3	5.6
符合政策生育所占比重		82.8	37.7	82.5	38.0
居住社区	市区	65.3	47.6	—	—
	郊区	34.7	47.6	—	—
母亲流入地区域	东部地区	45.4	49.8	58.7	49.2
	中部地区	20.7	40.5	17.0	37.6
	西部地区	33.9	47.3	24.3	42.9
母亲流入地城市（以行政级别划分）	直辖市	3.6	18.7	3.5	18.4
	省会（首府）城市与计划单列市	17.4	37.9	17.7	38.1
	地级市	79.0	40.7	78.8	40.9
母亲流入地城市（以城市规模划分）	超大城市	14.1	34.8	18.4	38.8
	特大城市	10.8	31.1	12.3	32.8
	大城市	27.8	44.8	27.4	44.6
	中等城市	14.8	35.5	19.3	39.5
	小城市	32.5	46.8	22.6	41.8
样本量		17262		6976	

二　我国学龄前流动儿童早期照顾与教育基本状况

学龄前儿童的早期照顾与教育类型根据教育者的不同主要可以分为两种，即入托/园照顾与教育和家庭照顾。由于女性在婴幼儿照顾方面承担着天然不可推卸的职责（生育、哺乳），1 岁以下婴幼儿的养育责任主要由母亲承担。孩子稍大一些而不必一定依赖母亲照顾之后，往往会由其他家庭成员（祖母、外祖母等）提供日常照料，而母亲开始重新返回劳动力市场。[①] 孩子满 3 周岁后，往往才能进入托/园

① 中国健康与营养调查数据发现，小孩在 1 岁至 3 岁的母亲，就业率在 60% 以上，已经和劳动年龄女性的整体就业率持平。

机构接受全日制照顾与教育。但是，到目前为止，学龄前儿童早期照顾与教育并未纳入公共服务范畴，学龄前儿童入托/园还是一个很大的问题。

在流动人口学龄前子女中，无论是流动还是留守，没有进入托/园机构接受早期照顾与教育的比重（38.4%）还相对较高，这在很大程度上说明，面向流动人口学龄前子女的托/园机构供给还存在一定的缺口。学龄前留守儿童可能因为有其他人（主要是以留守老人为代表的隔代监护人）进行照护而更少采用入托/园机构早期照顾与教育的方式。因此，学龄前流动儿童的早期照顾与教育需求一方面难以得到满足，另一方面也增加了流动母亲的负担，其将面临儿童抚育与工作的矛盾冲突。其结果要么是儿童早期照顾与教育受到损害，要么是女性的职业发展受到限制。值得注意的是目前流动人口子女接受义务教育基本可以得到保障，7～14 岁的义务教育阶段适龄流动儿童入学率已接近 95%，适龄留守儿童入学率也已接近 93%。与义务教育阶段较高的入学比重相比，已婚流动女性子女在学龄前阶段却面临着较低的入托/园比重。随着已婚流动女性子女接受义务教育需求的逐步满足，学龄前教育需求的满足就必然要提上议事日程。

学龄前流动儿童和留守儿童早期教育模式中存在的差异主要表现在学龄前流动儿童入托/园照护更多地倚重私立托/园机构，其比重高达 46.57%，而学龄前留守儿童较多地依赖公立托/园机构，其比重可达 25.64%。流入地公立托/园机构的准入门槛显然要高过户籍地，入公立托/园机构的学龄前流动儿童比重尚不及入私立托/园机构的 1/3。入私立托/园机构的学龄前儿童比重虽然较高，但是考虑到流动人口群体的经济可及性，这些私立托/园机构往往是规模小而质量低的，甚至其中为数不少的是仅仅针对打工子弟的托/园机构。

以上总体状况研究揭示出学龄前流动儿童早期照顾与教育公共服务供给不足的共性问题，仅仅将视角局限于这一方面可能并无助于我们有重点、有突破地对矛盾加以解决。本研究将在此基础上更加着眼于我国学龄前流动儿童早期照顾与教育的区域差异状况。区域差异问题可能是制约我国学龄前流动儿童早期照顾与教育的关键性问题，这一问题与规模性问题并重，甚至更为突出。

三　学龄前流动儿童学前教育的省级差异

如表 8.3 所示，学龄前流动儿童跨省流动可能伴随着相对较高的非入托/园比重（40.9%）和相对略高的赞助费支付比重（8.0%）。这可能意味着较之于省内流动，学龄前流动儿童获取早期照顾与教育服务的户籍门槛在跨省流动的情况下要更高。不过值得注意的是学龄前流动儿童跨省流动却也伴随着相对较高的入公立托/园比重（16.6%）和相对较低的入私立托/园比重（42.5%），这一点有待进一步的研究。

综合表 8.3 和图 8.1 的信息不难发现，我国学龄前流动儿童早期照顾与教育在省域之间存在显著差异。学龄前流动儿童流入比重较高的东部地区和西部地区，也正是非入托/园比重较高的区域，东部地区学龄前流动儿童没有进入托/园机构的比重（38.4%）与全国平均水平相差无几，西部地区学龄前流动儿童没有进入托/园机构的比重（44.6%）高于全国平均水平 5.7 个百分点，而中部地区学龄前流动儿童没有进入托/园机构的比重（30.3%）低于全国平均水平 8.6 个百分点。东部地区经济发展水平处于全国领先地位，相应地，公共服务基础设施建设也走在全国前列，但由于大规模流动人口的涌入，公共服务基础设施供需矛盾日益突出，学龄前流动儿童早期照顾与教育问题更甚。西部地区经济发展水平和公共服务基础设施建设本就较为落后，一旦有流动人口涌入，只能是“雪上加霜”，令学龄前流动儿童早期照顾与教育问题尤为突出。

具体来看，全国各省（自治区、直辖市）中，西藏、青海、新疆、贵州 4 个西部省区市学龄前流动儿童没有进入托/园机构的比重过半。而全国其余 27 个省区市学龄前流动儿童入托/园机构的比重均过半，但这其中差异仍然非常突出。情况最好的辽宁，学龄前流动儿童没有进入托/园机构的比重仅为 20.7%，而情况最差的广东和云南，学龄前流动儿童没有进入托/园机构的比重已近乎一半（49.3%）。学龄前流动儿童没有进入托/园机构的比重高于全国平均水平的 15 个省区市（含新疆生产建设兵团）中，西部地区有9个，[①] 而东部地区有6个。这些东部省区市又集中分布在京津经济带（北京、天津）、长三角经济带（上海、江苏）和珠三角经济带（广东），除此之外还有与珠三角经济带毗邻的海南，而这三大经济带正是我国经济社会发展水平最高的区域，[②] 流动人口涌入带来的学龄前儿童早期照顾与教育供需矛盾问题较为严重。

单就入托/园机构的比重来看，流入东部地区的学龄前流动儿童入公立托/园机构的比重（16.8%）在三大地区中最高，这意味着东部地区学龄前儿童早期照顾与教育公共服务状况较之于中西部地区更好。具体来看，入公立托/园机构比重最高的是江苏，达29%，最低的是广西，仅为6.4%，各省区市（含新疆生产建设兵团）中超过20%（含20%）的有6个，低于10%（含10%）的有7个。三大经济地带中，长三角经济带情况最好（上海、江苏、浙江均在19%以上），京津经济带次之（北京、天津均在15%左右），珠三角经济带较差（广东仅为10%）。流入中部地区的学龄前流动儿童入私立托/园机构的比重（55.2%）在三大地区中最高，有6个省区市这一比重均高于全国平均水平。就全国而言，学龄前流动儿童入私立托/园机构比重最高的是河南，达65.3%，最低的是西藏，仅为12.6%，超过一半省区市的比重都超过45%。

从交纳赞助费比重的情况来看，中部地区虽有较低的学龄前流动儿童非入托/园比重，却也有较高的交纳赞助费比重（8.7%），高出全国平均水平近1个百分点，东部地区和西部地区大致相当，与全国平均水平接近。具体来看，全国交纳赞助费比重超过10%的仅有6个省区市，绝大多数省份在5%～10%，最高的是四川，达19%，而比重最低的是新疆生产建设兵团，仅为1.1%。三大经济带涉及的6省

---

① 西部地区12个省区市（含新疆生产建设兵团）中，只有四川、重庆和广西低于全国平均水平。

② 京津经济带（北京、天津）、长三角经济带（上海、江苏、浙江）和珠三角经济带（广东）学龄前流动儿童没有进入托/园机构的比重平均分别为43.7%、40.6%、49.3%。

市中，北京比重最高，为14.4%，浙江比重最低，为4.5%，两者相差较大。

综上所述，无论东中西部，每个地区都面临着学龄前流动儿童早期照顾与教育的问题：东部地区需要重点解决供需矛盾，在扩大供给的同时通过统筹兼顾推进流动人口基本公共服务的均等化水平，特别是在三大经济地带；中部地区需要着力解决赞助费交纳问题，与此同时兼顾扩大供给；西部地区最主要的是要加快基础设施建设扩大供给。

表8.3　2011年我国学龄前流动儿童早期照顾与教育的省域差异状况

单位：%

基本特征		非入托/园比重		公立托/园比重		私立托/园比重		交纳赞助费比重	
		均值	标准差	均值	标准差	均值	标准差	均值	标准差
流动范围	跨省流动	40.9	49.2	16.6	37.2	42.5	49.4	8.0	27.1
	省内流动	36.9	48.3	13.3	34.0	49.8	50.0	7.7	26.7
全国		38.9	48.7	14.9	35.6	46.2	49.9	7.8	26.9
东部地区		38.4	48.7	16.8	37.4	44.7	49.7	7.6	26.4
	北京	41.5	49.3	15.6	36.3	42.9	49.5	14.4	35.1
	天津	46.3	50.0	14.8	35.6	38.9	48.8	9.5	29.4
	河北	30.4	46.1	16.4	37.1	53.2	50.0	7.4	26.2
	辽宁	20.7	40.9	19.8	40.2	59.5	49.5	8.3	27.9
	吉林	25.4	44.2	12.9	34.1	61.7	49.4	5.2	22.7
	黑龙江	22.1	41.9	14.8	35.9	63.0	48.7	4.1	20.0
	上海	44.4	49.7	26.9	44.4	28.7	45.2	8.5	28.0
	江苏	45.2	49.8	29.0	45.4	25.8	43.8	10.3	30.4
	浙江	31.3	46.4	19.1	39.3	49.6	50.0	4.5	20.6
	福建	27.0	44.4	14.1	34.8	58.9	49.2	3.5	18.4
	山东	29.2	45.5	22.7	41.9	48.1	50.0	7.1	25.7
	广东	49.3	50.0	10.0	30.0	40.7	49.1	6.6	24.8
	海南	42.0	49.6	8.3	27.8	49.7	50.2	9.6	29.6
中部地区		30.3	46.0	14.4	35.1	55.2	49.7	8.7	28.2
	山西	28.7	45.3	27.3	44.7	44.0	49.8	7.9	27.0
	内蒙古	31.6	46.6	8.9	28.6	59.4	49.2	7.5	26.3

续表

基本特征		非入托/园比重		公立托/园比重		私立托/园比重		交纳赞助费比重	
		均值	标准差	均值	标准差	均值	标准差	均值	标准差
	安徽	29.6	45.7	12.7	33.4	57.7	49.5	9.7	29.7
	江西	36.7	48.7	6.5	24.9	56.8	50.0	11.5	32.3
	河南	22.0	41.6	12.6	33.3	65.3	47.7	6.7	25.1
	湖北	31.8	46.7	15.3	36.1	52.9	50.0	9.8	29.8
	湖南	34.5	47.6	9.8	29.9	55.7	49.8	5.1	22.2
西部地区		44.6	49.7	12.6	33.2	42.8	49.5	7.7	26.7
	广西	38.8	48.8	6.4	24.5	54.8	49.9	4.1	20.0
	重庆	31.7	46.8	12.9	33.7	55.3	50.0	15.7	36.6
	四川	30.4	46.1	21.6	41.3	48.0	50.1	19.0	39.3
	贵州	52.1	50.0	8.9	28.6	38.9	48.8	3.3	18.0
	云南	49.3	50.1	17.1	37.7	33.7	47.3	6.3	24.4
	西藏	76.7	43.3	10.7	31.6	12.6	34.0	9.1	29.6
	陕西	42.4	49.6	14.6	35.5	43.0	49.7	8.7	28.3
	甘肃	41.1	49.5	17.5	38.2	41.3	49.5	5.2	22.4
	青海	62.7	48.9	11.8	32.6	25.5	44.1	4.0	19.8
	宁夏	47.4	50.4	11.7	32.4	40.9	49.6	11.8	32.7
	新疆	57.1	49.6	13.6	34.3	29.3	45.6	6.1	23.9
	新疆生产建设兵团	56.9	50.1	20.0	40.5	23.1	42.6	1.1	10.5
样本量		10795		5051		11376		23474	

注：鉴于已婚流动女性进入打工子弟托/园机构的比重仅为1%左右，本研究将这一类型样本合并入私立托/园机构中进行分析。各项比例均按照总样本数计算，但由于存在不同程度的缺失，样本量可能存在不一致。受到数据来源的限制，本研究未包括港澳台地区。

四 流动儿童学前教育状况的城市层面观察

进一步聚焦城市层面可以发现，我国学龄前流动儿童的早期照顾与教育在城市之间也存在显著差异（见表8.4）。按照行政级别来看，直辖市和地级市是学龄前流动儿童非入托/园比重较高的区域，分别高出省会（首府）城市与计划单列市6.2个百分点和4.2个百分点。

与之不同，学龄前流动儿童交纳赞助费比重随行政级别升高而升高，较高的区域是直辖市和省会（首府）城市与计划单列市，分别高出地级市 6.1 个百分点和 2.8 个百分点。除此之外，直辖市是学龄前流动儿童入公立托/园机构比重（17.1%）最高的区域，而省会（首府）城市与计划单列市则是入私立托/园机构比重（51.0%）最高的区域。行政级别往往是经济发展和资源配置水平的象征。直辖市作为行政级别最高的城市拥有较高的经济发展和资源配置水平，公共服务基础设施条件优于省会（首府）城市与计划单列市和地级市，但大量流动人口往往让这里的供需矛盾特别突出，由此带来较高的学龄前流动儿童非入托/园比重和交纳赞助费比重，但也带来较高的入公立托/园机构比重。地级市的经济发展和资源配置水平都要落后许多，公共服务基础设施条件也受到掣肘，普遍性的供给不足造成了较高的学龄前流动儿童非入托/园比重。当然，值得注意的是，行政级别的升高，也可能引致户籍门槛的升高，直辖市较高的学龄前流动儿童非入托/园比重和交纳赞助费比重一定程度上印证了这一点。

具体来看还会发现，西部地区的省会（首府）城市①有着形同直辖市的较高学龄前流动儿童非入托/园比重、入公立托/园机构比重和交纳赞助费比重，而中部地区和东部地区差别并不显著。这可能意味着在城市分布较为稀疏的西部地区，省会（首府）城市发挥着类似于直辖市的区域“极”作用，在区域内形成了类似于直辖市的人口流入、经济发展和资源配置模式，而在中东部地区，由于城市分布较为密集，难以出现这种局面。西部地区地级市学龄前流动儿童非入托/园比重畸高，其次为东部地区。中部地区地级市虽有相对很低的非入托/园比重，但交纳赞助费比重也异常较高。东部地区地级市学龄前流动儿童入公立托/园机构比重最高。

按城市规模来看，学龄前流动儿童流入比重较高的规模较大城市和规模较小城市，也正是非入托/园比重较高的区域，规模较大城市学龄前流动儿童没有进入托/园机构的比重约为 38.3%（尤以规模超

① 西部地区和中部地区没有计划单列市。

大的北京、上海、广州等为甚），规模较小城市学龄前流动儿童没有进入托/园机构的比重约为 41.9%，两者分别高出规模中等城市 3.5 个百分点和 7.1 个百分点。与行政级别划分的情况相似，规模较大城市不仅有着较高的非入托/园比重，也伴随着较高的交纳赞助费比重（9.1%）和入公立托/园机构比重（18.3%）。规模较大城市拥有较高的经济发展和资源配置水平，这一点与行政级别划分的情况相近。

综上所述，无论高中低与大中小，每个城市也都面临着学龄前流动儿童早期照顾与教育的问题：类似于东部地区，级别较高、规模较大的城市需要重点解决供需矛盾，在扩大供给的同时通过统筹兼顾推进流动人口基本公共服务均等化水平，着力解决赞助费交纳问题；级别和规模中等的城市则需要兼顾扩大供给与解决供需矛盾；类似于西部地区，级别较低、规模较小的城市最主要的是要加快基础设施建设扩大供给。

表 8.4　2011 年我国学龄前流动儿童早期照顾与教育的城市差异状况

单位：%

基本特征		非入托/园比重		公立托/园比重		私立托/园比重		交纳赞助费比重	
		均值	标准差	均值	标准差	均值	标准差	均值	标准差
流入地城市（以行政级别划分）									
直辖市	全体	41.5	49.3	17.1	37.7	41.4	49.3	13.2	33.8
省会（首府）城市与计划单列市	全体	35.3	47.8	13.8	34.5	51.0	50.0	9.9	29.9
	东部地区	32.1	46.7	13.7	34.4	54.2	49.8	9.0	28.6
	中部地区	31.5	46.5	13.0	33.7	55.5	49.7	9.4	29.3
	西部地区	42.7	49.5	14.5	35.2	42.8	49.5	11.7	32.1
地级市	全体	39.5	48.9	15.1	35.8	45.4	49.8	7.1	25.7
	东部地区	39.7	48.9	17.6	38.1	42.7	49.5	6.5	24.7
	中部地区	30.1	45.9	14.7	35.4	55.2	49.7	8.5	27.9
	西部地区	45.0	49.8	12.2	32.8	42.8	49.5	6.9	25.4
流入地城市（以城市规模划分）									
超大城市	全体	46.8	49.9	15.4	36.1	37.8	48.5	10.2	30.2

续表

基本特征		非入托/园比重		公立托/园比重		私立托/园比重		交纳赞助费比重	
		均值	标准差	均值	标准差	均值	标准差	均值	标准差
特大城市	全体	28.0	44.9	18.8	39.1	53.2	49.9	13.3	34.0
	东部地区	25.7	43.7	22.2	41.6	52.1	50.0	8.7	28.2
	中部地区	28.5	45.2	14.7	35.4	56.8	49.6	11.1	31.4
	西部地区	30.9	46.2	16.6	37.2	52.5	50.0	20.4	40.4
大城市	全体	37.7	48.5	13.3	33.9	49.1	50.0	8.3	27.6
	东部地区	36.7	48.2	15.2	35.9	48.1	50.0	6.8	25.3
	中部地区	24.9	43.3	14.3	35.1	60.8	48.8	11.6	32.1
	西部地区	47.9	50.0	10.6	30.7	41.5	49.3	7.4	26.1
中等城市	全体	34.8	47.6	14.9	35.6	50.3	50.0	4.8	21.3
	东部地区	37.6	48.5	17.5	38.0	44.9	49.8	5.1	22.0
	中部地区	28.2	45.1	12.5	33.2	59.3	49.2	5.1	22.0
	西部地区	31.2	46.4	9.6	29.5	59.2	49.2	3.6	18.5
小城市	全体	41.9	49.3	14.8	35.5	43.3	49.6	5.8	23.5
	东部地区	34.3	47.5	17.5	38.0	48.2	50.0	5.6	23.0
	中部地区	35.6	47.9	14.9	35.6	49.5	50.0	6.4	24.6
	西部地区	48.5	50.0	13.7	34.4	37.8	48.5	6.4	24.6
样本量		10795		5051		11376		23474	

注：各项比例均按照总样本数计算，但由于存在不同程度的缺失，样本量可能存在不一致。

五　流动儿童学前教育状况的社区层面分析

再进一步聚焦社区层面可以发现，我国学龄前流动儿童早期照顾与教育在市、郊两社区之间的差异同样相当显著（见表8.5）。居住在郊区的学龄前流动儿童没有进入托/园机构的比重为41.4%，高出居住在市区的学龄前流动儿童近4个百分点，其入公立托/园机构的比重和入私立托/园机构的比重亦相应地不及居住在市区的学龄前流动儿童，其交纳赞助费的比重仅低于居住在市区的学龄前流动儿童0.7个百分点。

分地理区位来看，流入东部地区和西部地区的学龄前流动儿童不论居住在市区还是郊区，没有进入托/园机构的比重都较高，流入中部地区的学龄前流动儿童则较低，不过无分东中西，郊区的情况都要恶劣于市区，西部地区尤为突出，市、郊两社区比重相差5.8个百分点，郊区几近半数。同样，不论东中西，居住在郊区的学龄前流动儿童入公立托/园机构的比重和入私立托/园机构的比重都低于（或持平于）居住在市区的学龄前流动儿童，不过入私立托/园机构的比重差距较入公立托/园机构的要小，西部地区市、郊两社区入公立托/园机构的比重相差较突出，达5.4个百分点。流入东部地区的学龄前流动儿童居住在郊区交纳赞助费的比重高于居住在市区的儿童，中部地区和西部地区则与之相反，且流入中部地区的学龄前流动儿童居住在市区交纳赞助费的比重高达9.3%。

分行政区划来看，居住在郊区的学龄前流动儿童没有进入托/园机构的比重较居住在市区的学龄前流动儿童畸高，尤以直辖市和省会（首府）城市与计划单列市为突出，两者分别高出8.4个百分点和8.8个百分点。居住在郊区的学龄前流动儿童入公立托/园机构的比重都不及居住在市区的学龄前流动儿童，直辖市市区的学龄前流动儿童比重最高，达21.8%，同时其与郊区的差别也最大，达8.0个百分点，省会（首府）城市与计划单列市郊区的学龄前流动儿童比重最低，仅为10.0%。入私立托/园机构的比重差异不及前两者显著，省会（首府）城市与计划单列市市区的学龄前流动儿童比重最高。从交纳赞助费的情况来看，直辖市和省会（首府）城市与计划单列市市区的比重明显高于郊区，且直辖市市区可达18.5%，市、郊两社区相差9.2个百分点。

分城市规模来看，几乎各类规模的城市中居住在郊区的学龄前流动儿童较居住在市区的学龄前流动儿童没有进入托/园机构的比重都要高，进入公立、私立托/园机构的比重相应的都要低。但就非入托/园比重来看，规模中等城市的市、郊两社区总体情况较好，规模较小城市的市、郊两社区总体情况较差，规模较大城市（含超大城市、特大城市、大城市）市区情况较好而郊区情况较差。规模较大城市和规模中等城市的市、郊两社区差别较大，分别可达4.7个百分点和4.8

个百分点。规模较大城市市、郊两社区入公立托/园机构的比重较高，规模中等城市市、郊两社区入私立托/园机构的比重较高。规模较大城市交纳赞助费比重市区不及郊区，而规模中等城市和规模较小城市交纳赞助费比重郊区高于市区。

从地理区位、行政区划和城市规模的划分来看，学龄前流动儿童早期照顾与教育郊区普遍不如市区，特别是在西部地区、直辖市和规模较大城市，这种差异愈加明显。针对郊区加快基础设施建设、扩大供给乃是当务之急，而市区则应该推进流动人口基本公共服务均等化水平，解决赞助费交纳问题，尤其是直辖市和规模较大城市。

表 8.5　2011 年我国学龄前流动儿童早期照顾与教育的社区差异状况

单位：%

基本特征		非入托/园比重		公立托/园比重		私立托/园比重		交纳赞助费比重	
		均值	标准差	均值	标准差	均值	标准差	均值	标准差
郊区		41.4	49.3	13.4	34.0	45.2	49.8	7.4	26.2
市区		37.5	48.4	15.7	36.4	46.8	49.9	8.1	27.2
居住社区类型（以地理区位划分）									
郊区	东部地区	39.6	48.9	16.1	36.8	44.3	49.7	7.8	26.8
	中部地区	31.9	46.6	12.9	33.5	55.2	49.8	6.5	24.7
	西部地区	48.5	50.0	9.0	28.6	42.5	49.4	7.1	25.7
市区	东部地区	37.7	48.5	17.4	37.9	45.0	49.8	7.4	26.2
	中部地区	29.9	45.8	14.9	35.6	55.2	49.7	9.3	29.1
	西部地区	42.7	49.5	14.4	35.1	42.9	49.5	8.0	27.1
居住社区类型（以行政区划划分）									
郊区	直辖市	45.0	49.8	13.8	34.6	41.2	49.3	9.3	29.0
	省会（首府）城市与计划单列市	41.4	49.3	10.0	30.0	48.6	50.0	7.8	26.8
	地级市	41.1	49.2	14.0	34.7	44.9	49.7	7.2	25.9
市区	直辖市	36.6	48.3	21.8	41.4	41.6	49.4	18.5	38.9
	省会（首府）城市与计划单列市	32.6	46.9	15.5	36.2	52.0	50.0	10.9	31.1

续表

基本特征		非入托/园比重		公立托/园比重		私立托/园比重		交纳赞助费比重	
		均值	标准差	均值	标准差	均值	标准差	均值	标准差
	地级市	38.7	48.7	15.6	36.3	45.7	49.8	7.1	25.6
居住社区类型（以城市规模划分）									
郊区	超大城市	46.2	49.9	14.6	35.3	39.2	48.8	10.0	30.0
	特大城市	28.8	45.3	16.2	36.9	55.0	49.8	10.3	30.4
	大城市	42.1	49.4	10.4	30.6	47.5	50.0	7.4	26.1
	中等城市	37.3	48.4	13.5	34.2	49.2	50.0	4.8	21.5
	小城市	44.3	49.7	14.6	35.3	41.2	49.2	6.8	25.1
市区	超大城市	47.4	49.9	16.0	36.7	36.6	48.2	10.3	30.4
	特大城市	27.7	44.8	19.7	39.8	52.6	50.0	14.3	35.0
	大城市	35.4	47.8	14.7	35.4	49.9	50.0	8.8	28.3
	中等城市	32.5	46.8	16.2	36.8	51.3	50.0	4.7	21.1
	小城市	40.9	49.2	14.9	35.7	44.2	49.7	5.5	22.7
样本量		10795		5051		11376		23474	

注：各项比例均按照总样本数计算，但由于存在不同程度的缺失，样本量可能有所不一致。

第三节　流动儿童托幼服务成本及其对母亲就业的影响

上一节分析发现，我国流动儿童在流入地城市获得学前教育（托幼服务）存在较大的困难，由于户籍制度限制以及托幼服务供给的稀缺，流动儿童相对于城市户籍儿童而言，在获得同等质量的托幼服务时往往需要支付更高的成本。这引出一个亟须回答的问题：对流动的母亲而言，其子女在城市使用托幼服务、上幼儿园所需的成本究竟会怎样影响其劳动参与和就业行为？

一　流动儿童学前教育成本对女性就业影响的理论框架

在分析托幼成本对女性就业的影响中，在理论上需要回答两个问题：一是托幼服务成本对女性进入劳动力市场会产生什么影响？二是托幼服务的成本如何影响女性劳动时间的供给？本章主要基于 Connelly（1992）的理论分析框架对这两个问题进行回答。

Connelly（1992）指出，对在家庭中承担幼儿照料主要责任的女性来说，其劳动供给是在预算和时间约束下，对商品消费、孩子托幼质量以及闲暇做出最优选择的结果，以实现个人效用最大化。而为了获得最大效用，母亲只有在其预期工资大于照料孩子的边际收益或与之相抵时才会参与市场劳动。因而，在母亲照料孩子的边际收益一定的情况下，工资的增加会加大母亲参与市场劳动的可能性；而在工资一定的情况下，托幼成本的增加则会降低母亲参与劳动的可能性。其他影响母亲工资的变量，如母亲的受教育程度、年龄等，以及影响孩子托幼成本的变量，如孩子的年龄、家中孩子的数量、家庭收入等都会影响母亲的劳动供给。所以，母亲的劳动供给结构方程为：

$$H = f(W, P, Z)$$

式中，W 为市场工资率，P 为托幼成本，Z 为影响母亲照料孩子时间和闲暇时间等需求的因素，如孩子年龄和数量、家里成年人数量等，ϵ 为不可观测的随机干扰因素。然而，我们只能观察到参加市场劳动的那部分母亲的市场工资，而对于那些由于市场工资小于照料孩子边际收益而决定不提供市场劳动供给的母亲，无法观察到其市场工资。同样，也只能观察到为孩子托幼付费的那部分人的托幼成本，所以存在样本选择问题。因而在进行结构方程估计前，先要估计出所有母亲的预期工资率和要承担的托幼成本，这样才能解决样本选择偏差问题。本章采用 Heckman 两阶段回归法（Heckman，1979）解决母亲工资的样本选择偏差问题。

由于不同家庭的人口结构和支付能力不同，不同的家庭会选择不同质量的托幼服务，托幼成本会随着家庭情况的变化而变化（Connelly，1991；Connelly，1992），因而需要纠正托幼服务样本选择偏差来估计每个孩子的托幼成本。而孩子托幼成本的样本偏差纠正比工资的更加复杂，因为这里面涉及两个决策，即母亲是否参与劳动力市场以及母亲是否愿为孩子托幼支付费用，而且这两个决策可能存在相关性。本章主要借鉴 Powell（1997）的做法来解决这个问题，先根据 Maddala（1983）的方法得到母亲是否工作和工作的母亲是否为孩子支付托幼费用的联合选择偏差，然后采用 Heckman 两阶段回归法（Heckman，1979）得到逆米尔斯比解决托幼费用的样本选择问题。

在实证上，本章在分析托幼成本对母亲劳动供给的影响时将按照以下的方法过程进行分析。首先，利用劳动参与 Probit 模型估计出逆米尔斯比纠正母亲工资的样本选择偏差，并利用工资的线性回归模型准确地估计出所有母亲的市场工资。其次，在估计托幼成本时，建立 bivariate probit 模型，联合估计母亲是否支付托幼费用和劳动参与以得到偏差纠正系数，然后把该系数代入是否付托幼成本的 Probit 模型，估计出逆米尔斯比以纠正托幼成本的样本选择偏差，而后利用托幼成本的线性回归模型准确估计出所有孩子的托幼成本。最后，将估计得到的母亲工资和孩子托幼成本代入劳动供给的结构方程中，度量工资和托幼成本对母亲劳动参与和工作时间的影响。

需要说明的是，在计算孩子的小时托幼成本上，有两种不同做法。一是以 Connelly（1992）为代表的用托幼成本比母亲工作时间得到小时托幼成本，二是以 Ribar（1992）为代表的用托幼成本比托幼时间得到。本章将采用 Connelly（1992）的方法，即小时托幼费用相当于母亲每小时工作所需支付的成本。这种做法的好处是能使小时工资和小时托幼成本在相同的边际上进行计算，从而有助于对二者进行比较（Kimmel，1998）。即母亲在考虑其提供多长时间的市场劳动时，会比较其每进行一个小时劳动所获工资与所需付出的托幼成本。

二　流动儿童学前教育成本及女性就业基本状况

（一）数据来源及变量

本研究所使用的数据为原国家人口和计划生育委员会组织的 2010 年流动人口动态监测调查中的社会融合专项调查数据。该调查采取分层比例抽样方法，在北京、郑州、成都各抽取 2000 个，苏州、中山各抽取 1000 个，韩城抽取 200 个，总计 8200 个在常住地居住时间为

1个月以上16～59岁的劳动年龄（16～59周岁）流动人口。同时，为了进一步了解城市居民和流动人口之间的差异，该调查还在流动人口聚集的社区抽了相同数量的户籍人口进行比对。该调查的内容涉及其子女（包括随迁子女）的托幼服务及价格等信息。由于本研究关注流动儿童托幼成本对其母亲劳动供给的影响，因而从数据中选取了身边有6岁及以下孩子的已婚流动女性（在下文中简称流动女性），总计967个样本，城市户籍女性共计9个。

在实证分析中，我们定义的托幼服务是机构托幼服务，即上幼儿园或托儿所的情况，小时托幼成本由每月托幼费用比母亲的月工作时间得到。在控制变量中，母亲的小时工资为其月工资比月工作时间；各年龄段子女数量是指在一起居住的子女的数量，对流动家庭来说，即各年龄段随迁子女的数量。60岁以上男性或女性表示在家庭中是否存在60岁以上的男性或女性，他们可能是家庭中潜在的幼儿照料资源。家庭收入是指除母亲工资收入之外的家庭总收入。

（二）流动人口随迁子女托幼服务利用及成本状况描述

由于该调查是在流动人口聚集的社区内同时进行户籍人口和流动人口抽样的，抽中的户籍人口多仍在流动人口聚集区（城郊、城中村）居住，收入较低，这点从户籍人口的农业户口比例近60%上可以看出来。表8.6呈现了随迁学龄前子女和户籍学龄前子女在托幼服务利用以及托幼成本上的相关状况。总体上来看，流动人口家庭利用托幼服务的比例仅略低于城市户籍人口家庭，但是，流动人口家庭入读公立幼儿园的比例要明显低于户籍人口家庭。在已经利用托幼服务的儿童中，户籍人口平均托幼成本要比随迁子女高出约817元，这说明，即使能得到更多政府财政支持，户籍人口仍愿花更高的成本去选择更高质量的托幼服务，这点在户籍儿童上兴趣班的比例明显高于流动儿童上可得到体现。托幼成本更高、两类家庭收入差距不大，并且女性就业收入还要低于流动人口，这导致在户籍就业女性中，托幼成本占其工资的比例达到40.47%，远高于流动女性（25.57%）。

表 8.6　随迁子女和户籍子女托幼服务利用以及成本比较

项目	随迁子女			户籍子女		
	合计	0～2岁	3～6岁	合计	0～2岁	3～6岁
托幼比例（%）	41.78	4.53	67.72	42.31	3.93	73.11
读公立比例（%）	39.9	27.78	40.46	65.94	46.67	66.77
托幼成本（元/年）	5801.28	6591.12	5764.46	6618.12	7333.33	6587.30
托幼成本/家庭总收入（%）	14.09	14.31	14.08	15.51	17.26	15.43
托幼成本/母亲工资（%）	25.57	24.59	25.61	40.47	52.01	40.08
上兴趣班比例（%）	16.01	0	16.75	25.55	6.67	26.36
母亲陪同学习比例（%）	58.62	50.00	59.02	65.38	46.67	66.19
教育期望为大本及以上的比例（%）	64.54	69.21	61.20	74.24	78.80	70.95
缴纳赞助费比例（%）	13.55	16.67	13.47	3.02	0	3.16
样本量	967	397	570	858	382	476

（三）不同就业和托幼服务利用下女性就业状况

从表 8.7 针对流动女性的描述结果可以发现，有 62.98% 的流动女性从事着有工资收入的工作，她们每周的平均工作时间为 63.61 小时。在工作的母亲中，有 49% 将孩子托幼。与其他母亲相比，那些工作了的并且将孩子托幼的母亲的工作时间最长，工资、家庭收入以及受教育程度最低，年龄最大。总体上看，流动家庭中有随迁的 60 岁以上老年人的比例比较小，基本低于 2%，这从一个侧面反映了流动家庭的幼儿照料资源比较缺乏。

与流动女性相比，有 6 岁以下子女的城市户籍女性（表 8.8）就业率稍低，并且，在就业女性中，托幼的比例（45%）也稍低。在就业上，户籍女性与流动女性相比最大的不同之处是其工作时间明显缩短，每周工作 46.79 小时，仅仅是流动女性的 73.6%，这点说明流动女性和户籍女性面临着截然不同的就业市场。孩子上幼儿园的户籍女性和孩子未上幼儿园的户籍女性的受教育程度和小时工资并无明显差别；而孩子上幼儿园的流动女性受教育程度最低，其小时工资低于全体流动女性的小时工资。这说明，对户籍人口来说，女性是否选择托幼服务，与其市场能力无关，而对流动人口来说，市场能力最低的女性会更倾向于使用托幼服务，而因为这些女性的工资低，托幼服务的价格将会对流动女性的就业和劳动供给产生更显著的影响。

表 8.7　流动女性托幼成本以及就业相关状况描述

变量	全部	没有工作	工作	孩子没上幼儿园	孩子上幼儿园
工作时间（小时/周）	—	—	63.61	62.81	64.45
工资（元/小时）	9.63*	—	9.61	10.37	8.82
托幼成本（元/工作小时）	2.24*	—	—	—	1.97
年龄（岁）	29.98	28.77	30.69	30.12	31.29
受教育年限（年）	10.07	9.86	10.20	10.65	9.73
户口					
农村（%）	84.48	85.75	83.74	78.71	88.96
城市（%）	15.52	14.25	16.26	21.29	11.04
0~2 岁孩子数（%）	0.48	0.62	0.40	0.68	0.11
3~6 岁孩子数（%）	0.70	0.61	0.76	0.48	1.04
7~12 岁孩子数（%）	0.15	0.15	0.15	0.16	0.14
13~18 岁孩子数（%）	0.05	0.03	0.07	0.05	0.09
丈夫共同居住（%）	95.86	98.04	94.58	96.45	92.64
有 60 岁以上男性（%）	1.50	1.12	1.81	1.94	1.67
有 60 岁以上女性（%）	1.90	1.96	1.97	1.94	2.01
非本人家庭收入（千元/月）	3.11	4.21	2.46	2.92	1.99
样本量	967	358	609	310	299

注：* 为对全体流动儿童小时托幼成本和流动女性小时工资的估计值。

表 8.8　城市户籍女性托幼成本以及就业相关状况描述

变量	全部	没有工作	工作	孩子没有上幼儿园	孩子上幼儿园
工作时间（小时/周）	—	—	46.79	45.96	47.80
工资（元/小时）	8.83*	—	9.30	9.44	9.14
托幼成本（元/工作小时）	4.73*	—	—	—	4.07

续表

变量	全部	没有工作	工作	孩子没有上幼儿园	孩子上幼儿园
年龄（岁）	29.98	30.18	30.60	29.97	31.36
受教育年限（年）	10.07	10.59	11.80	11.93	11.63
户口					
农村（%）	59.09	68.73	53.72	51.82	56.05
城市（%）	40.91	31.27	46.28	48.18	43.95
0～2 岁孩子数（%）	0.48	0.61	0.43	0.72	0.08
3～6 岁孩子数（%）	0.71	0.50	0.65	0.35	1.01
7～12 岁孩子数（%）	0.15	0.13	0.10	0.11	0.09
13～18 岁孩子数（%）	0.06	0.07	0.05	0.05	0.04
丈夫共同居住（%）	94.41	96.09	93.47	95.56	91.75
有 60 岁以上男性（%）	7.69	7.17	7.99	7.26	8.87
有 60 岁以上女性（%）	7.46	8.47	6.90	4.95	9.27
非本人家庭收入（千元/月）	3.29	3.91	2.95	2.68	3.27
样本量	858	307	551	303	248

注：* 为对全体户籍儿童小时托幼成本和流动女性小时工资的估计值。

三　流动儿童托幼成本对女性就业的影响：实证结果

（一）女性工资和托幼成本的 Heckman 两阶段回归结果

表 8.9 是流动女性和户籍女性小时工资的 Heckman 二阶段回归结果，展示了简约式（reduced form）劳动参与的 probit 模型和小时工资的线性回归结果。可以看出孩子数量对流动女性的劳动参与有显著的负影响，子女数越多，其劳动参与的概率越低。而对户籍女性而言，子女数对其劳动参与没有显著影响，这说明这两类家庭子女照料资源对女性劳动参与形成的约束机制存在差别。流动女性的受教育程度显著影响其劳动参与，受教育水平越高，其越有可能进入劳动力市场。年龄对流动女性的劳动参与也有显著影响，劳动参与的年龄模式呈倒 U 形分布，即流动女性的劳动参与随着其年龄的增长而增长，但到达

一定年龄后又会随着年龄的增长而下降，但在劳动年龄范围内，年龄对户籍女性劳动参与的影响并不显著。家庭收入会显著影响流动和户籍女性的劳动参与，家庭收入越高，流动女性进入劳动力市场的概率越低。对有6岁以下子女随迁的流动女性来说，丈夫一起流动能显著增加其参与就业的概率，而有无60岁以上的老年人对流动女性的劳动参与没有显著影响，而对户籍女性来说，有老人同住（尤其是男性）会增加其劳动参与的概率，这可能是因为流动家庭中有60岁以上老人的比例过低，丈夫在照料子女上的作用比户籍家庭要来得显著。

从工资的回归结果中可以发现受教育程度显著影响流动女性的小时工资水平，流动女性的受教育年限每增长一年，其小时工资水平会提高1.25元。户口也显著影响流动女性的工资水平，与城镇户口相比，农村户口的流动女性小时工资会降低5.8元，比户籍女性内部的差距要大很多，这反映了在流动人口群体内部，城乡二元的劳动市场分割依然非常明显，城 - 城流动女性的劳动力市场回报要明显高于乡 - 城流动女性。

表8.9 流动女性和户籍女性工资的 Heckman 二阶段回归结果

变量	流动人口		户籍人口	
	劳动参与	小时工资	劳动参与	小时工资
受教育程度	0.0821*** (0.0212)	1.249*** (0.326)	0.120*** (0.0212)	1.014*** (0.169)
年龄	0.233** (0.100)	0.00311 (1.517)	0.0189 (0.0840)	-0.281 (0.664)
年龄平方	-0.00286* (0.00161)	0.000218 (0.0234)	-0.000201 (0.00126)	0.00611 (0.0100)
户口（农业户口=1）	0.0336 (0.147)	-5.784** (2.293)	-0.166 (0.132)	-2.121** (1.031)
家庭收入（对数）	-0.208*** (0.0255)		-0.372*** (0.0538)	
0~2岁孩子数	-0.602*** (0.132)		-0.185 (0.175)	
3~6岁孩子数	-0.269** (0.127)		0.282 (0.188)	

续表

变量	流动人口		户籍人口	
	劳动参与	小时工资	劳动参与	小时工资
7～12 岁孩子数	-0.300** (0.140)		0.129 (0.173)	
13～18 岁孩子数	0.208 (0.240)		-0.0862 (0.245)	
丈夫是否共同居住	0.504* (0.305)		0.101 (0.221)	
有无 60 岁以上男性	0.321 (0.427)		0.349* (0.210)	
有无 60 岁以上女性	-0.163 (0.377)		-0.161 (0.214)	
地区	Yes	Yes	Yes	Yes
逆米尔斯比		-7.186*** (2.787)		-0.718 (1.729)
常数项	12.62 (25.47)	-3.626** (1.550)	1.218 (1.387)	3.021 (11.52)
样本量	967	967	858	858

注：*** p<0.01，** p<0.05，* p<0.1。

表 8.10 是流动人口托幼成本的 Heckman 二阶段回归结果，从中得到了是否将该随迁子女托幼的 probit 模型和小时托幼费用的线性回归结果，并加入户籍人口相应结果做对比（表 8.10 第 3、4 列）。随迁子女的年龄对其托幼概率有显著的正影响，孩子性别也显著影响随迁儿童的托幼概率，男孩比女孩上幼儿园的概率更高，但户籍儿童在托幼决策上并无性别差异。流动家庭中 0～2 岁孩子数量和 7～12 岁孩子数量都会显著降低随迁子女托幼的概率；而对户籍人口家庭来说，学龄前和学龄子女数量对幼儿托幼决策并无显著影响。对流动人口来说，家庭收入对是否使用托幼服务有显著负影响，收入越高的家庭越不倾向于使用托幼服务，这有可能是因为流动人口难以获得高质量的公立托幼服务，导致收入越高的家庭反而越不愿意将孩子送入托幼机构中，母亲更倾向于自行照料孩子；而户籍人口子女托幼决策对

家庭收入的敏感程度要低于流动人口。更有意思的是，户籍人口家庭收入对其托幼费用产生明显影响，家庭收入越高，小时托幼费用会越高，说明高收入家庭会选择质量更好的托幼机构；而流动人口家庭收入对其托幼费用并无显著影响，这主要是由其在城市的托幼服务选择受限所致。对流动人口来说是否托幼和劳动参与决策的纠正系数为2.172，而且是显著的，这也说明了对流动人口来说，将孩子托幼的流动女性更倾向于进入劳动力市场，而同样对户籍人口的回归（参见表8.10列3）则没发现类似的结果。

表8.10　流动儿童和户籍儿童托幼费用的Heckman二阶段回归结果

变量	流动人口		户籍人口	
	是否托幼	小时托幼费用	是否托幼	小时托幼费用
孩子年龄	0.488*** (0.0476)	-0.337** (0.171)	0.275*** (0.0501)	-1.013*** (0.316)
孩子性别（男孩=1）	0.182* (0.106)	-0.123 (0.184)	0.104 (0.115)	-0.983* (0.550)
户口（农业户口=1）	0.141 (0.178)	-0.605** (0.281)	0.0672 (0.149)	-2.249*** (0.499)
家庭收入（对数）	-0.132*** (0.0287)	0.000602 (0.0371)	-0.111 (0.0393)	0.258** (0.130)
0~2岁孩子数	-0.627*** (0.171)	-0.403 (0.363)	-0.361 (0.222)	-0.172 (1.076)
3~6岁孩子数	-0.143 (0.156)	0.396 (0.293)	1.045*** (0.255)	-2.402* (1.342)
7~12岁孩子数	-0.544*** (0.151)	-0.346 (0.286)	-0.0636 (0.192)	-0.121 (0.738)
13~18岁孩子数	0.182 (0.214)	-0.813*** (0.300)	-0.603** (0.264)	-0.266 (1.313)
丈夫是否共同居住	-0.243 (0.287)	-0.270 (0.383)	0.628** (0.300)	-0.465 (1.287)
有无60岁以上男性	0.440 (0.485)	-1.340* (0.808)	0.249 (0.255)	-0.632 (0.945)
有无60岁以上女性	0.445 (0.464)	0.0540 (0.730)	-0.0369 (0.240)	-0.0704 (0.875)

续表

变量	流动人口		户籍人口	
	是否托幼	小时托幼费用	是否托幼	小时托幼费用
地区	Yes	Yes	Yes	Yes
受教育程度	0.0238 (0.0255)		0.0904*** (0.0264)	
纠正系数	2.172*** (0.594)		0.220 (0.595)	
逆米尔斯比		-0.266 (0.594)		-2.234 (1.584)
常数项	-2.264*** (0.529)	4.989*** (1.296)	-3.608*** (0.629)	14.44*** (4.042)
样本量	967	967	858	858

注：①此处流动儿童以及户籍儿童是否托幼的回归结果来自于托幼和劳动参与决策 bivariate probit 模型联合估计的结果，因此带有纠正系数一项。

② ***p<0.01，**p<0.05，*p<0.1。

（二）女性劳动供给结构方程

表 8.11 是流动女性和户籍女性的劳动供给结构方程估计结果，劳动参与 probit 模型是在加入预期工资和预期托幼成本后的 probit 估计结果，工作时间是流动女性周工作时间的线性回归结果。从中可以发现，对流动女性来说，预期的工资水平对流动女性的劳动参与和工作时间有显著的正影响，工资水平越高，流动女性进入劳动力市场的概率越高，工作时间也越长。而托幼费用对流动女性的劳动参与和工作时间则有显著的负影响，托幼费用越高，流动女性越倾向于退出劳动力市场和工作更短的时间。这与户籍女性的劳动供给机制有一些差别，对户籍女性来说，托幼成本对其劳动供给并无显著的约束作用。

在流动女性劳动参与模型中，当控制期望工资水平和托幼费用后，流动家庭中 0~2 岁孩子数量也显著影响流动女性的劳动参与，0~2 岁随迁的孩子每增加一名，母亲进入劳动力市场的概率会降低 18.6%；7~12 岁孩子数量对其母亲的劳动参与也有较大的负影响

（边际效应为 -10%）；而在控制预期收入和托幼费用等因素之后，孩子数量对户籍女性的劳动参与影响仍不显著。对流动人口来说，在控制了托幼成本后，3~6 岁随迁子女数量对其母亲的劳动参与没有显著影响，这说明一旦控制了托幼成本，即使将 3~6 岁子女带在身边，流动女性的劳动参与也不会受到显著的负面影响（Powell，1997）。在流动女性的劳动时间回归结果中，家庭收入和 0~2 岁孩子数量对流动女性的工作时间有显著的负影响。流动家庭月收入每增加 1%，流动女性的周工作时间会减少 3.6 个小时；0~2 岁孩子数量每增加一个，流动女性的周工作时间会减少 10.5 个小时。流动家庭中有丈夫同住将显著增加女性的劳动供给。

表 8.11　流动女性和户籍女性劳动供给结构方程估计比较

变量	(1)	(2)	(3)	(4)
	流动人口		户籍人口	
	是否工作	工作时间	是否工作	工作时间
预测小时工资（对数）	0.379*** (0.136)	6.011** (2.686)	0.405*** (0.108)	4.416* (2.655)
预测小时托幼成本（对数）	-0.728** (0.331)	-15.14** (6.091)	-0.297 (0.130)	-4.995 (2.121)
家庭收入（对数）	-0.197*** (0.0413)	-3.598*** (0.388)	-0.303*** (0.0501)	-3.030*** (0.408)
有无 60 岁以上男性	0.0229 (0.523)	2.635 (10.10)	0.266 (0.213)	2.682 (3.770)
有无 60 岁以上女性	0.0494 (0.337)	-0.518 (6.957)	-0.122 (0.218)	-2.967 (3.897)
是否与丈夫共同居住	0.403 (0.433)	13.12** (5.959)	0.232 (0.224)	6.481** (3.056)
户口（1=农业户口）	-0.224 (0.201)	0.665 (3.541)	-0.437*** (0.145)	-5.984** (2.858)
0~2 岁孩子数	-0.520*** (0.133)	-10.52*** (2.894)	-0.189 (0.174)	-3.110 (2.875)
3~6 岁孩子数	-0.0554 (0.117)	-1.949 (2.726)	0.105 (0.191)	1.535 (3.487)

续表

变量	(1)	(2)	(3)	(4)
	流动人口		户籍人口	
	是否工作	工作时间	是否工作	工作时间
7～12 岁孩子数	-0.273* (0.154)	-4.374 (3.611)	0.00871 (0.159)	1.114 (2.929)
13～18 岁孩子数	-0.170 (0.318)	-2.861 (6.615)	-0.490* (0.273)	-8.707*** (3.374)
地区	Yes	Yes	Yes	Yes
	1.367* (0.812)	49.01*** (14.38)	2.216*** (0.550)	45.93*** (9.483)
Observations	953	953	858	858
R-squared		0.184		0.112

注：①考虑到小时工资和小时托幼费用为预测值，回归系数的标准误经自抽样 100 次后进行纠正。

② *** p<0.01， ** p<0.05， * p<0.1。

根据表 8.11 结果，我们进一步计算了流动女性劳动参与及工作时间的工资弹性和托幼费用弹性（见表 8.12、表 8.13）。其中，劳动参与的托幼费用弹性为 -0.426，同国外的研究相比，这一弹性处于较高水平。在关于发达国家的托幼费用对女性劳动参与影响的研究中，劳动参与的托幼费用弹性大多位于 -0.4 到 -0.3 之间，如 Kimmel（1994）的研究为 -0.34、Blau and Robins（1988）和 Powell（1997）的研究为 -0.38，影响最大的是 Ribar（1992）的研究为 -0.74，但 Ribar 的研究中小时托幼费用的计算是用托幼费用比托幼时间得到的。流动女性工作时间的托幼成本弹性为 -0.37。我们同时计算了城镇户籍女性劳动参与和工作时间的托幼费用弹性（见表 8.13），分别为 -0.156和 -0.166。可见，流动女性相较于户籍女性，其劳动供给对托幼服务价格的变动非常敏感。这是因为与户籍女性相比，流动家庭面临家庭照料资源缺乏、托幼服务公共资源缺乏等多重约束，流动女性无论就业决策还是劳动时间，都更易受到托幼成本的影响。

表 8.12　流动女性劳动参与和工作时间弹性

	劳动参与	工作时间
小时工资	0.123	0.095
小时托幼费用	-0.426	-0.370

表 8.13　户籍女性劳动参与和工作时间弹性

	劳动参与	工作时间
小时工资	0.213	0.147
小时托幼费用	-0.156	-0.166

第四节　改善学前教育供给，满足流动儿童需求的相关建议

当前是学龄前流动儿童早期照顾与教育规模性不足与结构性矛盾交织的时期，这无疑使学龄前流动儿童的地位更为弱势、保障更为缺失。提高学龄前流动儿童早期照顾与教育水平绝不仅仅是改善配置、扩大供给那样简单，而应该是全局考量、整体规划、统筹兼顾。本研究发现，规模性不足基础之上显著的区域差异无疑是学龄前流动儿童早期照顾与教育突出的障碍性因素。这种区域差异可以归结为省域层面与城市层面的“中间优势”和“两端劣势”。在经济发展水平适中的中部地区、行政级别适中的省会（首府）城市与计划单列市、城市规模适中的中等城市，学龄前流动儿童早期照顾与教育水平相对较好，非入托/园的比重较低，而入公立托/园机构、私立托/园机构的比重相对较高，交纳赞助费的比重不高。而经济发展水平较高的东部地区、行政级别较高的直辖市、城市规模较大的城市则因为流动人口的大量涌入而供需矛盾突出，非入托/园的比重较高，交纳赞助费的比重也较高，但其良好的公共服务基础设施建设也彰显了其在学龄前流动儿童早期照顾与教育服务提供方面的潜力，这一点由其入公立托/园机构的比重较高可以发现。而经济发展水平较低的西部地区、行政级别较低的地级市、城市规模较小的城市由于其本身供给不足，

流动人口的进入很大程度上让供给不足的问题凸显，非入托/园的比重畸高。此外，区域差异在社区层面上表现为，市区的总体情况好于郊区，郊区公共服务基础设施建设落后是首要原因。

改善学龄前流动儿童早期照顾与教育状况要将解决规模性不足问题摆在突出位置，将学龄前流动儿童早期照顾与教育纳入全国学龄前教育发展的整体规划之中、纳入地方政府经济社会发展的通盘考虑之中，以“开源”为先导，大力发展公立托/园机构，鼓励、支持和引导私立托/园机构的发展，逐步实现两类托/园机构布局设点、收费管理、绩效考核、安全服务等的一体化，规范其管理标准。机构建设既要注重硬件设施，也要兼顾软件环境。因此要加强学龄前流动儿童教师队伍建设，努力实现优质教师资源的均衡发展。同时也要努力推进家园合作，凝聚学龄前教育合力，为学龄前流动儿童创造良好的早期照顾与教育氛围。

在区域差异研究的基础上，我们认为提高学龄前流动儿童早期照顾与教育水平要以统筹区域发展为方针，引导人口科学有序地迁移流动，利用“中间优势”缓解“低端劣势”，为经济发展水平较低的西部地区、行政级别较低的地级市、城市规模较小的城市适时、适当“减负”。同时要以推进流动人口基本公共服务均等化水平为着眼点，一方面改革政府学龄前教育财政拨款机制，加大薄弱环节财政转移支付力度，提高学龄前教育拨款的公平性，另一方面坚持按照“统一规划办园、统一条件入园、统一标准收费”的“三统一”原则，努力畅通学龄前流动儿童入托/园的“绿色通道”，将学龄前流动儿童入托/园作为流动人口社会融入、社区融合的基础环节常抓常新。

本章进而分析了流动人口学前教育成本对流动女性劳动参与概率和工作时间的影响。通过结构方程模型估计发现，流动人口的托幼成本将显著影响女性劳动参与决策以及劳动供给。在当前政策约束下，流动家庭在托幼服务上面临公立幼儿园可及性不足、托幼服务可负担性不高的困境，这会影响流动家庭尤其是女性的就业行为，制约其劳动供给。如果政府采取相关措施降低流动儿童托幼费用，会较大程度地促进流动女性的劳动供给，这对促进流动女性就业、提升流动家庭定居发展能力以及增进我国人口红利都有重要作用。

第九章　流动人口妇幼保健服务：现状、问题及建议

健康及教育是构成个人人力资本的最主要部分。而对幼龄儿童来讲，其健康很大程度上取决于基本的卫生保健服务的供给。我国人口流动日益普遍化，家庭化流动趋势日渐凸显。越来越多的儿童跟随父母流动，甚至一些儿童出生在父母打工的城市，流动人口动态监测调查亦发现，近些年来，流动人口在流入地城市生育的比例在明显升高。近十年流动儿童的规模在迅速膨胀，2000 年全国约有 14 周岁及以下流动儿童 1409.7 万人，占全部流动人口的 13.78%（段成荣，梁宏，2004），到 2005 年时已达到 1834 万人，占 12.45%（段成荣，杨舸，2008），根据原国家人口与计划生育委员会的调查推算，2009 年北京、上海、深圳、太原和成都等五大城市流动儿童比例高达 20.8%（国家人口计生委流动人口服务管理司，2010）。

与此同时，有关流动儿童的问题引起了中央和地方各级政府的高度重视。流动儿童的教育、卫生保健和权益保护等问题业已成为流动人口问题的重要组成部分。2006 年 3 月 27 日，国务院发布《关于解决农民工问题的若干意见》，意见中明确提出，要“保障农民工子女平等接受义务教育，输入地政府要承担起农民工同住子女义务教育的责任；……加强农民工疾病预防控制和适龄儿童免疫工作，……要把农民工子女纳入当地免疫规划”。

妇幼健康是衡量一个国家或地区健康水平的关键性指标，充足的、可及的孕产期卫生保健资源是保障妇女健康权益、提高妇幼健康水平的重要保证。女性在生育过程中不仅要面对巨大的健康风险，而且需要面对来自照料新生儿的生活压力以及社会角色转变所带来的环

境适应问题，这些生理性、社会性和心理性障碍需要来自多方面的社会支持，而其中来自政府部门的医疗卫生服务资源支持是必不可少的。通过免费发放叶酸、孕期检查、住院分娩补助、产后访视、孕产期知识普及和适龄儿童免费接种疫苗、生长发育检查等具体措施，为处于孕产期的女性提供相应的卫生政策资源与社会支持，可以显著地促进女性和儿童的健康水平，降低孕产妇和新生儿的健康风险，进一步提高社会整体的健康水平。

与户籍人口相比，流动人口的社会网络支持资源较少，而且由于外来人口的身份标签和经济水平的制约，在获取医疗卫生资源方面处于劣势地位，因此卫生和计生部门有责任了解目前流动人口在孕产期保健和儿童健康方面存在的需求和问题，通过提供有针对性的政策措施为流动人口女性提供孕产期卫生服务资源，促进流动女性、儿童和家庭的健康水平，促进流动人口基本卫生公共服务的均等化。

随着近几年基本公共卫生服务均等化的深入推进，流动人口在实现“均等化”过程中的重要性也日益凸显，而流动人口妇幼保健服务是实现流动人口公共卫生服务“均等化”过程的一个重要方面。在适应流动人口生育行为新特征的同时，流入地政府在流动人口卫生计生服务和管理、妇幼保健服务提供中的责任也不断增加。为了了解目前流动人口在孕产期保健和儿童健康方面存在的需求和问题，本章一方面利用2013年流动人口公共卫生服务均等化专项调查数据，主要分析近几年来流动人口妇幼保健服务相关状况及存在的问题；另一方面，在此基础上，利用2015年国家卫生计生委流动人口动态监测数据，分析6岁以下流动儿童保健以及计划免疫服务、婴儿产后访视以及流动女性孕优检查等的影响因素。

第一节　流动人口孕产保健服务主要状况

根据原国家卫生和计划生育委员会在2013年5月进行的全国流动人口动态监测调查数据，育龄妇女在流动人口中所占比例已达到

36.5%，据此大致推算我国流动育龄妇女总数在8600万人左右，如此大规模的流动育龄妇女给我国的流动人口基本公共服务均等化带来了严峻的挑战，其中计划生育服务、孕产期保健服务和儿童健康促进服务最为突出。

流动人口的怀孕和生育过程越来越多地在流入地完成，随父母流动的儿童比例越来越高。首先，孕期一直在外地或主要在外地的比例不断提升，从2006年的52.0%增加到2013年的88.7%。其次，流动人口子女出生在户籍地以外的比例越来越高，2010年动态监测调查数据中有35.4%的0~6岁流动人口子女出生在户籍地以外，而2013年该比例上升至46.3%。最后，0~6岁幼龄流动儿童中随父母流动的比例由2010年的58.7%提升到2013年的71.6%。近些年来，流动人口在获取妇幼保健卫生资源上主要体现出以下趋势。

一　流动女性基本情况

“2013年流动人口卫生计生基本公共服务专项调查”共调查拥有0~6岁子女的女性流动人口4800人，出生年份分布情况如图9.1所示，可以看出3/4的女性属于新生代流动人口。

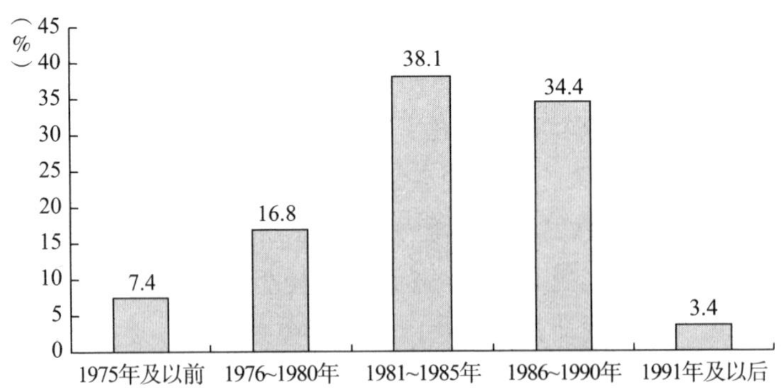

图9.1　流动女性出生年份分布情况

受访流动女性的受教育程度以初中为主，比例约为一半（48.7%），其次高中或中专教育程度的比例合计达26.5%，大学专科及以上的合计占17.8%，小学及以下的合计占7.1%。受访流动女性中农村户籍的占81.2%，城镇户籍的占18.8%。就业方面，受访流动女性以在业为主，其中就业的比例为 72.3%，务农的比例为 0.2%。操持家务也是女性较为常见的状态，比例达 20.3%，另外还分别有 5.7% 和 1.5% 的流动女性处于无业或失业状态。

流动女性以跨省流动为主，比例达 64.2%，其次为省内跨市流动，占 26.5%，市内跨县的比例较低，仅为 9.3%。来本地时间在 1～3 年内的比例最高，达 39.0%，来本地 4～6 年的占 23.2%，来本地不足 1 年的占 15.0%，来本地 7～10 年的占 14.6%，另外来本地年限在 11 年及以上的达 8.1%。

二　流动女性孕产期卫生保健服务情况

（一）孕前优生优育服务

在流动女性中，仅有 30.4% 在怀孕前三个月内主要居住地为户籍地，有高达 62.3% 在怀孕前的主要居住地点为流入地，还有 7.3% 为其他地区。随着孩子出生年份的推移，越来越多的流动女性怀孕前三个月的主要居住地为本地（见图 9.2）。

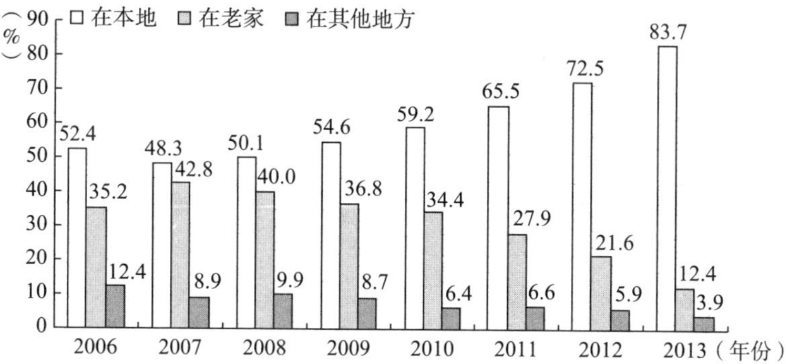

图 9.2　分子女出生年份的流动女性怀孕前三个月主要居住地分布情况

数据显示，有 51.8% 的流动女性在怀孕前三个月曾经服用过叶酸，有 14.9% 在怀孕后才开始服用叶酸，从未服用的比例占 30.1%（参见图 9.3）。分孕前主要居住地看，怀孕前三个月主要在本地居住的流动妇女服用叶酸的比例要高于在老家或其他地方居住的流动妇女。

随着我国孕产妇保健知识的普及和农村妇女免费叶酸供给项目的

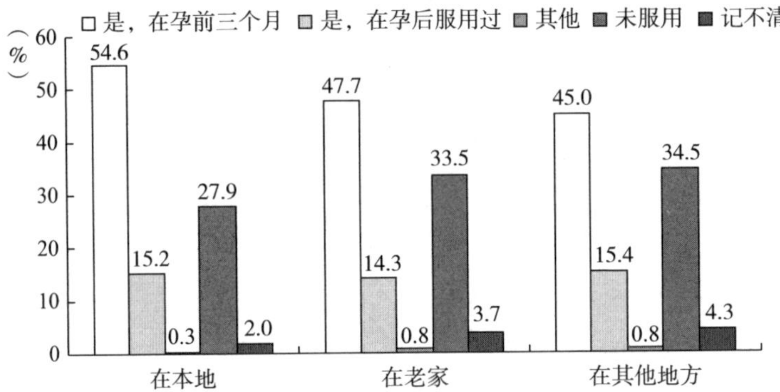

图 9.3　分怀孕前三个月主要居住地的流动妇女是否服用叶酸分布情况

推广，流动女性服用叶酸的比例不断增加，以孕前三个月服用叶酸的比例为例，2006 年仅为 26.7%，到 2013 年已经持续增长到 65.1%，而从未服用叶酸的比例则从 51.4% 下降到 2013 年的 16.3%（见图 9.4）。分户籍性质来看，城镇户籍流动妇女服用叶酸的比例要高于农村户籍流动妇女。城镇户籍流动妇女在孕前三个月服用叶酸的比例比农村户籍妇女高 19.1 个百分点，而未服用叶酸的比例则要低 19.2 个百分点。流动妇女的流动距离与服用叶酸情况有密切联系：市内跨县的流动妇女孕前三个月服用叶酸的比例最高，占 63.3%，未服用的比例最低，为 16.7%，而跨省流动的妇女在孕前三个月服用叶酸的比例最低，为 47.1%，高达 34.0% 的跨省流动妇女在孕期内未服用叶酸。

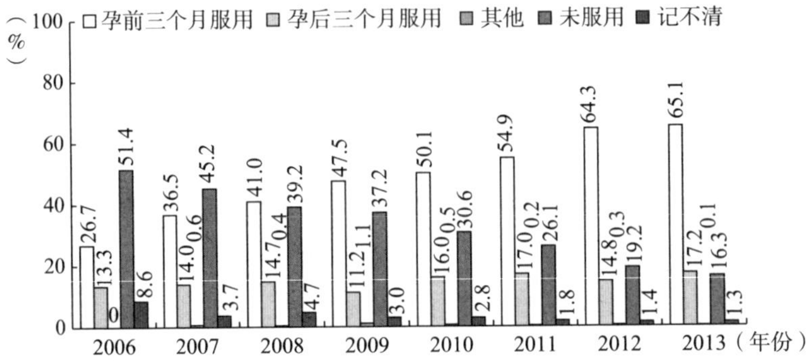

图 9.4　分子女出生年份的流动妇女是否服用叶酸分布情况

总体来看，近年来流动妇女服用的叶酸以自费为主，比例达62.4%，免费的仅占33.6%。同时，怀孕前三个月的主要居住地与叶酸的付费类型有明显的关联：居住在老家的流动妇女更易获得免费的叶酸，比例达42.1%，而在本地和其他地方的流动妇女则仅分别有30.5%和26.9%服用免费叶酸，说明流动人口获取免费叶酸的可及性不足。数据显示，农村户籍流动妇女获得免费叶酸的比例比城镇户籍妇女高4.2个百分点，而服用自费叶酸的比例则比城镇户籍妇女低5.2个百分点。

分子女的出生年份看，流动妇女服用免费叶酸的比例在近年虽有增加的趋势，但是一直处于波动状态且比例较低，仅有三成左右的妇女能够获得免费叶酸（参见图9.5）。流动妇女的流动距离与获取免费叶酸的比例呈负相关关系：市内跨县的流动妇女有一半以上（50.1%）服用的是免费叶酸，而省内跨市流动妇女的该比例仅为38.4%，跨省流动妇女为28.5%。

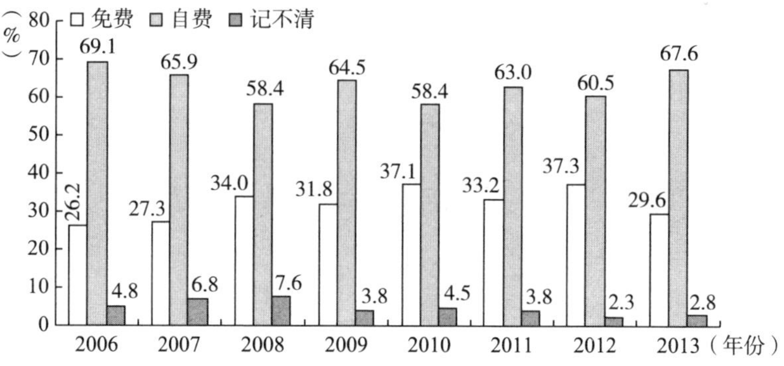

图9.5　分子女出生年份的流动妇女服用叶酸付费分布情况

（二）孕期《孕产妇保健手册》建立状况

从流动妇女孕期的主要居住地点来看，孕期及分娩均在外地的比例在不断增加，从2006年的34.3%增加到2013年的66.9%，而孕期及分娩均在老家的比例则不断下降，从2006年的38.1%下降到2013年的9.0%。孕期在老家临分娩外出的情况较为少见，而孕期在外地临分娩返乡的比例近年来基本稳定在20%左右（见图9.6）。

分流动妇女的户籍性质来看，孕期及分娩均在外地的农村户籍流

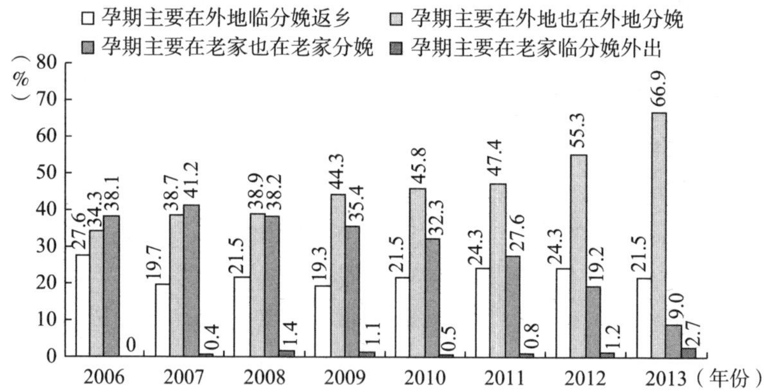

图 9.6　分子女出生年份的流动妇女孕期居住地分布情况

动妇女比例比城镇户籍流动妇女低 17.6 个百分点，孕期及分娩均在老家的比例则高出 10.9 个百分点。孕期在外地临分娩返乡的情况在农村户籍流动妇女中较为常见，比例占 23.6%，城镇户籍流动妇女为 15.8%（见图 9.7）。

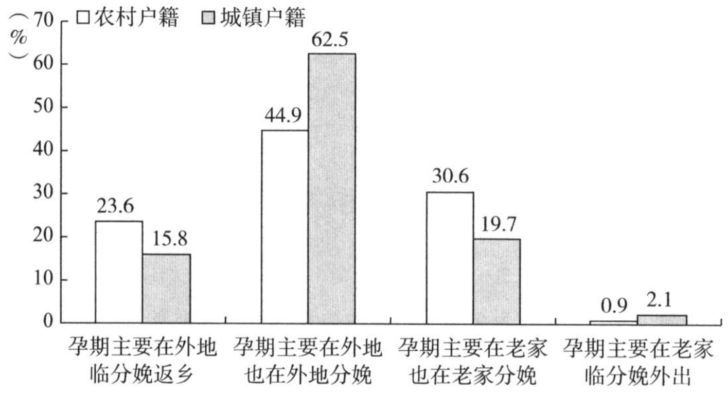

图 9.7　分户籍性质的流动妇女孕期居住地分布情况

近年来，孕期未建立《孕产妇保健手册》的比例不断下降，尤其是 2008 年以后，未建册的比例持续下降，到 2013 年仅为 3.9%。在建册的流动妇女中，建册地点已经由老家为主转变为本地为主，2013 年在本地建册的流动妇女比例已占 79.2%，在老家建册的比例为 16.8%，其他地区占 2.2%（见图 9.8）。与城镇户籍流动妇女相比，农村户籍流动妇女不仅未建册的比例明显较高（11.1%），而且在本地建册的比例要低于城镇户籍流动妇女 19.1 个百分点，在老家建册的比例则高出 11 个百分点。流动距离与建册的比例呈现负相关关系：跨省流动的女性未建册的比例最高，达 10.8%，省内跨市的流动妇女为 9.2%，而市内跨县的流动女性未建册的比例仅为 2.9%。市内跨县流动妇女在本地建册的比例为 62.7%，高于省内跨市 9 个百分点，高于跨省流动 6.3 个百分点。

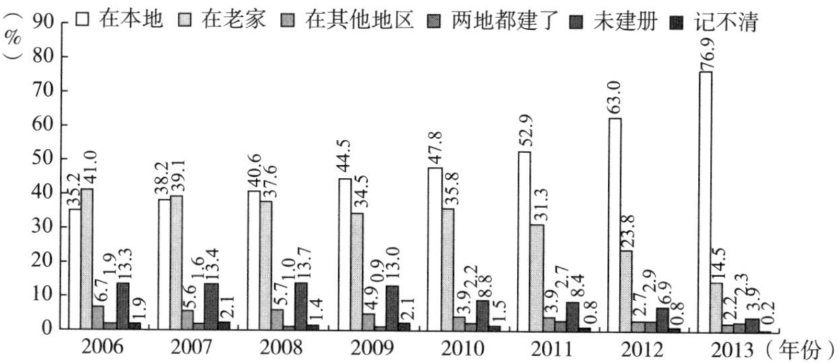

图 9.8　分子女出生年份的流动妇女建立《孕产妇保健手册》地点分布情况

近九成的流动妇女在孕后 2～4 个月内建立《孕产妇保健手册》，62.9% 的流动妇女在怀孕后第三个月建册，而在第二月或第四月建册的比例分别为 10.3% 和 14.6%（参见图 9.9）。分户籍性质来看，城

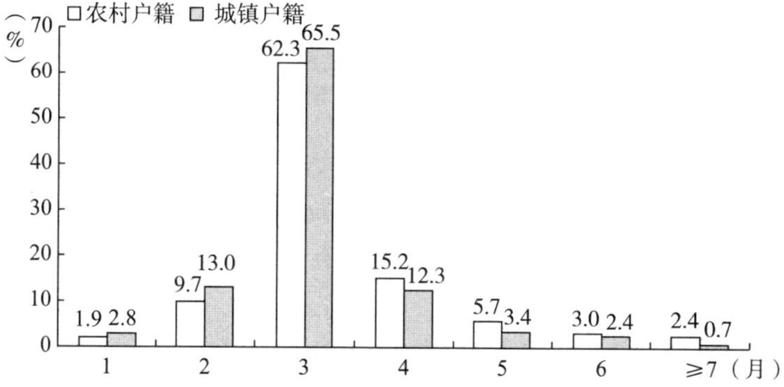

图 9.9　分户籍性质的流动妇女建立《孕产妇保健手册》时间分布情况

镇户籍流动妇女建册的时间比农村户籍流动妇女要早。流动的距离越长，流动女性建立《孕产妇保健手册》的时间越晚。95.4%的市内跨县流动妇女在怀孕4个月及以前就已经建册，比省内跨市和跨省流动妇女分别高2.5和7.7个百分点。

妇幼保健院和综合医院是流动妇女建立《孕产妇保健手册》的主要地点，比例分别达到39.5%和27.1%，其次乡镇卫生院和社区卫生服务中心的比例分别为16.9%和12.4%，私立医院仅为2.5%。分户籍性质来看，城镇户籍流动妇女在社区卫生服务中心建册的比例要比农村户籍流动妇女高12.7个百分点，而在乡镇卫生院建册的比例则低14.5个百分点（见图9.10）。

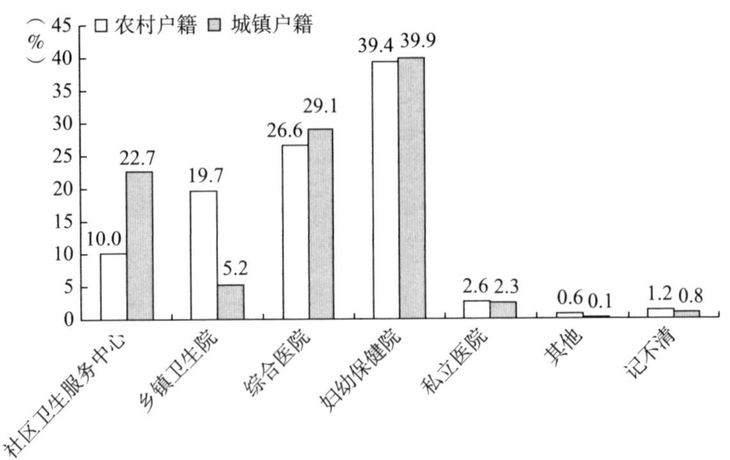

图9.10　分户籍性质的流动妇女建立《孕产妇保健手册》地点分布情况

从流动妇女未建册的原因来看，认为没有必要建册的妇女占21.9%，服务机构没有要求占13.0%，而因为收费未建册的比例则仅为1.1%。农村户籍流动妇女中认为没有必要建册的比例要高于城镇户籍流动妇女（参见图9.11）。

流动妇女在孕期内的平均产前检查次数在逐年增加，到2013年，未做过产前检查的比例已经下降至1.0%，仅做过1~2次产前检查的比例下降至4.6%，而做过5次以上产前检查的比例则上升至63.8%。分户籍性质看，农村户籍的流动妇女进行产前检查的次数要偏低，曾

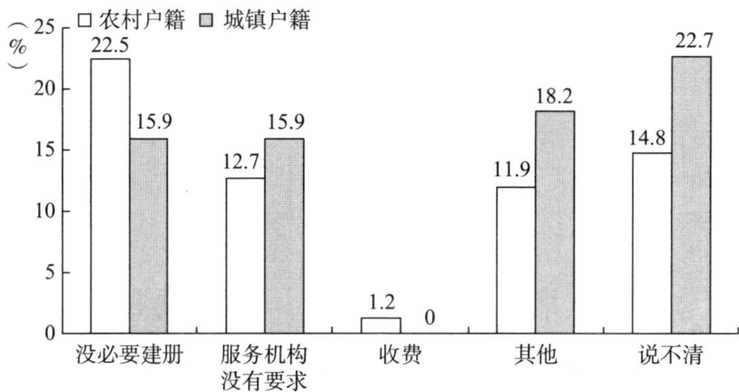

图 9.11 分户籍性质的流动妇女未建立《孕产妇保健手册》原因分布情况

经做过 5 次以上产前检查的农村户籍流动妇女比例比城镇户籍流动妇女要低 10.3 个百分点（参见图 9.12）。

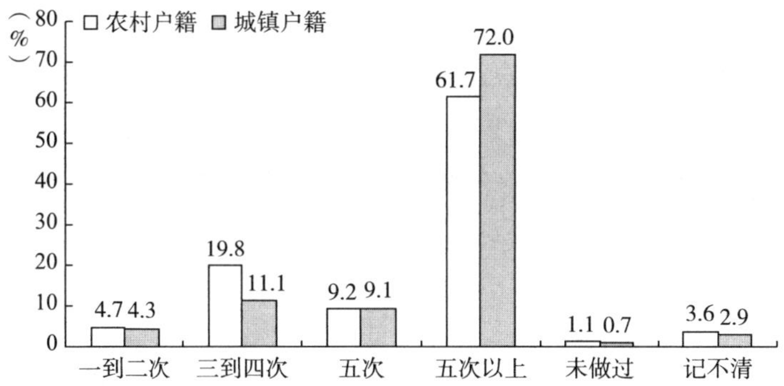

图 9.12 分户籍性质的流动妇女产前检查次数分布情况

分孕期主要居住地点来看，居住在老家的流动妇女平均产检次数比居住在外地的流动妇女低，例如孕期主要在老家的妇女做过 5 次以上产检的比例比孕期在外地的妇女低 20.3 个百分点（参见图 9.13）。同时，综合医院和妇幼保健院是流动妇女产检的主要地点，二者合计比例占七成以上，近年来在乡镇卫生院产检的比例下降比较明显，而在社区卫生服务中心产检的比例有所回升，但是所占比例不高。分户籍性质看，虽然综合医院和妇幼保健院依然是最主要的产检机构，但是农村户籍流动妇女中选择在乡镇卫生院产检的仍占相当比例，达到19.4%。

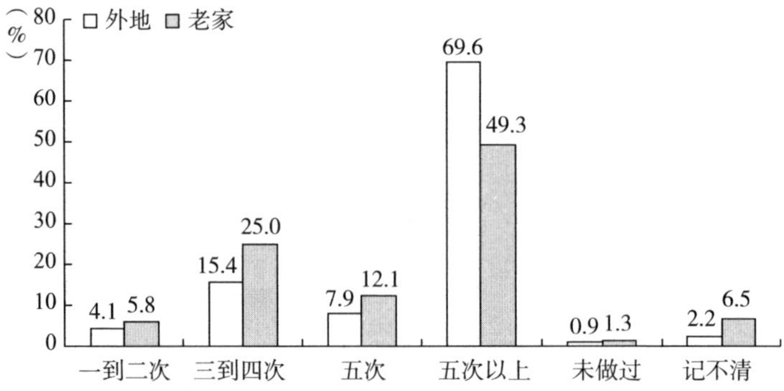

图9.13　分孕期居住地的流动妇女产前检查次数分布情况

有68.5%的流动妇女第一次产检是在怀孕后3个月内，还有25.5%的流动妇女是在怀孕后3～5个月进行第一次产检，在怀孕6个月时第一次产检的比例为2.5%，还有1.4%的流动妇女是在怀孕6个月以上才进行孕检（参见图9.14）。近年来这一比例分布模式比较稳定，没有大的波动。分户籍性质看，城镇户籍流动女性第一次进行产检在怀孕3个月以内的占75.2%，比农村户籍流动女性高8.2个百分点，说明城镇户籍流动女性第一次产检的时间较早。

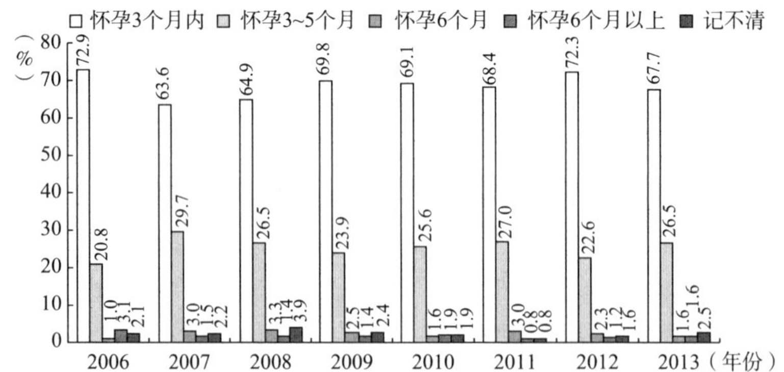

图9.14　分子女出生年份的流动妇女第一次产前检查时间分布情况

调查发现，流动妇女中未做过免费项目产检的比例为51.2%，做过1～2次的占13.9%，3～4次的占10.3%，5次的占3.0%，5次以上的占9.0%（参见图9.15）。这说明免费孕检项目在近年来的普及情况并没有明显的改善。进一步探析原因，分孕期主要居住地点来看，主要居住在老家的流动妇女获得免费产检的情况较好，未做过免费产检的比例比主要居住在外地的流动妇女低 7.7 个百分点。

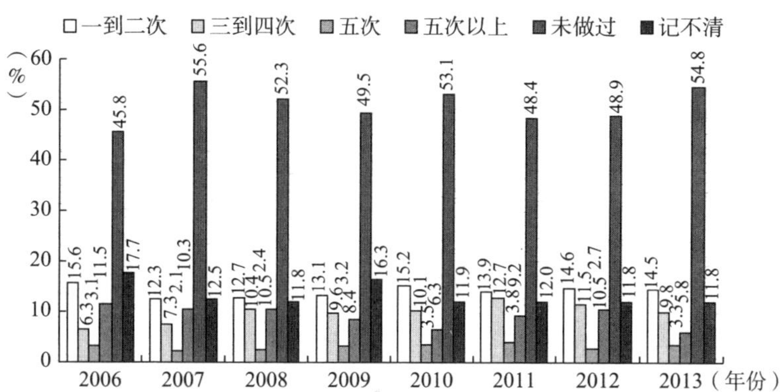

图 9.15 分子女出生年份的流动妇女免费项目产前检查次数分布情况

三 流动人口分娩情况与产后访视服务

调查数据显示，流动妇女的分娩地点已从在老家分娩为主转变为以在流入地分娩为主，到 2013 年在本地分娩的流动妇女的比例为 69.7%，在老家分娩的比例仅为 28.7%，另外在其他地方分娩的占 1.6%（见图 9.16）。分户籍性质看，城镇户籍流动妇女选择在本地分娩的比例为 61.8%，比农村户籍流动妇女高 19 个百分点，而在老家分娩的比例则比农村户籍流动妇女低 18.6 个百分点。

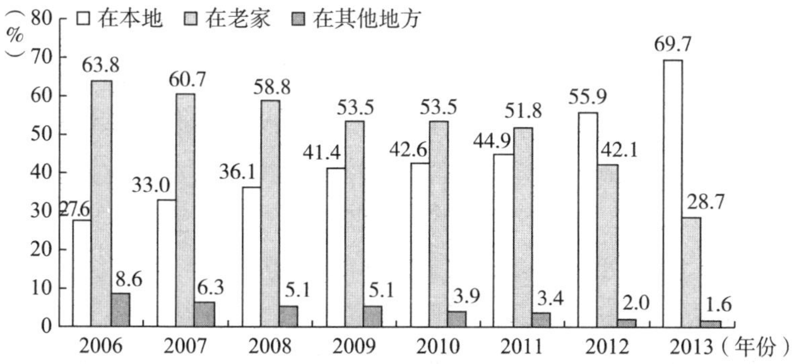

图 9.16 分子女出生年份的流动妇女分娩地点分布情况

未在流入地分娩的流动女性中，需要照顾是最主要的原因，有54.3%是由于在老家或其他地区有人照顾才未在本地分娩，还有30.9%的妇女是由于当时并未在本地，另外由于不能报销或分娩费用太高的比例分别为7.9%和5.0%。

近年来，流动妇女自然分娩的比例不断下降，而剖宫产所占比例持续上升，到2013年，自然分娩所占比例下降至56.5%，而剖宫产所占比例高达43.6%，远远高出世界卫生组织推荐的15%的剖宫产比例（参见图9.17）。分户籍性质看，农村户籍流动妇女选择自然分娩的比例较高，占63.5%，比城镇户籍流动妇女高9.8个百分点。分流动范围看，跨省流动妇女选择自然分娩的比例最高，为62.9%，市内跨县流动妇女选择自然分娩的比例最低，占53.8%。从不同的分娩地点看，在老家分娩的流动妇女选择自然分娩的比例最高，为63.5%，在其他地区分娩的流动妇女选择自然分娩的比例最低，占55.3%。

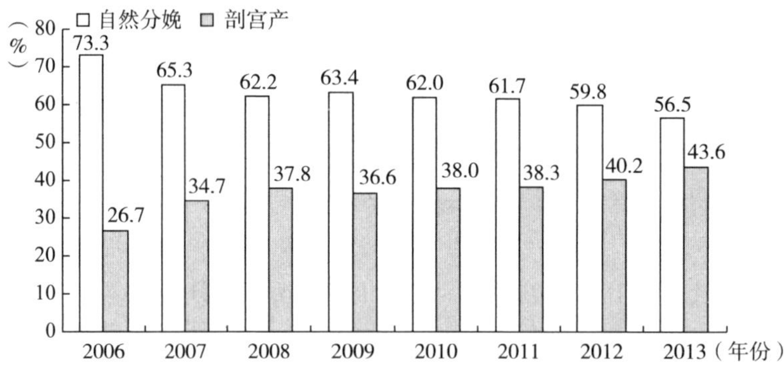

图9.17　分子女出生年份的流动妇女分娩方式分布情况

近年来，越来越多的流动妇女分娩费用得到了报销，全部自费的比例从2006年的61.9%下降到2013年的44.6%。在享受分娩费用报销的流动妇女中，部分新农合报销和部分生育保险报销是最主要的两种方式，比例分别占23.5%和18.9%，享受农村孕产妇住院分娩补助的比例占5.2%（参见图9.18）。

分户籍性质看，农村户籍流动妇女中，通过新农合报销的比例为27.0%，通过生育保险报销的比例为14.2%，享受农村孕产妇住院分

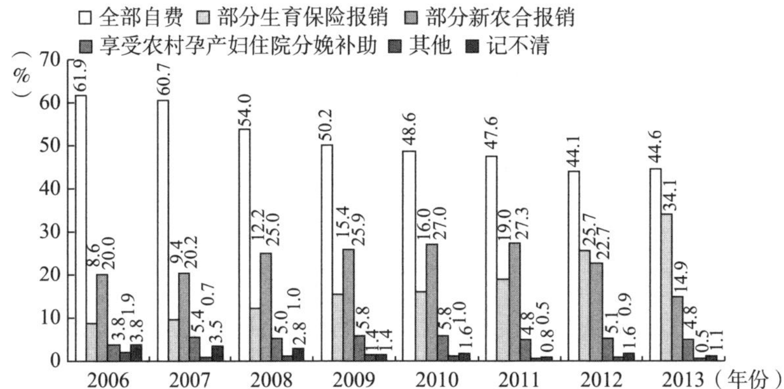

图 9.18　分子女出生年份的流动妇女分娩费用报销方式分布情况

娩补助的占 6.0%。城镇户籍流动妇女中，通过生育保险报销的占 40.2%，通过新农合报销的占 7.8%（见图 9.19）。分流动范围看，通过生育保险报销比例最高的是市内跨县流动妇女，通过新农合报销比例最高的是省内跨市流动妇女，而通过农村孕产妇住院分娩补助方式报销比例最高的则是跨省流动妇女。

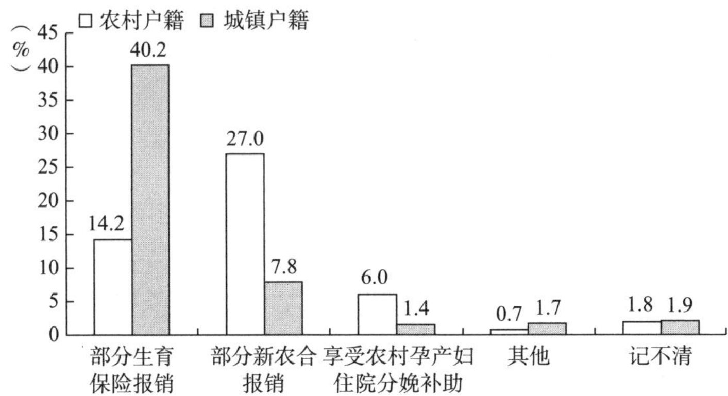

图 9.19　分户籍性质的流动妇女分娩费用报销方式分布情况

从不同的分娩地点来看，在老家分娩的流动妇女能够得到报销的比例最高，而且主要集中于新农合报销，比例为 37.7%，其次为通过生育保险（13.8%）和农村孕产妇住院分娩补助（8.1%）报销。在本地分娩的流动妇女中，通过生育保险报销的比例最高，为 24.8%，还有 9.0% 通过新农合的方式报销（见图 9.20）。

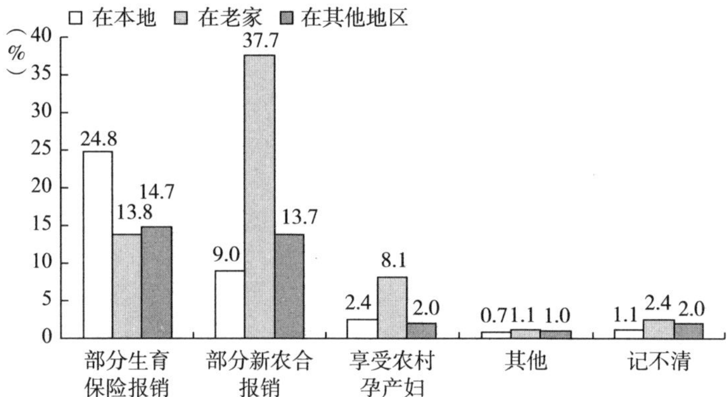

图 9.20　分分娩地点的流动妇女分娩费用报销方式分布情况

近年来，得到产妇产后一周内访视服务的流动妇女比例持续增加，从 2006 年的 65.7% 上升到 2013 年的 74.4%。得到新生儿产后一周内访视服务的流动妇女比例同样持续增加，从 2006 年的 63.8% 上升到 2013 年的 74.0%（见图 9.21）。

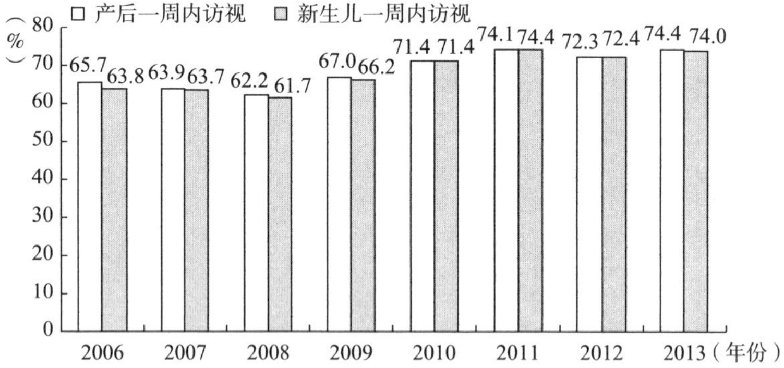

图 9.21　分子女出生年份的流动妇女是否得到本人/新生儿产后一周内访视服务分布情况

从 2006 年到 2013 年，得到产妇产后 42 天访视服务的流动妇女比例显著增加，从 54.3% 上升到 69.0%；近年来，得到新生儿产后满月访视服务的流动妇女比例同样持续增加，从 2006 年的 56.2% 上升到 2013 年的 69.5%（见图 9.22）。

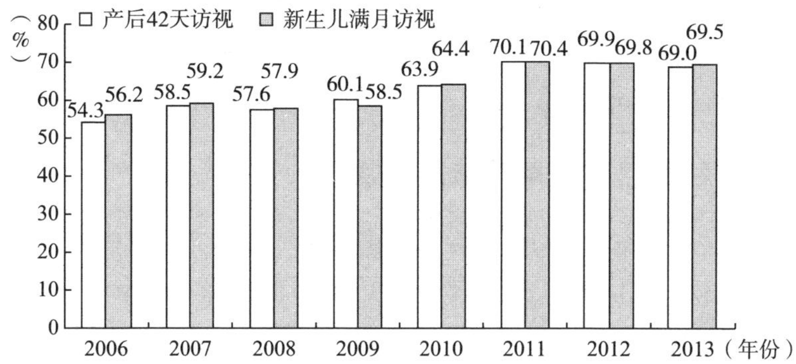

图 9.22　分子女出生年份的流动妇女是否得到本人产后 42 天访视服务以及新生儿满月访视服务分布情况

第二节　幼龄流动儿童健康保健基本情况

一　幼龄流动儿童基本情况

“2013 年流动人口卫生计生基本公共服务专项调查”共调查女性流动人口的 0～6 岁子女 5120 人，其中出生于 2012 年的比重最高，达 20.8%，其次是 2011 年出生的流动人口子女，比例达 15.1%，在 2006 年出生的流动人口子女比例较少，占 2.1%（见图 9.23）。

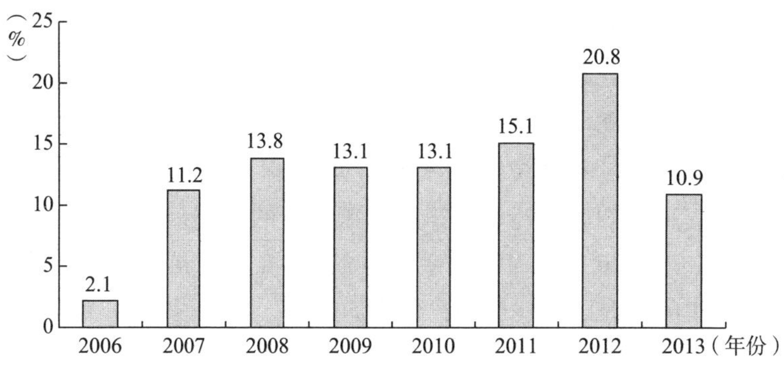

图 9.23　0～6 岁幼龄流动儿童出生年份分布情况

0～6 岁幼龄流动儿童中，农村户籍占 80.7%，城镇户籍占 19.3%；男孩占 53.4%，女孩占 46.6%，性别比为 114.6。在接受教育方面，这些幼龄儿童中，未上学的占 62.5%，目前在上幼儿园的占 35.6%，还有 1.9% 就读于小学。在接受调查的幼龄流动儿童中，符合生育政策的比例为 93.8%，不符合生育政策的占 6.2%。

二　幼龄流动儿童预防接种状况

越来越多的流动人口选择在本地建立《0－6 岁儿童保健手册》，到 2013 年，选择在本地建册的比例达 70.9%，而选择在老家建册的比例占 20.4%，在其他地区建册的仅占 1.6%。同时，未建册的比例近年来也有明显的下降，从 2006 年的 17.1% 下降到 2013 年的 8.8%（见图 9.24）。

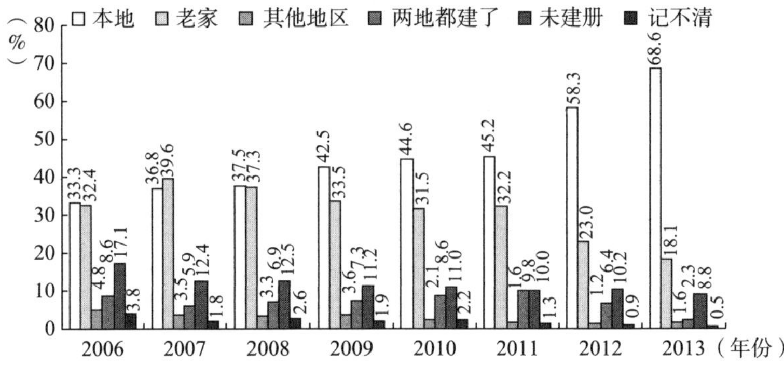

图 9.24　分出生年份的 0～6 岁流动人口子女建立《0－6 岁儿童保健手册》地点分布情况

分户籍性质看，农村户籍流动人口未建册的比例稍高（11.2%），同时更倾向于在老家建册，而城镇户籍流动人口在本地建册的比例较高，比农村户籍流动人口高 12.3 个百分点。分流动范围看，市内跨县流动人口在本地建立《0－6 岁儿童保健手册》的比例最高（66.7%），而省内跨市流动人口在老家建册的比例最高（44.2%）。

未建立《0－6 岁儿童保健手册》的 0～6 岁幼龄流动儿童中，由于不知道建册流程而未建册的比例为 56.2%，由于家人认为没有必要的占 10.5%，由于家人没时间的占 5.5%（参见图 9.25）。

分户籍性质看，农村户籍流动人口中认为没有必要建册的所占比例达 11.8%，高出城镇户籍流动人口 8.7 个百分点，说明农村户籍流动人口对于子女的卫生保健意识有待加强，而城镇户籍流动人口中由

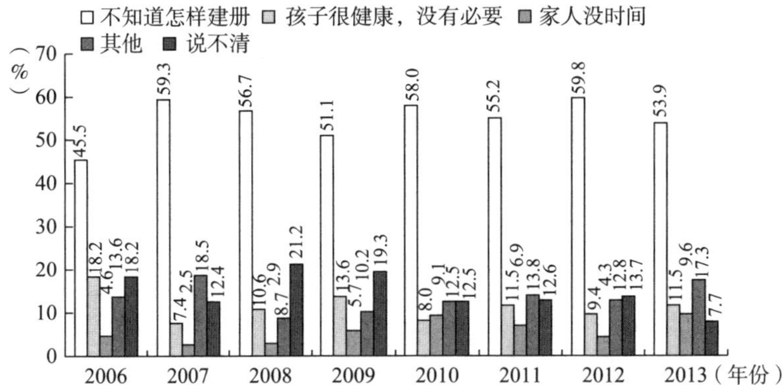

图 9.25　分出生年份的 0～6 岁幼龄流动儿童未建立《0－6 岁儿童保健手册》原因分布情况

于不知道怎样建册而未建册的比例较高（见图 9.26）。

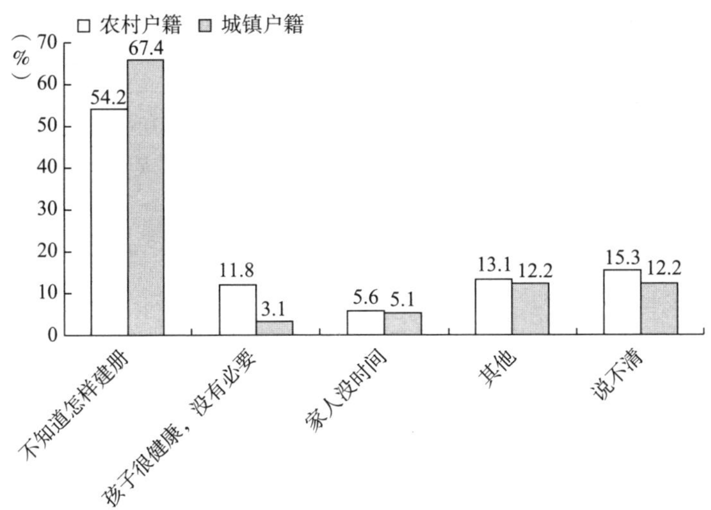

图 9.26　分户籍性质的 0～6 岁流动人口子女未建立《0－6 岁儿童保健手册》原因分布情况

总体来看，0～6 岁幼龄流动儿童建立《预防接种卡》的情况较好，仅有 0.2% 未建卡，而且建卡的主要地点已经从老家转移到本地。到 2013 年，在本地建立《预防接种卡》的比例达 79.6%，在老家建卡的比例达 22.1%，其他地区占 1.1%（参见图 9.27）。

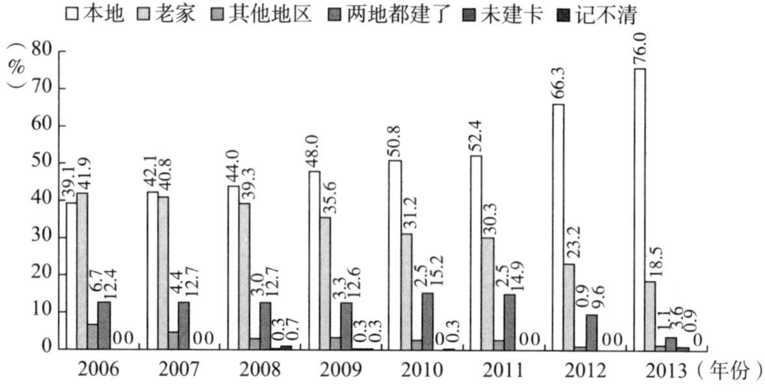

图 9.27　分出生年份的 0～6 岁流动人口子女建立《预防接种卡》地点分布情况

分户籍性质看，农村户籍 0～6 岁幼龄流动儿童在老家建立《预防接种卡》的比例比城镇户籍高 15.4 个百分点，而在本地建卡的比例则低 11.5 个百分点，说明农村户籍流动人口更倾向于在老家建立《预防接种卡》（参见图 9.28）。

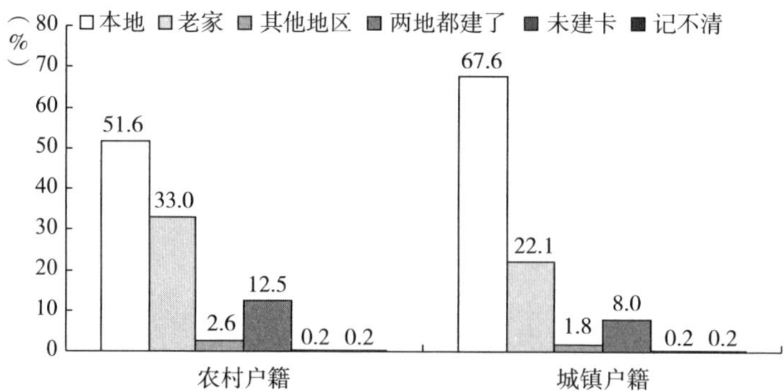

图 9.28　分户籍性质的 0～6 岁流动人口子女建立《预防接种卡》的地点分布情况

分流动范围看，市内跨县 0～6 岁幼龄流动儿童在本地建立《预防接种卡》的比例最高，省内跨市 0～6 岁幼龄流动儿童在老家建卡的比例最高（见图 9.29）。

总体来看，0～6 岁幼龄流动儿童接种适龄免费疫苗的情况较好，

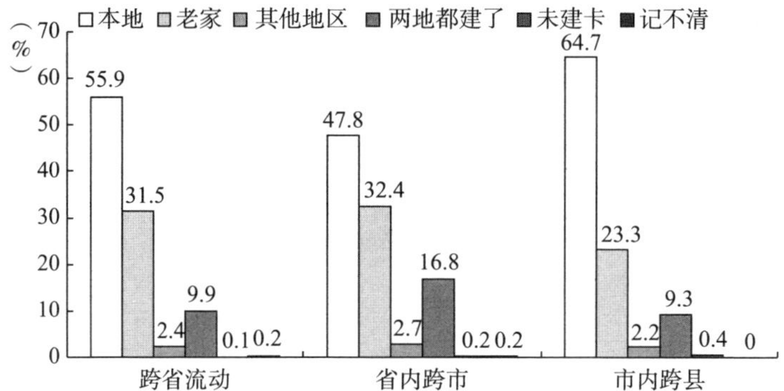

图 9.29　分流动范围的 0～6 岁流动人口子女建立《预防接种卡》地点分布情况

约九成接种了全部的适龄免费疫苗，还有 6.5% 接种了大部分的适龄免费疫苗，接种小部分或未接种的比例合计仅占 1.2%（参见图 9.30）。分户籍性质看，0～6 岁幼龄流动儿童接种适龄免费疫苗的情况差别不大，城镇户籍接种所有适龄免费疫苗的比例略高。分流动范围看，0～6 岁幼龄流动儿童接种适龄免费疫苗的情况差别不大，说明免费疫苗接种情况普遍较好。

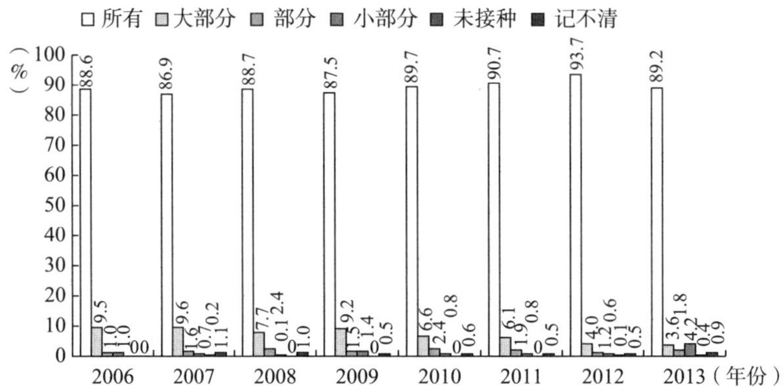

图 9.30　分出生年份的 0～6 岁流动人口子女是否接种了所有适龄免费疫苗分布情况

分建立《预防接种卡》的地点看，在其他地区建卡的儿童接种全部适龄免费疫苗的比例较低，低于本地建卡儿童 9.5 个百分点，低于在老家建卡儿童 6.3 个百分点（参见图 9.31）。在 0～6 岁幼龄流动儿童未接种所有或未免费接种适龄疫苗的原因中，接到通知忘记了和认为没有必要是最主要的两个选项，比例分别为 19.7% 和 15.7%，接到通知没时间的占 10.3%，没有接到通知的比例仅为 6.8%，路途太远和孩子不在身边的比例分别为 3.3% 和 1.4%。

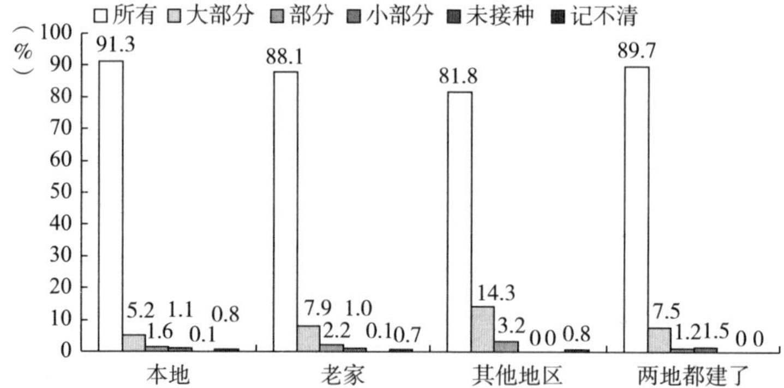

图 9.31　分建卡地点的 0～6 岁流动人口子女是否接种了所有适龄免费疫苗分布情况

分户籍性质看，农村户籍 0～6 岁幼龄流动儿童由于没有接到通知而没有接种所有疫苗或未免费接种适龄疫苗的比例比城镇户籍流动人口高 6.6 个百分点，城镇户籍流动人口中由于接到通知没时间、认为没有必要等原因的比例高于农村户籍流动人口（见图 9.32）。

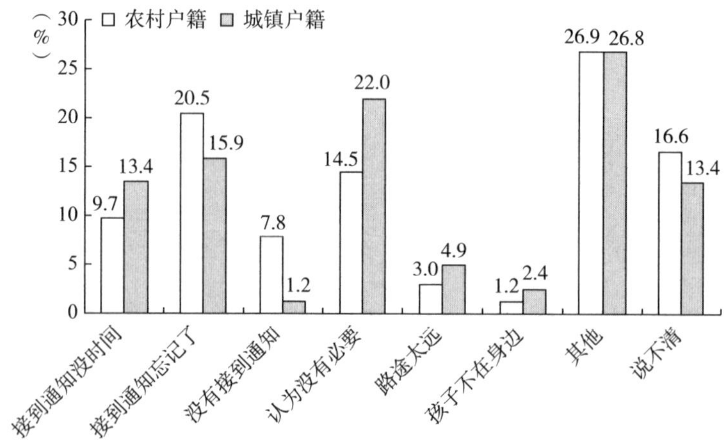

图 9.32　分户籍性质的 0～6 岁流动人口子女没有接种所有或未免费接种适龄疫苗原因分布情况

三　幼龄流动儿童健康检查状况

总体来看，0～6 岁幼龄流动儿童中，从未接受过适龄免费生长发育检查的比例为 15.7%，基本全部接受过的占 64.1%，接受过大部分的占 9.4%，接受过近一半或不足一半的合计占 5.4%（参见图 9.33）。但是，近年来流动人口子女接受适龄免费生长发育检查的状况并没有明显的改善。

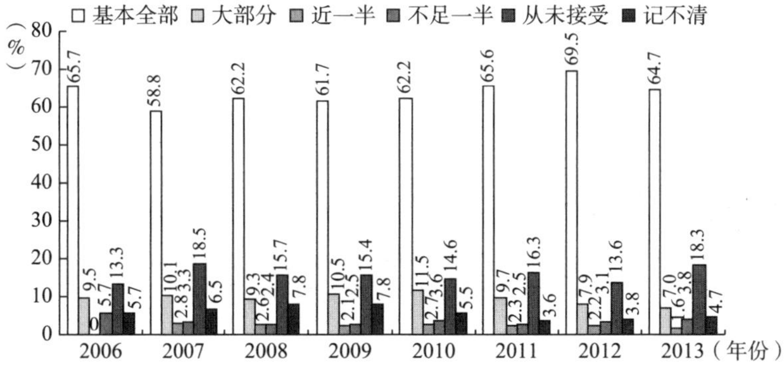

图 9.33　分出生年份的 0～6 岁幼龄流动儿童是否接受过适龄免费生长发育检查分布情况

分户籍性质看，农村户籍流动人口子女未接受适龄免费生长发育检查的比例比城镇户籍高 3.9 个百分点，而接受了基本全部检查的比例则低 7.9 个百分点（见图 9.34）。

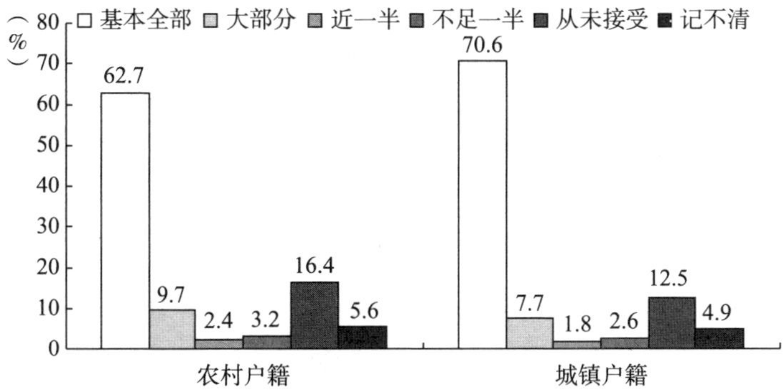

图 9.34　分户籍性质的 0～6 岁幼龄流动儿童是否接受过适龄免费生长发育检查分布情况

分流动范围看，流动距离越长则接受免费适龄生长发育检查的情况越差。如跨省流动的流动人口子女从未接受检查的比例比市内跨县的高 7.9 个百分点，而接受基本全部检查的比例则低 10.8 个百分点（见图 9.35）。

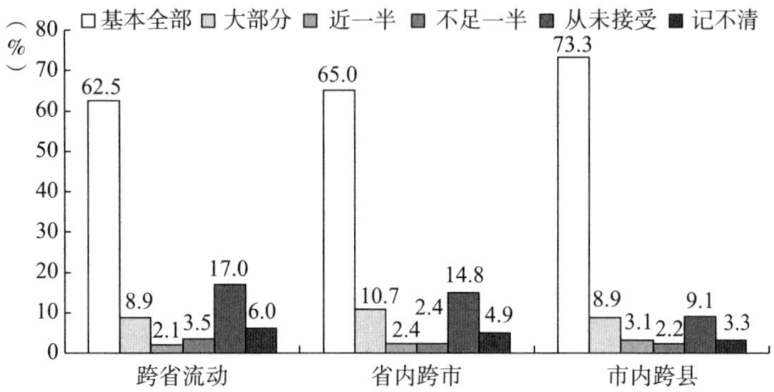

图 9.35　分流动范围的 0～6 岁幼龄流动儿童是否接受过适龄免费生长发育检查分布情况

第三节　流动人口妇幼保健服务存在的主要问题

一　对流动人口的免费叶酸提供、产后访视、适龄体检等公共服务供给依然有待加强

通过分析目前流动人口享有的妇幼保健服务情况，可以发现近年来我国在流动人口孕产妇保健服务和儿童保健服务方面取得了显著的进步，接受各项服务的流动人口比例有明显的增加，但是依然存在一些突出的问题，集中表现在某些卫生保健服务指标的水平依然不高或者近几年的水平一直没有改善。

数据显示，与建册、建卡、接种疫苗等覆盖率较高的基本情况相比，流动人口子女接受适龄免费生长发育检查的比例相对较低。基本接受了所有适龄免费检查和接受了大部分适龄免费检查的流动人口子女占 64.1%，并且仍有 15.7% 的流动人口子女从没接受过免费检查。

另以产后访视服务为例，到2013年依然有1/5强的流动妇女未得到产后42天访视服务和新生儿满月访视服务。再以服用免费叶酸的情况为例，流动妇女中服用免费叶酸的比例在近年虽有增加的趋势，但是一直处于波动状态且比例较低，仅有三成左右的妇女能够获得免费叶酸，这说明2009年以来农村孕妇免费叶酸补给项目对流动妇女的作用效果并不明显。

二　农村户籍流动人口在妇幼保健资源方面依然处于劣势

流动人口，尤其是农村户籍流动人口目前还未能够完全地、顺利地享有与户籍人口同等的妇幼健康卫生资源，农村户籍流动女性在获取卫生资源方面明显处于劣势地位。

以孕期建立《孕产妇保健手册》为例，农村户籍流动妇女不仅未建册的比例明显较高（9.6%），而且在本地建册的比例要低于城镇户籍流动妇女21.3个百分点，在老家建册的比例则高出15.3个百分点。再如孕期从未服用叶酸的比例，农业户籍流动女性的比例（32.4%）是城镇户籍流动女性的两倍多（14.4%）。又如农村户籍流动女性得到产后一周内访视的比例（61.6%）比城镇户籍流动女性低11.1个百分点。

三　跨省流动人口接受妇幼保健服务的情况最差

数据表明，流动范围往往是导致流动人口内部妇幼保健服务情况差异的重要因素之一，流动距离越长或范围越大的妇女及儿童在获取卫生资源方面情况较差。例如流动距离与是否服用过叶酸的比例呈现负相关关系：跨省流动的女性孕期从未服用叶酸的比例最高，达34.0%，省内跨市的流动妇女为25.4%，而市内跨县的流动女性未服用的比例为16.7%。再以接受适龄免费生长发育检查的流动人口子女比例为例，市内跨县流动人口子女中从未接受的比例为9.1%，省内跨市为14.8%，跨省流动为17%。

另外，相当部分的流动妇女在怀孕生育和子女成长过程中会来回往返于户籍地和流入地，如在2013年生育的流动女性中，有24.1%的孕期主要所在地和分娩所在地不一致，同时仍然存在部分人口在老家和流入地重复建册、建卡等情况。因此保证妇幼保健服务在不同地区、不同省份之间的衔接，防止由服务对象流动造成的服务链条中断，是未来实现卫生服务均等化的重要保证。

四　生育政策外怀孕的妇女儿童权益保护不容乐观

享有基本的妇幼保健卫生服务和资源是每一位流动人口女性的普遍权利，不能因其是否为政策外怀孕而被差别对待，然而本调查结果发现，政策外怀孕的流动女性和儿童在妇幼健康方面处于明显的不利地位，她们接受各项卫生服务的比例明显偏低。

如政策内怀孕的流动妇女服用免费叶酸的比例为 30.5%，而政策外怀孕的妇女则低 9.3 个百分点；政策内怀孕的流动妇女未做过免费产检的比例为 50.5%，而政策外怀孕妇女则高 15.8 个百分点。

政策内怀孕的流动妇女未建立《孕产妇保健手册》的比例为 6.9%，而政策外怀孕的妇女该比例高达 27.7%；政策内生育的流动女性分娩费用全部自费的占 48.7%，而政策外生育的流动女性则高达 73.8%；政策内生育的流动人口子女未建立《0－6 岁儿童保健手册》的比例为 14.1%，而政策外生育的流动人口子女该比例高达 25.9%。

五　流动人口孕产保健宣传与教育有待提升

数据显示，流动人口对于健康知识与服务政策的知晓程度与其利用妇幼卫生保健服务资源的情况呈正相关关系。例如，数据显示在未建立保健手册的流动儿童中，超过六成（62.6%）的儿童未建册的原因为其家长不知道怎样建册，仍有 8.3% 的家长认为“孩子健康，没有必要建册”，有 4.7% 的家长选择了“家人太忙，没时间去建册”。这在很大程度上反映出仍有部分流动人口缺乏针对子女的医疗保健知识和意识，未能认识到为子女建立手册的重要性。

父母的教育程度对流动人口子女建册情况影响显著。父母（尤其是母亲）的受教育程度影响其卫生保健意识、对子女健康免疫等问题的关注度和知识水平。父母的教育程度较为显著地影响流动儿童的建册率和建册地点的选择。小学及以下文化程度女性流动人口的子女中，未建册的比例高达30.7%，是平均水平的两倍多；而大专及以上学历女性流动人口的子女未建册比例为12.4%。另一方面，母亲的教育程度越高，在本地建册的比例也越高，在老家建册的比例则相应下降。

六 不同城市流动人口妇幼保健服务的差异明显，流动人口聚集区域孕产保健服务提供需要改进

目前，我国地方政府经济负担能力和区域性卫生保健政策不同，导致各城市间在流动人口孕产妇保健服务水平上存在一定的差异。以孕前三个月主要居住在本地的流动妇女在怀孕前三个月服用叶酸的比例为例，最高的青岛市达到70.8%，最低的嘉兴市仅为26.1%；再如从孕期主要在本地的流动妇女未建立《孕产妇保健手册》的比例来看，最高的南京市达18.4%，最低的青岛市为2.5%。

本章构建了流动人口孕产期保健服务指数以评价城市间服务质量的差异，该指数满分为5分，涵盖了孕前叶酸服用、孕期保健手册建立、产前检查、产后访视和儿童保健情况五部分。可以发现经济发展水平与服务情况并非呈现绝对正相关关系，例如北京市和上海市的相关服务情况并没有走在全国的前列（见图9.36），这也与流动人口数量庞大导致的资源稀释有关。

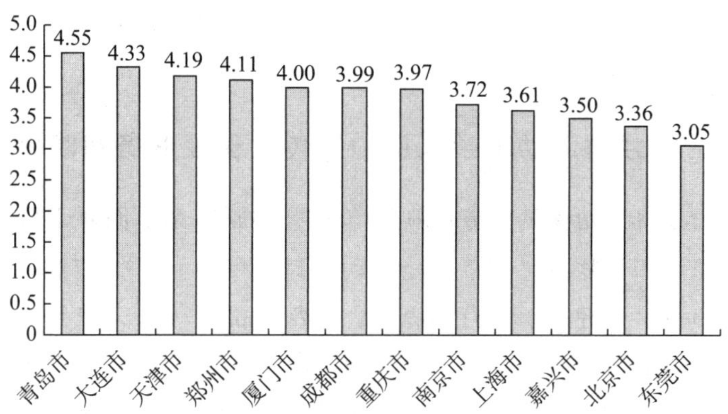

图9.36 各城市流动人口孕产妇保健服务指数排名分布情况

第四节　改进流动人口妇幼保健、促进幼龄流动儿童健康：政策建议

流动人口孕产妇及儿童健康促进首先不能脱离我国整体妇幼保健水平的提升与服务环境的改善，因此最根本的是从全国宏观层面增加资金投入，扩大妇幼卫生资源的供给，同时重点关注农村人口、流动人口和贫困人口等弱势群体的妇幼保健需求，从而带动提升流动人口的妇幼保健水平。但是由于流动人口群体的特殊性，流动女性和流动儿童有其特殊的政策诉求，也需要从微观层面制定针对流动人口妇幼健康的特殊政策，营造流动人口友善生育环境。

一　加强服务薄弱环节，推动流动人口妇幼保健服务均等化

从上文中的分析可见，虽然我国流动人口妇幼保健水平在近几年取得了显著的进步，但是在部分指标上仍基本处于停滞状态，例如所服用叶酸中免费叶酸所占比例、接受适龄儿童免费健康检查比例等，因此需要特别重视调查数据反映出的突出问题与薄弱环节，在巩固提高已有成果的同时，保障流动人口享有与户籍人口同等的卫生保健服务资源，同时缩小流动人口内部的服务差距，努力推动实现基本公共卫生服务的均等化。

二　加强对流动育龄人口的宣传，普及服务知晓率

流动人口妇幼保健服务低利用率的重要原因是他们对于服务资源的了解和认知程度不足：首先是流动人口的受教育水平较低，健康知识水平和卫生保健意识都有待提升，其次是囿于外来人口身份而缺乏对流入地的卫生服务资源的了解渠道，例如全部受访妇女中听说过免费领取叶酸服务的仅占 49.9%，听说过免费五次产检服务的仅占 33.4%，农村户籍流动女性中听说过农村孕产妇住院分娩补助政策的仅为 48.3%。因此流动人口并不是不愿意利用妇幼保健资源，很大程

度上是由信息渠道的不通畅所致。在下一步的工作中需要重点加强对流动人口尤其是育龄流动人口的服务宣传工作，提高他们对妇幼保健服务的知晓率。

三　建立全国联动的妇幼保健网络，实现保健手续的全国续接

由于流动人口的特殊性，女性流动人口在怀孕、生育过程中可能需要往返于流入地和流出地，例如流动女性孕期和分娩地点不一致的比例超过 1/5（24.1%），流动人口子女同样面临此种情况，因此流出地和流入地之间的妇幼保健服务续接就非常重要。未来妇幼保健部门需要建立全国性的统一的妇幼保健服务网络，规范妇幼保健服务的技术标准，避免由于服务主体流动出现服务过程的中断，尤其是针对《孕产妇保健手册》、孕期产前检查、《0－6 岁儿童保健手册》、预防接种卡等时间跨度较长的服务，需要做好地区间服务体系的衔接和协调。另外对于农村户籍流动女性在外地医院分娩的情况，也需要建立地区间统一的报销体系来解决分娩地点和报销地点不一致的情况。

四　为流动女性提供普惠式的妇幼保健服务

获得妇幼卫生资源和接受妇幼保健服务是每一位流动女性与儿童的权利。政府部门需要在未来的服务体系中努力提高服务的公平性和普及度，重点保障农村户籍女性、跨省流动女性和政策外怀孕女性接受妇幼保健服务的权利，改善弱势群体的不利地位，消除妇幼保健中的政策性歧视，尤其在免费叶酸供给、建立《孕产妇保健手册》、免费产检、报销分娩费用、建立《0－6 岁儿童保健手册》等政府部门服务中，切实树立“基本公共卫生服务均等化”的理念。

五　考虑流动人口的经济条件，强调服务的可及性和可负担性

与户籍人口相比，流动人口在社会经济方面处于劣势地位，而且在流入地普遍缺乏社会支持资源，因此在推动流动人口妇幼保健服务

时需要考虑他们的经济情况与支付能力，强调政府在流动人口妇幼卫生保健服务中的责任，在制定政策时突出可及性和可负担性，在保证服务品质的同时，扩大免费与低价妇幼保健服务范围，避免流动人口因支付能力的差异而被排除在基本妇幼保健服务体系外，同时需要建立贫困孕产妇的救助通道，解决部分特殊弱势群体的现实困境。

六　加强流动人口较为集中的大型城市的服务水平和质量

从上文中各城市流动人口服务保健指数的排名结果来看，地区经济发展水平并非服务水平的决定因素，上海市、北京市和东莞市作为经济发展水平较高的城市，其庞大的流动人口规模反而使服务覆盖范围不足。同时这些地区较高的卫生保健服务价格也阻碍了流动人口利用妇幼保健资源。因此需要在未来加强地方政府在流动人口妇幼保健服务中的责任，国家性的财政补贴也需要做到以常住人口数量确定补贴标准，强调政府在流动人口孕产妇服务保健中的“属地化”管理原则，逐步淡化妇幼保健卫生服务中的户籍差异。

第十章　青少年流动人口生殖健康知识及行为分析

人口流动模式转变的其中一个特征是从“先成家、后流动”到“先流动，流动中成家”的转变，青少年流动人口的规模和比例都在不断增加。2000 年流动人口规模为 1.44 亿人，平均年龄为 30.37 岁，劳动年龄流动人口的平均年龄为 32.03 岁；16~30 岁流动人口占所有流动人口的比例为 38.38%，占劳动年龄流动人口的比例为 51.08%。到 2010 年，中国流动人口规模达到 2.21 亿人（2011 年增加到 2.3 亿人），平均年龄为 30.9 岁，劳动年龄流动人口的平均年龄为 31.93 岁；其中，16~30 岁的青年流动人口占全部流动人口的 42.03%，占劳动年龄流动人口的 52.28%。而根据 2012 年流动人口动态监测数据，16~30 岁流动人口占劳动年龄流动人口的比例为 47.02%，这其中，未婚比例达到 45.56%。

随着流动模式的转变，流动青少年的生殖健康问题不可避免。目前国内学者关于青年农民工生殖健康知识、行为、婚恋观念以及婚恋行为问题的研究，研究方法以个案研究为主，研究主题比较边缘化，缺乏对未婚青少年流动人口生殖健康知识和行为的综合系统研究。只有了解了未婚青少年流动人口生殖健康知识、行为婚恋基本状况、面临的主要问题和服务需求，才能在国家相关制度设计中纳入青少年流动人口相关议题，切实为青少年流动人口个人的健康发展提供有效支撑。

本部分研究以 2010 年、2011 年以及 2012 年的全国流动人口动态监测调查数据为基础，同时辅以中国人民大学 2014 年在青岛、西安以及南京三地开展的针对流动青少年人口的生殖健康调查和访谈数据，以及中国人民大学社会医学与卫生事业管理教研室于 2010 年在北京、上海和深圳开展的青少年流动人口健康意识调查数据，聚焦于分析目前我国青少年流动人口生殖健康知识以及行为的特征和问题。

本研究主要包括如下三方面内容：一是我国青少年流动人口基本状况评估，本研究在 2012 年全国流动人口动态监测调查数据以及第六次全国人口普查相关数据分析的基础上，对当前我国未婚青年农民工的规模和生存发展状况进行了简要描述；二是青少年流动人口的生殖健康相关问题，本研究根据相关数据以及实地访谈搜集的资料，分析了青少年流动人口生殖健康面临的主要问题；三是促进青少年流动人口生殖健康发展的相关政策建议，本研究根据实地调研中反映出的相关问题及需求，就将青少年流动人口纳入生殖健康服务主流加以关注的理念倡导、机制建立、教育宣传、媒体监管等方面提出具体建议。

第一节　青少年流动人口生殖健康知识及行为基本状况

一　青少年流动人口概念界定及群体规模

在本研究中，青少年流动人口是指流动人口中年龄在 16～30 周岁、具有农业户籍、在外务工经商且目前处于未婚状态的群体。根据 2010 年第六次全国人口普查数据，我国流动人口共有 221031146 人，其中年龄在 16～30 周岁的流动人口共 92905837 人。而根据 2012 年全国流动人口动态监测调查数据，在 16～30 周岁的流动人口中，农业户籍的约占 86.29%；在 16～30 周岁的农业户籍流动人口中，未婚者约占 45.56%。按该比例推算，我国目前青少年流动人口规模大约为 3652 万人。

二　青少年流动人口的精神与文化生活状况

（一）近八成的青少年流动人口对社区活动漠不关心

根据 2010 年流动人口动态监测调查数据，在对社区活动的关注程度方面，未婚青年农民工群体中有 71.11% 表示不太关心，8.20% 表示一点都不关心，二者合计达 79.31%；而 19.63% 表示比较关注，1.05% 表示非常关注。与此相对的是，30 岁以上的已婚农民工群体表示关注社区活动的比例接近 30%。

（二）未婚青年农民工在流入地社会参与程度较低

根据 2012 年流动人口动态监测调查数据，未婚青年农民工有 28.48% 参加过社区卫生、健康教育活动，27.76% 参加过当地社会公益活动，27.34% 参加过社区的文体活动，23.41% 参加过计划生育协会活动，比例都不及三成，而参加过社区选举活动的比例仅为 6.23%。

（三）闲暇时间消遣形式较为单一，看电视/电影/录像和上网是最主要的业余休闲方式

关于平时休息时如何打发时间，根据 2012 年流动人口动态监测调查数据，青少年流动人口 85.37% 平时看电视/电影/录像，69.38% 平时上网浏览/通信。这两种方式的普及性较高，而对其他文体活动的参与水平不高：43.87% 常玩棋牌/麻将/电脑游戏，24.56% 参加文体活动，另有 23.80% 平时吸烟。

三　青少年流动人口生殖健康知识相关状况及问题

（一）普遍缺乏生殖健康知识和保护意识

青少年流动人口群体普遍缺乏基本的生殖健康知识及技能致使其在两性交往的过程中严重缺乏自我保护意识，为其身体和心理健康发展埋下了诸多隐患。这与该群体所处的环境和自身的生理心理特点都紧密相关。首先，一个相对陌生的环境和青少年时期对性的渴望和好奇会促使他们进行尝试。然而，同样是由于这两个因素，他们缺少了解性与生殖健康信息的途径和动力。同时在现有的观念认知下，被人发现患有生殖健康疾病是一件让人感到羞耻的事情，容易被贴上标签，难以良好地融入流入地社会。其次，我们在青岛、南京和西安开

展访谈时，部分受访者表示由于没有过不洁性行为（如找小姐等），所以认为自己一定不会患病，也不愿意去做检查。错误的预防观念和保护意识极易导致延误就医的行为，想要给自己留“面子”，最后却伤害了自己的“身子”。

调查中这种普遍状况有着多方面的体现。首先是认知层面，“新生代流动人口性与生殖健康状况基线调查”发现新生代流动人口缺乏科学的生殖健康知识，42.8%的受访者认为自己对避孕的认识不够。在对避孕效果的认识上，有一部分流动人口对于传统意义上并不推荐和安全的避孕手段持有错误认识，认为其避孕效果十分可靠，例如紧急避孕药（28.16%）、体外射精（18.08%）和安全期避孕（18.81%）。可以看到对紧急避孕药的错误认识较为严重，除了不清楚其避孕效果外，许多受访者对紧急避孕药的用法也没有清晰的了解。所有受访者中，仅有六成表示紧急避孕药不可以当常规避孕措施，超过一成认为可以用来常规避孕，还有四分之一表示不清楚。而当不小心发生无保护的性行为，需要紧急避孕时，只有七成受访者表示知道使用紧急避孕药物。在安全性行为方面，12%的受访者表示并不知道哪种避孕方式同时可以达到预防性病/艾滋病的效果，另外只有八成的受访者选择了使用安全套这一正确方式，仍有接近一成受访者认为口服避孕药、安全期、体外射精等不正确的方式可以预防生殖系统疾病。

其次，在对待性与生殖健康的态度上，他们普遍没有重视潜在的风险，也没有有效利用现有的生殖健康服务。当问及为什么没有选择避孕时，回答的原因出现次数最多的分别是“没有想过会发生关系，来不及避孕”“希望怀孕”“害怕避孕对身体有害”“不想避孕，避免性伴侣不高兴”等。虽然目前在一些卫生机构场所有提供生殖健康咨询或器具发放的服务，但是利用率并不高。过去的一年中，仅7.6%的新生代流动人口曾咨询过生殖健康问题，超过八成的流动青年不知道哪里可以领取免费的安全套。当问及为什么不去咨询的原因时，“觉得难堪，这是隐私”（42%）、“没必要，后果不严重”（18%）、“不知道去哪咨询”（18%）是最重要的三个原因。可以看出他们对生殖健康保健的态度仍然十分消极。

（二）青少年流动人口生殖健康知识获取渠道狭窄

尽管在我国义务教育阶段的生物课程中有对生理卫生知识介绍的章节，能够给予青少年最基本的生理卫生知识，但是目前仍然存在开设时间较晚、课程内容单一以及师资力量缺乏等问题。首先，目前青少年性成熟年龄在逐步提前，因此生殖健康教育课程的设置应该充分考虑到这一现象，在小学高年级期间就应开设相应的课程，但目前的生理卫生相关课程是在初中才开设的；其次，生殖健康教育内容局限于生理意义上的卫生常识普及，而关于避孕方法、性心理、性道德、性安全和性健康方面的内容则较少涉及，课程内容设置单一，已经远远不能满足青少年对生殖健康知识的客观需求；最后，专门的生殖健康教育教师缺乏，往往是生物教师兼带，且对该部分的课程内容都讳莫如深，含糊敷衍，尤其在农村地区中学这类问题较为突出，甚至由学生自己学习该部分章节的情况都比较普遍。2010 年中国流动青少年健康风险意识调查显示，在未婚的青年流动人口中，仅有 34.70% 上过生理卫生课，而 43.22% 不知道紧急避孕。

部分青年流动人口在青春期阶段虽然有上述的课程讲述的生理卫生常识，但是在外出务工过程中，通过学校渠道获得的生殖健康知识已经远远不能满足他们的现实需求；同时，他们的性观念不断受到城市社会的冲击而日益开放，性行为逐渐活跃，这二者的矛盾使他们面临更高的生殖健康风险。

未婚流动人口是传统计划生育服务管理范围外的群体，目前仅有少数地区的人口计生部门出于控制生育数量的考虑对从当地流出的未婚青年进行了一定的管理和宣传教育，而流入地人口计生部门对未婚流动人口的服务和管理仍然基本处于空白状态。

未婚青年农民工在流动之后，他们所工作的用工单位和企业在岗前培训中基本没有关于生殖健康方面的培训内容，所居住的社区中也普遍缺乏专门针对青少年流动人口的生殖健康教育宣传活动。“在流出地缺乏生殖健康教育，在流入地缺乏生殖健康培训”直接导致的是未婚青年农民工生殖健康知识不足、意识不强，自我保护能力较弱，他们面临的生殖健康风险大大增加。

四　青少年流动人口生殖健康行为相关状况及问题

（一）近2成青年人口未婚同居，婚前性行为的比例超3成

由于远离家乡，在陌生的新环境下缺少熟人社会的约束，同时又有着新鲜事物的刺激，他们更有可能未婚同居或出现婚前性行为。新生代流动人口性与生殖健康状况基线调查对于新生代流动人口，尤其是未婚的新生代流动人口的同居和性行为状况进行了较为详细的询问。调查结果发现，在当前的新生代流动人口中，有近两成（17.81%）的流动人口曾经或正在未婚同居，比例较高。未婚同居往往也意味着婚前性行为，在同居的受访者中，高达88.01%表示自己有过婚前性行为；而在新生代未婚流动人口的调查总体中，该比例也超过三成（32.78%）。该数据也与近几年的流动人口调查数据相吻合——2010年中国流动青少年健康风险意识调查发现，在未婚青年农民工群体中，婚前性行为发生比例达41.79%。访谈中发现大部分流动人口对于未婚同居和婚前性行为的态度都较为开放，认为这是“正常的”“普遍的”。

（二）平均初次性行为时间早于法定婚龄，有性经历的青年性行为发生频度较高

青年流动人口的平均初次性行为时间正在逐步提前。新生代流动人口性与生殖健康状况基线调查中，所有曾有过性行为的受访者平均初次性行为发生时间为20.8岁，其中男性20.4岁，低于法定婚龄，女性较高，为21.2岁。未婚流动人口平均初次性行为时间则显著提前，为19.6岁，其中男性19.5岁，女性19.7岁，都低于法定婚龄。这在一定程度上也说明当前的婚前性行为已经具有普遍性，针对未婚青年提供相应的安全性行为指导、避孕服务就显得更为必要。

从性行为发生的频度上来看，在所有发生过婚前性行为的受访者中，半数受访者有过至少两次婚前性行为。同时，这种婚前性行为很大一部分并不是偶然性或一次性的。调查显示，在这些曾有过婚前性

行为的新生代未婚流动人口中，56.65%表示在过去的6个月中与他人发生过性关系。整体而言，婚前性行为这一现象在新生代流动人口中正在逐渐普遍和常态化，由此带来的生殖健康风险也会相应增加。

（三）避孕措施使用率仅七成，不安全性行为导致较高的生殖健康风险

在未婚同居和婚前性行为日益增加的情况下，一个受到普遍关注的问题是这些性行为发生时是否得到保护，是否会引起意外怀孕及其一系列问题。本次基线调查就避孕措施问题进行了详细询问，包括初次性行为的避孕措施，近期性行为的避孕措施和最常使用的避孕措施等问题。

新生代流动人口性与生殖健康状况基线调查发现，在有过性经历的受访者中，有66%表示在初次性行为发生时选择了避孕措施；而在近6个月的性行为发生时，该比例有所提升，有七成受访者表示会采用避孕措施，但是仍有三成的性行为无法得到最基本的避孕保障，当然这之中包括部分主动的婚姻生育需求。然而，如果我们将婚前性行为引发的怀孕粗略定义为意外怀孕的话，未婚同居流动人口的避孕措施使用率则仅为63.24%，有近四成的未婚流动人口由于不采取避孕措施面临意外怀孕的风险。

（四）意外怀孕发生比例较高，存在多次人工流产现象

新生代流动人口性与生殖健康状况基线调查中，所有受访者中有将近一成表示有过意外怀孕或令伴侣意外怀孕过。而在曾经或正在未婚同居的流动青年中，该比例高达23%，有3.95%的同居流动青年有过两次或以上的意外怀孕。

意外怀孕和人工流产关联性极强，很少有流动人口选择因意外怀孕而生产，大多数还是进行人流。在所有受访者中，自己或伴侣有过人工流产经历的新生代流动人口占12.9%。但考虑到如果没有性行为也就不存在意外怀孕和人流手术的风险，因此将关注范围缩小至有过性经历的受访者，发现该比例明显提高，超过三成（30.77%）的流

动人口或其伴侣曾经有过人工流产，超过一成（11.08%）曾有过至少2次人工流产。

这种较高的意外怀孕和人工流产比例表明，当前的流动青年对于避孕的重视程度不足、意识不够——几乎每10名未婚同居的流动青年就有2人发生意外怀孕，每10人发生性行为，就有至少3次人工流产手术。无论是从身心健康还是收入与生活等方面，这都会给新生代流动人口带来诸多不便和困难。

第二节　青少年流动人口生殖健康服务需求及供给状况

青少年流动人口逐渐开放的婚恋观及其行为需要相关部门为其提供计划生育和生殖健康服务。调查显示，未婚青年农民工，无论男性女性，对生殖健康服务需求均较强。根据2010年中国流动青少年健康风险意识调查的数据，36.09%的未婚青年农民工（35.06%的男性，37.44%的女性）明确表示希望获得有关生殖健康方面的知识。

一　现有卫生计生政策法规对未婚流动人口的相关服务内容

然而，我国当前的计划生育以及生殖健康相关服务主要针对已婚育人群，针对未婚人群的服务基本处于空白状态；与此同时，由于农民工群体具有流动不定的特质，面向该群体提供有效而稳定的生殖健康服务存在相当困难，服务可及性低。

1998年颁布的《流动人口计划生育工作管理办法》释义指出，“对于未婚的流动人口，只规定了外出前应办理流动人口婚育证明的义务，只要不发生未婚怀孕、生育，就不属于流动人口计划生育工作的管理范围”。

2001年公布的《中华人民共和国人口与计划生育法》中没有专门提及未婚人口的计划生育，仅规定“计划生育技术服务机构和从事计划生育技术服务的医疗、保健机构应当在各自的职责范围内，针对育龄人群开展人口与计划生育基础知识宣传教育”，而明确规定计划生育、生殖保健的咨询、指导和技术服务仅限于“已婚育龄妇女”。

2004 年国家人口计生委发布的《流动人口计划生育管理和服务工作若干规定》中，规定“流动人口已婚育龄妇女是计划生育管理服务的重点，现居住地应为其提供计划生育、生殖保健的宣传咨询和技术服务”。另外提到“为男性和女性未婚流动人口提供相应的计划生育宣传教育和咨询服务”，但技术服务、随访服务、计划生育合同签订、避孕节育指导、生殖健康检查明确规定仅限于“已婚育龄妇女”。

2009 年公布的《流动人口计划生育工作条例》仅笼统规定“对流动人口实施计划生育管理，开展计划生育宣传教育”，相应的技术服务和咨询、指导工作都以结婚为前提，限于已婚人口。

二　政府部门对青年流动人口生殖健康服务的主要内容

基层政府对于青年人群，尤其是青年流动人口的生殖健康与计划生育已有一些实践积累，总结来看，共有三点。

（1）宣传与培训。基层政府充分运用现有宣传手段加强婚育政策宣传，普及优生优育、生殖保健和避孕节育等科普知识。计生部门印制《致未婚青年的一封信》、计生政策法规、生殖健康知识小读本，采取与劳动保障部门的技能培训同宣传、同培训和进村入户宣传等多种形式，帮助未婚青年树立正确的婚姻观念。也有地方在乡镇一级政府的领导下将未婚青年计划生育管理纳入村民自治，开展培训。

（2）信息化管理。信息化管理主要以建档立卡等形式开展，还包括定期走访，动态管理。档案多以协议、名册等方式记录乡镇一级区划内未婚青年的情况，了解青年的婚恋情况及同居等现象。

（3）倡导正确的婚恋观、生育观。与宣传手段结合，树立良好的社会风气，在已有法律与政策的基础上倡导新道德，鼓励新风尚，同时遏制非婚生育现象，惩治违法生育现象。

回顾我国人口计生服务相关政策法规，不难发现，不仅是流动人口，有关部门对整个未婚人口群体的计划生育宣传、服务与管理都处于空白和缺位状态。而兼具“未婚”与“流动人口”双重身份的青少年流动人口群体，其较强的生殖健康服务需求与种种相关疑难困惑，长期以来更是为卫生计生服务政策所忽视。目前缺乏专门的针对青少年流动人口群体生殖健康知识的宣传渠道，而2010年中国流动青少年健康风险意识调查数据表明，34.86%的未婚青年农民工认为这种渠道和途径的缺乏是自己获得该类知识的最大障碍。

对于生殖健康服务的获取方式，未婚青年农民工既要求隐蔽性（不为旁人所知），又要求专业性。2010年中国流动青少年健康风险意识调查数据显示，53.92%的青少年流动人口希望从报刊/书籍/杂志处获得有关生殖健康的知识，另外有41.08%希望从专业人员处获得该类知识。

纵观上述生殖健康服务现状以及青少年流动人口所需求的生殖健康服务特征，我们发现，一方面，目前专门面向青少年流动人口的相关服务体系缺位；另一方面，卫生计生委现行的生殖健康服务模式与这部分人群所希望获得的模式存在较大差距。这意味着针对青少年流动人口提供生殖健康服务，需要开辟全新的服务模式和路径。

第三节　促进青年流动人口生殖健康的建议

未婚青年农民工对生殖健康服务有着较强的需求，在婚恋过程中存在相当多问题，而我国当前人口计生服务政策在针对这一人群的工作方面几乎处于空白状态，因此面向青少年流动人口群体提供专门化的、切合其实际需求的生殖健康服务，十分必要且刻不容缓。

一　加强教育与宣传，拓展流动青少年性与生殖健康知识传播渠道

根据上述研究发现，绝大多数青少年流动人口目前并不拥有完备系统的生殖健康知识，由于知识获得渠道的非正规性（主要源于网络、报刊、同辈闲聊等，以碎片化的方式拼凑、汇集成个人对生殖健康的认知），他们在许多方面存在认识的误区与盲区，例如对如何有效避孕和紧急避孕、艾滋病如何传播、未婚怀孕和人工流产有何危害

等不甚了解或有错误的认知。这些认识的误区与盲区形成了未婚青年农民工在两性接触、交往过程中的严重隐患，极易导致许多伤害青年身心健康的问题发生。因此，向青少年流动人口提供专业性的、全面系统的生殖健康知识普及教育和培训，促使其形成正确的婚恋观，在交往过程中树立自我保护和善待他人的意识，增强安全健康负责行为的能力，是极为必要的。

第一，在流动人口工作、生活聚集场所开展生殖健康培训课程。聘请医院专家、疾控中心工作人员、医学院校教师等专业人员为青少年流动人口开展性与生殖健康知识的教育和培训，并将教育培训常规化、制度化。在工厂、社区等流动人口聚集地，让项目参与者，尤其是新流入的新生代流动人口及时准确掌握健康信息。知识教育结束后可用问卷调查的形式了解项目参与者接受项目的效果与满意程度。

第二，广发宣传制品。制作宣教包进行宣传，包含避孕方法、STI/HIV 的预防、性骚扰的预防和处理、性别平等、法律与政策介绍等内容。另外，培训与讲座的宣传也可使用条幅、通知等形式扩展知晓率。

第三，擅用新媒体。微博、微信日益成为人们日常生活中不可或缺的交流方式。特别是新生代流动人口，随着智能手机和移动互联网的普及，互联网社交工具已经融入日常生活。微博、微信的高使用率也使信息的传递速度加快。通过微博、微信发布活动信息、宣传知识与案例，能够迅速提升性与生殖健康知识的知晓率。除了信息发布，这些网络平台还能够实时互动，并且有针对性地对相关问题进行回答。一对一的问答不仅解答了疑惑，同时还保障了隐私性，兼具知识性与人性化，也适应了新媒体时代的时代特征。

二　增强青少年流动人口性与生殖健康服务利用的可及性

第一，降低生殖健康服务成本，减少生殖健康服务费用。可以筹集专项经费作为生殖健康服务补贴，通过服务券等形式在项目参与者获取生殖健康服务时予以一定的费用减免。或者通过保险形式对项目参与者进行专项报销。这可以帮助那些因高额医疗费用而延误或拒绝治疗的新生代流动人口降低负担，从而提高服务利用的可及性。

第二，增强医疗服务机构与医护人员的性与生殖健康服务能力。由于正规医院患者多且费用较高，一些需要生殖健康相关服务的新生代流动人口会选择非正规医疗机构甚至延误治疗。而一些基层卫生机构往往没有能力提供相应的服务。因此，在基层医疗服务机构，提升机构与基层医护人员的性与生殖健康服务能力对于增强服务可及性能够起到重要作用。新生代流动人口可以就近进行一些简单的预防、检查和治疗。

第三，定期在流动人口聚集地开展健康体检。由于工作压力和对自身疾病风险估计偏差，新生代流动人口往往并不关注身体健康特别是生殖健康。这就需要将服务开展至新生代流动人口中间，通过体检既了解他们的身体状况，又提升他们对自我身体健康，尤其是生殖健康的关注。

三 在义务教育阶段增加关于生殖健康、避孕方法的知识教育

加强青少年性与生殖健康教育对青少年的健康成长和拥有健全人格具有十分重要的意义。在青年农民工性观念不断开放的情况下，应该提早在义务教育阶段不断丰富生殖健康教育的内容，更新生殖健康教育的方法和手段。

在丰富生殖健康教育内容方面，要做到“横向拓展”和“纵向延伸”相结合：“横向拓展”指的是义务教育阶段中的生殖健康课程设置不应仅局限于生理卫生常识，而应该更多地侧重对安全性行为和避孕方法的知晓和掌握，突出对性心理健康的介绍，加强对性道德和恋爱、生命观念的有效引导，增强青少年的自我保护意识和责任意识，有效降低他们的生殖健康风险；“纵向延伸”指的是生殖健康教育要与性成熟期年龄提前相适应，注意生殖健康教育的向前延伸和向后扩展，建立小学、初中、高中和高等教育连贯一体的生殖健康教育体系，针对青少年不同年龄段的发育和心理状况设置相应的课程内容，做到生殖健康教育的纵向全覆盖。在更新生殖健康教育方法和手段方

面，要根据宣传教育对象的不同特点采用多样化的教育方法和措施，重视综合发挥同伴教育、知识讲座、宣传手册、多媒体资料、生殖健康咨询服务等的作用，提高青少年的生殖健康意识。

对于青年流动人口来说，在义务教育阶段接受充分、全面的生殖健康教育可以使他们在外出务工之前就掌握相应的生殖健康知识，有效地降低他们在外出务工过程中面临的非意愿怀孕、无保护性行为、性传播疾病和人工流产等生殖健康风险。

四 加强对有关人工流产广告的监管力度，增加有关生殖健康知识的公益广告

目前，人工流产的商业广告充斥着各个角落，公交车、电视台、报刊、网络中有关“无痛人流”的广告宣传随处可见，甚至有些打着“公益项目”的旗号招徕顾客，到处散发私自编辑的“保健宣传杂志”或者打折卡，“无痛”被夸大宣传，而人工流产的潜在医疗后果却被故意隐瞒。这些商业广告使涉世未深的未婚青少年误以为人工流产属于小手术，简单轻松，但他们并不知道“无痛”不等于“无伤”，这些医疗广告客观上误导了社会大众的生殖健康知识，甚至被一些人用做避孕措施，一定程度上导致了无保护性行为和意外怀孕的增加。

一些医院在广告中为了以低价格吸引顾客，使用低廉的医疗器械以压缩医疗经济成本，手术资质并不达标，手术安全性难以保证，容易引起手术事故和其他的术后并发症，例如麻醉意外、大出血、子宫穿孔、习惯性流产甚至不育症等，带来巨大的健康风险，这些无良医院及其日益泛滥的医疗广告亟待治理。

在中国，有关人工流产的广告在各种媒体上屡见不鲜甚至铺天盖地，但是有关避孕套、避孕药的广告却十分罕见。因此从引导舆论方面来讲，应该重点加强对人工流产医疗广告的监管力度，规范相关医疗广告的宣传内容，严格审查医疗机构的从业资质，更重要的是应该增加有关生殖健康的公益广告和宣传，利用广播电视、报纸杂志和网络媒体等多种渠道有效地对未婚青年普及必要的生殖健康和避孕知识。

参考文献

[1] 谢晋宇、于静：《中国计划城市化人口与自发城市化人口对比研究——从第四次人口普查资料看“流动人口”和迁移人口在中国人口城市化研究中的不同地位》，《中国人口科学》1992年第3期。

[2] 段成荣、杨舸、张斐、卢雪和：《改革开放以来我国流动人口变动的九大趋势》，《人口研究》2008年第8期。

[3] 陈丙欣、叶裕民：《中国流动人口的主要特征及对中国城市化的影响》，《城市问题》2013年第3期。

[4] 马红旗、陈仲常：《我国省际流动人口的特征——基于全国第六次人口普查数据》，《人口研究》2012年第6期。

[5] 翟振武、段成荣、毕秋灵：《北京市流动人口的最新状况与分析》，《人口研究》2007年第2期。

[6] 李伯华、宋月萍、齐嘉楠、唐丹、覃民：《中国流动人口生存发展状况报告——基于重点地区流动人口监测试点调查》，《人口研究》2010年第1期。

[7] 李强：《当前我国城市化和流动人口的几个理论问题》，《江苏行政学院学报》2002年第1期。

[8] 段成荣、吕利丹、邹湘江：《当前我国流动人口面临的主要问题和对策——基于2010年第六次全国人口普查数据的分析》，《人口研究》2013年第2期。

[9] 杨菊华：《从隔离、选择融入到融合：流动人口社会融入问题的理论思考》，《人口研究》2009年第1期。

[10] 侯玉娜：《父母外出务工对农村留守儿童发展的影响：基于倾向

得分匹配方法的实证分析》，《教育与经济》2015 年第 1 期。

[11] 邬志辉、李静美：《农村留守儿童生存现状调查报告》，《中国农业大学学报》（社会科学版）2015 年第 1 期。

[12] 范先佐、郭清扬：《农村留守儿童教育问题的回顾与反思》，《中国农业大学学报》（社会科学版）2015 年第 1 期。

[13] 段成荣、吕利丹、王宗萍：《城市化背景下农村留守儿童的家庭教育与学校教育》，《北京大学教育评论》2014 年第 3 期。

[14] 郑磊、吴映雄：《劳动力迁移对农村留守儿童教育发展的影响——来自西部农村地区调查的证据》，《北京师范大学学报》（社会科学版）2014 年第 2 期。

[15] 段成荣、吕利丹、郭静、王宗萍：《我国农村留守儿童生存和发展基本状况——基于第六次人口普查数据的分析》，《人口学刊》2013 年第 3 期。

[16] 李云森：《自选择、父母外出与留守儿童学习表现——基于不发达地区调查的实证研究》，《经济学》（季刊）2013 年第 3 期。

[17] 闫茂华、陆长梅：《农村留守与非留守儿童健康状况调查分析——以连云港市为例》，《安徽农业科学》2013 年第 2 期。

[18] 陈玥、赵忠：《我国农村父母外出务工对留守儿童健康的影响》，《中国卫生政策研究》2012 年第 11 期。

[19] 谢贝妮、李岳云：《父母外出务工对子女高中教育的影响》，《经济管理》2012 年第 11 期。

[20] 陶然、周敏慧：《父母外出务工与农村留守儿童学习成绩——基于安徽、江西两省调查实证分析的新发现与政策含义》，《管理世界》2012 年第 8 期。

[21] 牛建林：《农村地区外出务工潮对义务教育阶段辍学的影响》，《中国人口科学》2012 年第 4 期。

[22] 赵苗苗：《贫困农村地区留守儿童与非留守儿童健康差异及影响因素研究》，山东大学博士学位论文，2012。

[23] 李强、臧文斌：《父母外出对留守儿童健康的影响》，《经济学》（季刊）2011 年第 1 期。

[24] 张俊良、马晓磊：《城市化背景下对农村留守儿童教育问题的探讨》，《农村经济》2010 年第 3 期。

[25] 王丽双：《留守儿童心理健康状况研究综述》，《黑龙江教育学院学报》2009 年第 11 期。

[26] 范兴华、方晓义、刘勤学、刘杨：《流动儿童、留守儿童与一般儿童社会适应比较》，《北京师范大学学报》（社会科学版）2009 年第 5 期。

[27] 吴倩岚：《农村留守与非留守儿童身心健康状况及影响因素分析》，华中科技大学硕士学位论文，2009。

[28] 胡枫、李善同：《父母外出务工对农村留守儿童教育的影响——基于 5 城市农民工调查的实证分析》，《管理世界》2009 年第 2 期。

[29] 史晖、王德勋：《农村留守儿童的教育问题及对策研究》，《教育探索》2008 年第 9 期。

[30] 段成荣、杨舸：《我国农村留守儿童状况研究》，《人口研究》2008 年第 3 期。

[31] 莫艳清：《家庭缺失对农村留守儿童社会化的影响及对策》，《内蒙古农业大学学报》（社会科学版）2016 年第 1 期。

[32] 唐春兰：《农村留守儿童教育问题研究》，广西师范大学硕士学位论文，2007。

[33] 赵新泉、林雄：《农村“留守儿童”教育问题研究——以湖北省襄樊市襄阳区八镇十村“留守儿童”为个案》，《青少年研究（山东省团校学报）》2007 年第 1 期。

[34] 王秋香：《同辈群体与农村“留守儿童”社会化研究》，《湘潭师范学院学报》（社会科学版）2007 年第 1 期。

[35] 邹先云：《农村留守子女教育问题研究》，《中国农村教育》2006 年第 10 期。

[36] 王秋香：《家庭功能弱化与农村“留守儿童”社会化》，《文史博览》2006 年第 14 期。

[37] 周福林、段成荣：《留守儿童研究综述》，《人口学刊》2006 年第 3 期。

[38] 段成荣、周福林：《我国留守儿童状况研究》，《人口研究》2005年第1期。

[39] 李庆丰：《农村劳动力外出务工对"留守子女"发展的影响——来自湖南、河南、江西三地的调查报告》，《上海教育科研》2002年第9期。

[40] "农村外出劳动力在家子女受教育状况研究"课题组：《农村劳动力外出务工对"留守子女"成长的影响及应对策略》，2001。

[41] 全国妇联课题组：《全国农村留守儿童 城乡流动儿童状况研究报告》，《中国妇运》2013年第6期。

[42] Yao Lu. (2012). Education of Children Left behind in Rural China. *Journal of Marriage and Family*, Vol. 2, 328 - 341.

[43] 陈明明：《城市外来务工子女与城区儿童疾病特点比较》，载浙江省医学会儿科学分会《浙江省儿科学学术年会论文汇编》，2005。

[44] 仇叶龙、韩优莉、常文虎、周海清：《北京市某区流动儿童参加医疗保险意愿及其特征分析》，《中国社会医学杂志》2011年第4期。

[45] 张泽申、鲁巧珍、刘红联、徐建兴、蒋宝凤、许衍穗：《上海市长宁区民工子弟学校小学生健康状况及常见病调查》，《上海预防医学杂志》2005年第2期。

[46] 周凤梅、杨冬梅、常欣：《北京市通州区民工子弟小学学生常见病患病现况》，《中国学校卫生》2007年第2期。

[47] 李海红：《杭州市余杭区流动儿童健康状况及分析》，《中国农村卫生事业管理》2009年第2期。

[48] 高琼：《农民工随迁子女医疗保障问题研究》，北京交通大学硕士学位论文，2012。

[49] 李怀玉：《城市化进程中流动儿童心理健康问题探讨——来自河南省郑州市的调查与思考》，《中州学刊》2009年第5期。

[50] 白春玉、张迪、顾国家、刘娜娜、赵淑敏、王玉红：《沈阳市部分流动儿童心理健康状况分析》，《中国学校卫生》2012年第

4 期。

[51] 段雯晴：《农村流动儿童心理健康问题研究》，《学周刊》2014 年第 28 期。

[52] 谢春风：《我国教育行政决策的伦理困境与出路》，北京师范大学博士学位论文，2011。

[53] 陶西平：《我国流动儿童教育问题的制约因素和政策出路》，《教育科学研究》2012 年第 5 期。

[54] 王琳：《中美流动儿童教育政策比较研究》，《兰州教育学院学报》2014 年第 4 期。

[55] 侯艳敏：《流动儿童教育公平研究》，首都师范大学硕士学位论文，2009。

[56] 杨敏、赵梓汝：《城市流动儿童的教育公平问题研究——基于社会资源合理配置的社会学思考》，《学术论坛》2016 年第 2 期。

[57] 赵洁丽：《流动儿童教育公平问题研究》，河南大学硕士学位论文，2013。

[58] 冯帮：《经济排斥与流动儿童的教育公平》，《教育与经济》2011 年第 1 期。

[59] 任云霞：《社会排斥与流动儿童的城市适应的研究》，《陕西青年管理干部学院学报》2006 年第 1 期。

[60] 高政：《社会排斥理论视角下流动儿童教育问题研究》，《教育探索》2011 年第 12 期。

[61] 徐玲：《流动儿童社会排斥的制度性因素分析》，载中国教育学会教育经济学分会《2008 年中国教育经济学年会会议论文集》，2008 年 8 月。

[62] 王慧娟：《流动儿童教育与社会排斥——基于森的能力取向社会排斥理论的分析》，《社会工作与管理》2016 年第 3 期。

[63] 梁宏、任焰：《流动，还是留守？——农民工子女流动与否的决定因素分析》，《人口研究》2010 年第 2 期。

[64] 吕利丹、王宗萍、段成荣：《流动人口家庭化过程中子女随迁的阻碍因素分析——以重庆市为例》，《人口与经济》2013 年第

5 期。
[65] 陶然、孔德华、曹广忠：《流动还是留守：中国农村流动人口子女就学地选择与影响因素考察》，《中国农村经济》2011 年第 6 期。
[66] 宋锦、李实：《农民工子女随迁决策的影响因素分析》，《中国农村经济》2014 年第 10 期。
[67] 柯宓：《农民工子女随迁的选择性及其影响因素分析》，《劳动经济研究》2016 年第 1 期。
[68] 洪小良：《城市农民工的家庭迁移行为及影响因素研究——以北京市为例》，《中国人口科学》2007 年第 6 期。
[69] 袁霓：《家庭迁移决策分析——基于中国农村的证据》，《人口与经济》2008 年第 6 期。
[70] 周佳：《农民工选择子女随迁的影响因素分析——基于理性选择的视角》，《知与行》2015 年第 2 期。
[71] 许传新、张登国：《流动还是留守：家长的选择及其影响因素》，《中国青年研究》2010 年第 10 期。
[72] 徐晶晶：《进城务工人员随迁子女心理状况的比较研究》，《思想理论教育》2010 年第 10 期。
[73] 袁晓娇、方晓义、刘杨、蔺秀云、邓林园：《流动儿童社会认同的特点、影响因素及其作用》，《教育研究》2010 年第 3 期。
[74] 吴玉珅、徐礼平：《家庭功能理论视角下随迁儿童社会适应问题研究》，《太原师范学院学报》（社会科学版）2016 年第 4 期。
[75] 王中会、蔺秀云、侯香凝、方晓义：《流动儿童城市适应及影响因素——过去 20 年的研究概述》，《北京师范大学学报》（社会科学版）2016 年第 2 期。
[76] 史晓浩、王毅杰：《流动儿童的孤独感及其影响因素——基于农民工子女的抽样调查》，《湖南农业大学学报》（社会科学版）2010 年第 4 期。
[77] 陶行、尹小俭：《留守儿童、随迁儿童和城市儿童营养状况的比较研究》，《体育与科学》2015 年第 5 期。
[78] 张华：《随迁子女、城市和留守学龄儿童体质健康的比较研究》，

《科技信息》2013 年第 23 期。

[79] 耿德伟：《随迁对流动人口未成年子女身体发育的影响》，《南方人口》2015 年第 6 期。

[80] 林献丹、陈玲萍、郑晓春、李万仓、王志刚、邓泽静：《流动儿童免疫规划疫苗接种率影响因素分析》，《中国儿童保健杂志》2011 年第 1 期。

[81] 邬志辉、李静美：《农民工随迁子女在城市接受义务教育的现实困境与政策选择》，《教育研究》2016 年第 9 期。

[82] 吴霓、张宁娟、李楠：《农民工随迁子女教育的五大趋势及对策》，《当代教育科学》2010 年第 7 期。

[83] 吴霓、朱富言：《流动人口随迁子女在流入地升学考试政策分析》，《教育研究》2014 年第 4 期。

[84] 张绘、龚欣、尧浩根：《流动儿童学业表现及影响因素分析——来自北京的调研证据》，《北京大学教育评论》2011 年第 3 期。

[85] 吕建强：《农民工随迁子女教育问题述论》，《闽江学院学报》2009 年第 4 期。

[86] 徐华潇：《进城务工人员随迁子女的成就动机及其对学业成就的影响研究》，南京邮电大学硕士学位论文，2013。

[87] 陈明明：《城市外来务工子女与城区儿童疾病特点比较》，载浙江省医学会儿科学分会《2005 年浙江省儿科学学术年会论文汇编》，2005 年 1 月。

[88] 仇叶龙、韩优莉、常文虎、周海清：《北京市某区流动儿童参加医疗保险意愿及其特征分析》，《中国社会医学杂志》2011 年第 4 期。

[89] 张泽申、鲁巧珍、刘红联、徐建兴、蒋宝凤、许衍穗：《上海市长宁区民工子弟学校小学生健康状况及常见病调查》，《上海预防医学杂志》2005 年第 2 期。

[90] 周凤梅、杨冬梅、常欣：《北京市通州区民工子弟小学学生常见病患病现况》，《中国学校卫生》2007 年第 2 期。

[91] 李海红：《杭州市余杭区流动儿童健康状况及分析》，《中国农

村卫生事业管理》2009年第2期。
[92] 高琼：《农民工随迁子女医疗保障问题研究》，北京交通大学硕士学位论文，2012。
[93] 李怀玉：《城市化进程中流动儿童心理健康问题探讨——来自河南省郑州市的调查与思考》，《中州学刊》2009年第5期。
[94] 白春玉、张迪、顾国家、刘娜娜、赵淑敏、王玉红：《沈阳市部分流动儿童心理健康状况分析》，《中国学校卫生》2012年第4期。
[95] 谢春风：《我国教育行政决策的伦理困境与出路》，北京师范大学博士学位论文，2011。
[96] 陶西平：《我国流动儿童教育问题的制约因素和政策出路》，《教育科学研究》2012年第5期。
[97] 王琳：《中美流动儿童教育政策比较研究》，《兰州教育学院学报》2014年第4期。
[98] 侯艳敏：《流动儿童教育公平研究》，首都师范大学硕士学位论文，2009。
[99] 杨敏、赵梓汝：《城市流动儿童的教育公平问题研究——基于社会资源合理配置的社会学思考》，《学术论坛》2016年第2期。
[100] 赵洁丽：《流动儿童教育公平问题研究》，河南大学硕士学位论文，2013。
[101] 冯帮：《经济排斥与流动儿童的教育公平》，《教育与经济》2011年第1期。
[102] 任云霞：《社会排斥与流动儿童的城市适应的研究》，《陕西青年管理干部学院学报》2006年第1期。
[103] 高政：《社会排斥理论视角下流动儿童教育问题研究》，《教育探索》2011年第12期。
[104] 徐玲：《流动儿童社会排斥的制度性因素分析》，载中国教育学会教育经济学分会《2008年中国教育经济学年会会议论文集》，2008年8月。
[105] 王慧娟：《流动儿童教育与社会排斥——基于森的能力取向社会排斥理论的分析》，《社会工作与管理》2016年第3期。

[106] 段成荣、吕利丹、郭静、王宗萍：《我国农村留守儿童生存和发展基本状况——基于第六次人口普查数据的分析》，《人口学刊》2013 年第 3 期。

[107] Oswald F L, Schmitt N, Kim B H, et al. Developing a Biodata Measure And Situational Judgment Inventory as Predictors of College Student Performance [J]. *Journal of Applied Psychology*, 2004, 89 (2): 187 - 207.

[108] Seginer R. Parents' Educational Involvement: A Developmental Ecology Perspective [J]. *Parenting*, 2006, 6 (1): 1 - 48.

[109] Hoover-Dempsey K V, Sandler H M. Why Do Parents Become Involved in Their Children's Education? [J]. *Review of Educational Research*, 1997, 67 (1): 3 - 42.

[110] Mckenzie D, Rapoport H. Can Migration Reduce Educational Attainment? Evidence from Mexico [J]. *Journal of Population Economics*, 2011, 24 (4): 1331 - 1358.

[111] Robles V F, Oropesa R S. International Migration and the Education of Children: Evidence from Lima, Peru [J]. *Population Research & Policy Review*, 2011, 30 (4): 591 - 618.

[112] Arguillas M J B, Williams L. The Impact of Parents' Overseas Employment on Educational Outcomes of Filipino Children [J]. *International Migration Review*, 2010, 44 (2): 300 - 319.

[113] Benedictis G, et al. Assessing the Impact of Remittances on Child Education in Ecuador: The Role of Educational Supply Constraints [J]. *Iob Working Papers*, 2010.

[114] Bowlby J M. *Attachment and Loss*: *Attachment* (Vol. 1) [M]. New York: Basic books, 1969.

[115] Steinberg L. *Adolescence* (8th ed) [M]. New York: McGraw-Hill, 2007.

[116] 李庆丰：《农村劳动力外出务工对"留守子女"发展的影响——来自湖南、河南、江西三地的调查报告》，《上海教育科研》2002

年第 9 期。

[117] 范方、桑标：《亲子教育缺失与“留守儿童”人格、学绩及行为问题》，《心理科学》2005 年第 4 期。

[118] Gottfredson M R, Hirschi T. *A General Theory of Crime. Stanford* [M]. CA: Stanford University Press, 1990.

[119] Hope Trina L., et al. The Family in Gottfredson and Hirschi's General Theory of Crime: Structure, Parenting, and Self-Control [J]. *Sociological Focus*, 2003, 36 (4): 291 - 311.

[120] Gagnon P. Role of the Family in the Development of Borderline Personality Disorder [J]. *Canadian Journal of Psychiatry*, 1993, 38 (9): 611 - 616.

[121] 段成荣、周福林：《我国留守儿童状况研究》，《人口研究》2005 年第 1 期。

[122] Woelfel J, Haller A O. Significant Others, The Self-Reflexive Act and the Attitude Formation Process [J]. *American Sociological Review*, 1971, 36 (1): 74.

[123] Vock M, Preckel F, Holling H. Mental Abilities and School Achievement: A Test of a Mediation Hypothesis [J]. *Intelligence*, 2011, 39 (5): 357 - 369.

[124] Stürmer T, Rothman K J, Glynn R J. Insights into Different Results from Different Causal Contrasts in the Presence of Effect-Measure Modification [J]. *Pharmacoepidemiology & Drug Safety*, 2006, 15 (10): 698.

[125] Guo S, Fraser M W. *Propensity Score Analysis: Statistical Methods and Applications* [M]. Sage Publications, Inc., 2011.

[126] 吴帆：《家庭发展能力建设的政策路径分析》，《人口研究》2012 年第 7 期。

[127] 赵燕：《新迁移经济学对研究我国农村劳动力转移问题的适用性分析》，《经济研究导刊》2011 年第 11 期。

[128] 钟水映：《人口流动与社会经济发展》，武汉大学出版社，2000。

[129] 周皓：《中国人口迁移的家庭化趋势及其影响因素分析》，《人口研究》2004 年第 6 期。

[130] 侯佳伟：《人口流动家庭化过程和个体影响因素研究》，《人口研究》2009 年第 1 期。

[131] 陈卫、刘金菊：《人口流动家庭化及其影响因素——以北京市为例》，《人口学刊》2012 年第 6 期。

[132] 段成荣、吕利丹、王宗萍、郭静：《我国流动儿童生存和发展：问题与对策——基于 2010 年第六次全国人口普查数据的分析》，《南方人口》2013 年第 4 期。

[133] 谢建社、牛喜霞、谢宇：《流动农民工随迁子女教育问题研究——以珠三角城镇地区为例》，《中国人口科学》2011 年第 1 期。

[134] 张华：《随迁子女、城市和留守学龄儿童体质健康的比较研究》，《科技信息》2013 年第 23 期。

[135] 范兴华、方晓义、刘勤学、刘杨：《流动儿童、留守儿童与一般儿童社会适应比较》，《北京师范大学学报》（社会科学版）2009 年第 5 期。

[136] 吴帆、杨伟伟：《留守儿童和流动儿童成长环境的缺失与重构——基于抗逆力理论视角的分析》，《人口研究》2011 年第 11 期。

[137] 盛亦男：《流动人口家庭化迁居水平与迁居行为决策的影响因素研究》，《人口学刊》2014 年第 3 期。

[138] 杨舸、段成荣、王宗萍：《流动还是留守：流动人口子女随迁的选择性及其影响因素分析》，《中国农业大学学报》（社会科学版）2011 年第 9 期。

[139] 吕利丹、王宗萍、段成荣：《流动人口家庭化过程中子女随迁的阻碍因素分析——以重庆市为例》，《人口与经济》2013 年第 5 期。

[140] 郭亨贞：《生存在城乡“夹缝”中的孩子——流动人口子女学前教育问题的个案研究》，西北师范大学硕士学位论文，2011。

[141] 贺琳霞：《流动幼儿家园合作的现状及思考》，《现代教育科学》

（普教研究）2008 年第 4 期。

[142] 李敏、卢伟：《成都市流动人口子女学前教育现状调查》，《幼儿教育：教育科学》2008 年第 7 期。

[143] 马国才、王留柯：《农民工子女入园现状及其存在问题与解决——以鞍山市为例》，《学前教育研究》2011 年第 5 期。

[144] 杨菊华、段成荣：《农村地区流动儿童、留守儿童和其他儿童教育机会比较研究》，《人口研究》2008 年第 1 期。

[145] 易承志：《进城务工农民子女教育问题的政府治理——以上海为个案》，《华中师范大学学报》（人文社会科学版）2007 年第 6 期。

[146] 王涛、冯文泉：《流动儿童学前教育问题与应对策略探讨》，《当代教育论坛》2011 年第 4 期。

[147] 吴瑞君：《农民工子女教育问题及解决思路》，《教育发展研究》2009 年第 10 期。

[148] 湛卫清：《农民工随迁子女融合教育的困惑与对策》，《教育发展研究》2008 年第 10 期。

[149] 张燕：《社区非正规教育：解决流动儿童学前教育问题的另一种思路和途径》，载《儿童发展国际论坛论文集》，2005。

[150] 赵建明：《在京某综合市场流动学前儿童家长教育方式的调查》，《上海教育科研》2005 年第 4 期。

[151] 周皓：《流动儿童的义务教育：政策制定与服务到位》，《北京行政学院学报》2006 年第 6 期。

[152] Hubenthal, M., & Ifland, A. M. (2011). Risks for Children? Recent Developments in Early Childcare Policy in Germany. *Childhood: A Global Journal of Child Research*, 18 (1).

[153] 王玉香：《农村留守青少年校园欺凌问题的质性研究》，《中国青年研究》2016 年第 12 期。.

[154] 吴方文、宋映泉、黄晓婷：《校园欺凌：让农村寄宿生更“受伤”——基于 17841 名农村寄宿制学校学生的实证研究》，《中小学管理》2016 年第 8 期。

[155] 赵苗苗、李慧、李军、李林贵、王翠丽、Stephen Nicholas、孟庆跃：《父母外出务工对农村留守儿童心理健康的影响研究》，《中国卫生事业管理》2012 年第 29（1）期。

[156] 刘霞、张跃兵、宋爱芹、梁亚军、翟景花、李印龙、石敬芹：《留守儿童心理健康状况的 Meta 分析》，《中国儿童保健杂志》2013 年第 21（1）期。

[157] 唐有财、符平：《亲子分离对留守儿童的影响——基于亲子分离具体化的实证研究》，《人口学刊》2011 年第 5 期。

[158] 宋月萍、张耀光：《农村留守儿童的健康以及卫生服务利用状况的影响因素分析》，《人口研究》2009 年第 33（6）期。

[159] 李钟帅、苏群：《父母外出务工与留守儿童健康——来自中国农村的证据》，《人口与经济》2014 年第 3 期。

[160] 段成荣、吕利丹、王宗萍：《城市化背景下农村留守儿童的家庭教育与学校教育》，《北京大学教育评论》2014 年第 12（3）期。

[161] 李庆海、孙瑞博、李锐：《农村劳动力外出务工模式与留守儿童学习成绩——基于广义倾向得分匹配法的分析》，《中国农村经济》2014 年第 10 期。

[162] 郑磊、吴映雄：《劳动力迁移对农村留守儿童教育发展的影响——来自西部农村地区调查的证据》，《北京师范大学学报》（社会科学版）2014 年第 2 期。

[163] 魏叶美、范国睿：《社会学理论视域下的校园欺凌现象分析》，《教育科学研究》2016 年第 2 期。

[164] Olweus, D. (1994). Bullying at School: Long-Term Outcomes for the Victims and an Effective School-Based Intervention Program. *Aggressive Behavior-Current Perspectives*, 97 – 130.

[165] Bronfenbrenner, U. (1977). Toward an Experimental Ecology of Human Development. *American Psychologist*, 32, 513 – 531.

[166] Espelage, D. L. (2014). Ecological Theory: Preventing Youth Bullying, Aggression, and Victimization. *Theory into Practice*, 53 (4), 257 – 264.

[167] Smith, P. K. & Sharp, S. (1994). The Problem of School Bullying. *School Bullying: Insights and Perspectives*, 14.

[168] Adams, R. E., & Bukowski, W. M. (2008). Peer Victimization as a Predictor of Depression and Body Mass Index in Obese and Non-Obese Adolescents. *Journal of Child Psychology and Psychiatry*, 49, 858 – 866.

[169] Swearer, S. M., Espelage, D. L., Vaillancourt, T., & Hymel, S. (2010). What Can Be Done about School Bullying? Linking Research to Educational Practice. *Educational Researcher*, 39 (1), 38 – 47.

[170] Low, S., & Espelage, D. L. (2014). Conduits from Community Violence Exposure to Bullying and Victimization: Contributions of Parental Monitoring, Impulsivity and Deviancy. *Journal of Counseling Psychology*, 61 (2), 221 – 231.

[171] Craig, W. M., & Pepler, D. J. (1997). Observations of Bullying and Victimization in the Schoolyard. *Canadian Journal of School Psychology*, 13, 41 – 59.

[172] Salmivalli, C. (2010). Bullying and the Peer Group: A Review. *Aggression & Violent Behavior*, 15, 112 – 120.

[173] Kasen, S., Berenson, K., Cohen, P., & Johnson, J. G. (2004). The Effects of School Climate on Changes in Aggressive and Other Behaviors Related to Bullying. In D. L. Espelage & S. M. Swearer (Eds.), *Bullying in American Schools: A Social-Ecological Perspective on Prevention and Intervention* (pp. 187 – 210). Mahwah, NJ: Lawrence Erlbaum.

[174] Lee, C. H. (2009). Personal and Interpersonal Correlates of Bullying Behaviors among Korean Middle School Students. *Journal of Interpersonal Violence*, 25, 152 – 176.

后　记

我于 2007 年博士毕业，毕业论文写的是中国农村儿童健康，分析了 1991 ~2004 年我国农村儿童健康状况的变化趋势及影响因素。但当时对流动人口子女的了解不够，未将人口流动对儿童健康成长的影响纳入分析，这也是一大遗憾。

2008 年来中国人民大学工作后，第一件事就是申请了中华医学会的青年研究基金，用 2008 年国家卫生服务调查的数据分析农村父母流动对留守儿童健康的影响，研究成果发在《人口研究》上。对一个刚开始起步独立从事科学研究的青年教师来说，这是很大的一个鼓励，也极大地激发了我对留守儿童群体的研究兴趣。

2009 年，原国家人口和计划生育委员会启动流动人口动态监测调查试调查，我很荣幸地参与了问卷设计、调查培训、实地督导、数据分析和报告撰写的整个调查过程。自 2010 年至今，每年以课题、专家、编者等不同的身份参与到流动人口动态监测调查中，进一步加深了对中国人口流动问题的认识，也更关注流动儿童的教育、留守儿童的健康照料等问题。本书的内容，可以说是我对流动人口子女成长过程中所面临难处的一点思考和仍存的一些困惑。

无论是随父母奔波流动，还是在老家和父母分离，流动人口子女的命运都不由自主地被分裂的家庭、转型的社会所裹挟。中国的经济发展不能忘记这些儿童，因为他们同样也是中国未来的一部分。发展应是绵延恒久的，断了，就很难接续上；人也一样，尤其是幼年时期缺失安定的家庭生活、至亲的父母亲情一环，对生命质量、生活成就的影响是难以估量的。

无论是流动还是留守，流动人口子女所面临的各种问题，都不能一味地归咎于其父母和家庭。父母的流动行为是基于城乡之间、地区之间经济机会存在差异的客观背景做出的最大化家庭收益的决策，其背后的逻辑相对简单。但子女的“流”与“留”更为复杂，因为儿童的成长不仅仅靠家庭，更多的要靠公共资源和社会环境的支持，尤其在强大的制度环境面前，家庭是渺小和无奈的。设法放宽制度约束，让流动人口家庭能在城镇“安家落户”，才是解决流动和留守儿童问题的关键，这也是本书最核心的观点。

《论语·子路增冉有公西华侍坐》中讲到，孔子让四位学生谈谈自己的志愿，最后问到曾（点）。

> “点，尔何如?”
>
> 鼓瑟希，铿尔，舍瑟而作，对曰：“异乎三子者之撰。”
>
> 子曰：“何伤乎？亦各言其志也。”
>
> 曰：“暮春者，春服既成，冠者五六人，童子六七人，浴乎沂，风乎舞雩，咏而归。”
>
> 夫子喟然叹曰：“吾与点也。”

这写的实在非常美，子女承欢，安居乐业，是生活境界的美的极致。如果所有流动人口子女都能跟随父母一同“风乎舞雩，咏而归”，我想，我们所向往的美好生活也就实现了。

宋月萍

2018 年 3 月 23 日

图书在版编目(CIP)数据

顾此失彼的童年：流动人口子女的成长发展研究／宋月萍著. -- 北京：社会科学文献出版社，2018.5
（中国流动人口健康研究丛书）
ISBN 978 - 7 - 5201 - 2504 - 8

Ⅰ.①顾… Ⅱ.①宋… Ⅲ.①流动人口 - 儿童教育 - 研究 - 中国②流动人口 - 青少年教育 - 研究 - 中国 Ⅳ.①G61②G775

中国版本图书馆 CIP 数据核字（2018）第 059687 号

中国流动人口健康研究丛书
顾此失彼的童年：流动人口子女的成长发展研究

著　　者／宋月萍

出 版 人／谢寿光
项目统筹／赵慧英
责任编辑／赵慧英

出　　版／社会科学文献出版社·社会政法分社（010）59367156
地址：北京市北三环中路甲 29 号院华龙大厦　邮编：100029
网址：www. ssap. com. cn
发　　行／市场营销中心（010）59367081　59367018
印　　装／三河市尚艺印装有限公司

规　　格／开　本：787mm × 1092mm　1/16
印　张：14.25　字　数：211 千字
版　　次／2018 年 5 月第 1 版　2018 年 5 月第 1 次印刷
书　　号／ISBN 978 - 7 - 5201 - 2504 - 8
定　　价／68.00 元